本书是浙江省哲学社会科学重点研究基地——温州大学浙江省温州人经济研究中心课题"温州人经济的兴起"(12JDWZ02YB)的主要研究成果

温州人经济研究

温州大学浙江省温州人经济研究中心课题组 ◎ 著

中国社会科学出版社

图书在版编目（CIP）数据

温州人经济研究/温州大学浙江省温州人经济研究中心课题组著．
—北京：中国社会科学出版社，2016.8
ISBN 978-7-5161-8857-6

Ⅰ.①温… Ⅱ.①温… Ⅲ.①温州模式—研究 Ⅳ.①F127.553

中国版本图书馆 CIP 数据核字（2016）第 213323 号

出 版 人	赵剑英
出版策划	卢小生
责任编辑	车文娇
责任校对	周晓东
责任印制	王　超
出　　版	中国社会科学出版社
社　　址	北京鼓楼西大街甲 158 号
邮　　编	100720
网　　址	http://www.csspw.cn
发 行 部	010-84083685
门 市 部	010-84029450
经　　销	新华书店及其他书店
印刷装订	北京君升印刷有限公司
版　　次	2016 年 8 月第 1 版
印　　次	2016 年 8 月第 1 次印刷
开　　本	710×1000　1/16
印　　张	20
插　　页	2
字　　数	306 千字
定　　价	70.00 元

凡购买中国社会科学出版社图书，如有质量问题请与本社营销中心联系调换
电话：010-84083683
版权所有　侵权必究

序 言

姚先国

浙江大学社会科学学部主任、文科资深教授

  在波澜壮阔的中国改革开放进程中,温州是一个备受关注的焦点。勤劳智慧的温州人在改革开放初期大胆冲破种种体制束缚,群起创办个体私营企业,率先开办专业市场,以"四千精神"走遍神州大地,不畏艰辛,推销家庭工业生产的各种产品,既满足了短缺时代的民生急需,又挣得了可观的收入,使温州很快摆脱穷困,一跃而为中国先富起来的地区。"温州模式"闻名遐迩,慕名而来的取经者络绎不绝。温州从"资本主义复辟的重灾区"变为中国民营经济、市场经济的发祥地。

  然而,随着中国市场化、工业化向纵深推进,温州的体制先发优势、经济比较优势逐渐衰减,近年来温州的各项经济指标从领先转为靠后。2008年全球金融危机的冲击,使得我国经济运行中不断累积的体制性、结构性、素质性矛盾在温州率先爆发。企业资金链断裂、老板"跑路"一时成为热门新闻。"温州模式"衰落的声音也不时响起。

  在这样的背景下,温州的领导和学界有识之士把眼光转向了温州经济的主体——温州人,提出了"温州人经济"的命题。一方面,离开对人的动机、行为、能力的分析,难以理解经济现象的发生,无论是经济奇迹还是经济困境。另一方面,温州人的足迹早已遍布国内外,其创造的财富、对社会的贡献并不仅限于温州本土区域范围。同时,区域内外的温州人联系密切,互动频繁,生产要素的整合在更大空间以多样化形式进行,温州经济再创辉煌应有更宽广的视野。

  自2010年时任温州市市长正式提出"温州人经济"的命题以来,

已有不少专家学者发表了自己的看法。温州大学浙江省温州人经济研究中心课题组撰写的《温州人经济研究》是首部系统研究这一问题的专著。书中把温州人经济分为三个层面：一是区域温州人经济，对温州辖区内的经济发展作了深入分析。二是国内温州人经济，描写了温州人在全国开拓市场、经商创业的艰苦历程和丰硕成果。三是海外温州人经济，以意大利佛罗伦萨的温商为例，对海外温商企业发展做出了实证研究。从内容上看，本书有如下特点：一是视野开阔，思路清晰。从历史到现实，从国内到国际，从理论到实证，对温州人经济的发展历程作了全面梳理，揭示了温州人经济的特点和底蕴。二是直面问题，针对性强。书中第一章就把温州模式与温州人经济联系起来，分析温州模式的兴衰成败，不回避温州模式的争议，也不忌惮民间借贷危机、产业低端等温州经济的"软肋"，体现了实事求是、勇于探索的精神。三是注重实际，研究扎实。本书的研究涉及面广，信息采集难度大，课题组深入调研，甚至到海外做调查访谈，取得了关于区外商会、海外温商的大量一手资料，使书中判断建立在可靠事实的基础上。四是着眼现实，目标清晰。研究温州人经济，既不是为温州人评功摆好，也不是为温州经济下滑辩护，而是为了促进区域内外温州人经济的良性互动与有机整合，以实现温州经济的更好更快发展，为国家现代化做出更大贡献。书中后两章着重探讨的就是这一主题。

　　承蒙课题组负责人陈福生教授的抬举，让我有幸成为本书的第一个读者。阅后感到这是一本研究区域经济新现象、新问题的创新之作。从"温州经济"到"温州人经济"，不仅是研究对象从"地域经济"转向"人域经济"，也是指导思想转向"以人为本"，研究重点转向人的行为和人们的相互关系，研究成果令人可喜。同时也要看到，作为一种新的探索，温州人经济研究尚有许多学理上、实证上的问题需要解决。例如，对"人域经济"到底如何界定？有"温州人经济"是否相应就有"金华人经济""杭州人经济""宁波人经济"等？"温州人经济"是一种特殊的经济现象还是众多"人域经济"的一种？如果是特殊现象，其本质和特性何在？如果是一般现象，如何把握其形成机理和一般规律？此类问题都有待进一步深入探讨。

　　我本人倾向于把"温州人经济"作为特例进行分析，着重从人力资本、社会资本、语言屏障等方面深入解读"温州人经济"的形成机理，从转型、创新的内在逻辑上探讨区域内外、国内外温州人经济的良性互动与深度整合，以重塑温州经济的新动力、新格局、新气象，也为其他地区的经济转型与创新发展提供借鉴。

衷心希望本书的出版推动"温州人经济"研究的深化！同时，热切期待陈教授团队在"温州人经济"研究领域不断取得新成果！

目 录

第一章　从温州模式到温州人经济：范式转换与研究意义 ………… 1

　第一节　温州经济的崛起与温州模式的内涵和价值 ………… 2
　　一　温州经济的崛起 ………… 2
　　二　温州模式的概念与内涵 ………… 5
　　三　温州模式的启示与价值 ………… 10
　第二节　温州模式的历史演进及其原因分析 ………… 14
　　一　温州模式的历史演进 ………… 15
　　二　温州独特的文化因子 ………… 18
　　三　温州模式的争议与"衰落" ………… 21
　　四　温州模式兴衰成败的原因分析 ………… 26
　第三节　温州人经济的兴起：一种范式转换 ………… 33
　　一　温州人经济兴起的历史与现实图景 ………… 34
　　二　从温州模式到温州人经济的范式转换 ………… 39
　　三　温州人经济的内涵、研究意义与研究方向 ………… 43
　本章小结 ………… 47

第二章　区域温州人经济的发展脉络和现状 ………… 49

　第一节　区域温州人经济的历史发展 ………… 50
　　一　先唐：温州人经济的因子萌芽 ………… 50
　　二　唐宋元明清：温州人经济与海外贸易初现端倪 ………… 51
　　三　晚清民国：温州人经济初步兴盛 ………… 55
　　四　改革开放：区域温州人经济的兴起与困境 ………… 56
　　五　转型发展：当下区域温州人经济的再创新 ………… 60

第二节　区域温州人企业：从家庭作坊到现代公司制 ……… 66
　一　区域温州人企业制度的变迁历程……………………… 67
　二　区域温州人企业发展的现状与特点…………………… 71
　三　区域温州人企业质量与品牌化战略…………………… 74
第三节　区域温州人经济产业：从乡村工业到产业集群 …… 76
　一　市场制度变迁带来区域产业集聚……………………… 77
　二　区域温州人产业集群发展的现状与特点……………… 79
　三　温州区域产业集群的"锁定"与转型升级……………… 84
第四节　温州金融：从地下民间借贷到民间金融市场 ……… 86
　一　民间金融的制度变迁…………………………………… 86
　二　温州民间金融的现状与特点…………………………… 88
　三　民间借贷危机和地方金融监管与发展………………… 91
本章小结 ……………………………………………………………… 98

第三章　国内温州人经济的形成与发展 ……………………… 100

第一节　国内温州人经济发展脉络 ……………………………… 100
　一　萌芽（1978年之前）：工商业传统下的国内
　　　温州人经济 ……………………………………………… 101
　二　形成（1978—1994年）：从供销员到百万温商的国内
　　　温州人经济 ……………………………………………… 103
　三　兴起（1995—2000年）：急剧扩张的国内
　　　温州人经济 ……………………………………………… 116
　四　转型（2001年至今）：拓展和深化的国内
　　　温州人经济 ……………………………………………… 119
第二节　国内温州人经济发展现状和特征 ……………………… 122
　一　国内温州人经济发展的整体特点……………………… 122
　二　国内温州人经济的商业特征…………………………… 127
　三　温州各县（市、区）在外温州人的商业特点………… 128
第三节　国内温州人经济社会资本网络的形成 ………………… 134
　一　国内温州人社会资本网络的形成……………………… 134
　二　异地温州商会兴起与国内温州人社会资本网络 …… 135

三　国内温州人社会资本网络的意义和作用 …………… 141
　本章小结 ………………………………………………… 143

第四章　海外温州人经济的兴起：基于佛罗伦萨的实证考察 …… 145
　第一节　海外温州人移民概况 ………………………………… 145
　第二节　海外温州人经济发展概览：基于佛罗伦萨
　　　　　温商的考察 ………………………………………… 148
　　　一　佛罗伦萨温商制包企业概况 ……………………… 149
　　　二　佛罗伦萨温商企业群体特征分析 ………………… 152
　　　三　佛罗伦萨温商企业经营情况 ……………………… 158
　第三节　海外温州人创业网络与产业集群发展：
　　　　　以佛罗伦萨为例 …………………………………… 164
　　　一　佛罗伦萨温商创业网络的形成 …………………… 165
　　　二　佛罗伦萨温商皮具产业集群形成与发展的
　　　　　其他影响因素 ……………………………………… 177
　　　三　温州人社会网络对当地华人皮具产业
　　　　　集群影响分析 ……………………………………… 178
　　　四　佛罗伦萨温州人企业的未来走向分析 …………… 181
　本章小结 ………………………………………………… 184

第五章　温州人经济新范式：内外温州人经济互动 …………… 186
　第一节　内外温州人经济互动的理论基础与实践模式 ……… 186
　　　一　内外温州人经济互动的理论基础 ………………… 187
　　　二　传统贸易理论下的"家庭工业、专业市场 +
　　　　　供销员"模式 ……………………………………… 190
　　　三　新贸易和新经济地理理论下的"产业集群 + 产业
　　　　　转型或转移"模式 ………………………………… 197
　　　四　构建国家价值链下的"产业集群升级 + 产品内
　　　　　分工"模式 ………………………………………… 211
　第二节　内外温州人经济互动与温商回归影响因素分析 …… 220
　　　一　内外温州人经济互动调查分析 …………………… 220

二　温商回归的调查分析 ………………………………… 223
　　三　温商回归影响因素分析 ……………………………… 228
　　四　温商回归理念创新 …………………………………… 231
第三节　深化内外温州人经济互动的"1+N"模式 ………… 232
　　一　基于产业集群打造特色总部经济 …………………… 233
　　二　培育行业共性技术创新平台，构筑优势
　　　　产业的制高点 …………………………………………… 234
　　三　推进海内外温商营销网络建设 ……………………… 235
　　四　加强异地商会建设，构建内外温州人的
　　　　互动平台 ………………………………………………… 236
本章小结 ……………………………………………………………… 237

第六章　温州商会促进温州人经济发展的机理 ……………… 239

第一节　温州商会发展的理论与特征分析 …………………… 239
　　一　利益契合：介于政府和企业之间 …………………… 241
　　二　温州人经济网络的特性 ……………………………… 243
　　三　商会的组织治理和比较优势 ………………………… 245
第二节　温州本地商会的发展现状 …………………………… 249
　　一　温州行业协会（商会）的发展背景和政策支持 …… 249
　　二　温州行业协会（商会）与区域经济发展 …………… 254
　　三　商会促进产业发展 …………………………………… 256
　　四　行业协会促进产业升级的作用机制 ………………… 260
第三节　异地温州商会的兴起 ………………………………… 261
　　一　异地温州商会发展现状 ……………………………… 263
　　二　温州商会兴起的经济基础 …………………………… 268
　　三　异地温州商会兴起的阶层基础 ……………………… 270
　　四　异地商会兴起的制度空间 …………………………… 272
第四节　内外商会协同促进温州人经济发展 ………………… 274
　　一　内外商会协同促进温州人经济发展的机制路径 …… 274
　　二　商会通过公共政策参与优化内外温州人
　　　　经济发展环境 …………………………………………… 279

三　商会承接政府职能转移以促进温州人经济发展 …… 282
　　四　进一步加强内外温州商会建设的思路举措 ………… 283
　本章小结 ……………………………………………………… 291
参考文献 ……………………………………………………… 292
后　记 ………………………………………………………… 305

第一章　从温州模式到温州人经济：
　　　　范式转换与研究意义

改革开放以来，温州人创造和演绎了史诗般的经济发展奇迹，谱写了辉煌的"温州模式"篇章，但"三少一差"①的内部环境使温州经济发展从起步阶段就带有强烈的"外向型"特色。从改革开放之初的10万购销员全国范围内跑市场，到今天200多万温州人在世界市场上竞逐风流，都是对温州"外向型"经济的良好诠释。长期"外向型"经济发展路径，使广受赞誉的"温州模式"带有明显的"去地域化"特征而最终表现为一种世界范围内的"温州人经济"，这也是"温州模式"饱受争议和质疑的重要原因。然而，在经济全球化和世界一体化快速发展的今天，跨国公司、国际投资、国际贸易等已经使世界经济表现为我中有你、你中有我的交融态势，此地生产、经营的经济单元，其投资主体、产品去向、主要利润等，可能完全归属于遥远的彼地；反之亦然。这使当今世界经济发展的"地域性"特色正在被逐渐淡化——或者也可以说正在被逐渐强化——而表现为一种强烈的"区域人经济"色彩，这是世界经济发展的必然趋势和历史规律。"温州人经济"正是这种经济规律的典型体现。在此背景下，研究具有强烈"区域人经济"特色的"温州人经济"现象，研究其演进路径、生成机理、经验教训、发展趋势等，对经济学的理论发展，对浙江、中国乃至世界经济发展实践，都具有重要意义。

---

① 所谓"三少一差"，即人均耕地少、国家投资少、资源利用少、交通条件差。

第一节　温州经济的崛起与温州模式的内涵和价值

"温州模式"的提出源于温州经济的崛起。改革开放之后，勤劳智慧的温州人在短短六年时间内创造了经济发展的奇迹，《解放日报》因而于1985年首次明确提出"温州模式"的概念。此后，温州模式受到理论界和实务界的广泛关注，支持者盛赞温州模式的成功之处及其对全国其他地区经济发展的示范和借鉴意义，质疑者认为温州模式有背离社会主义道路的嫌疑，存在内在缺陷。本节对温州模式的兴起和争议做出梳理，下一节将对这些争议做出回应，阐明温州模式兴衰的历史制度原因。

一　温州经济的崛起

温州素有"七山二水一分田"之说，市内山水风景资源丰富，但经济资源尤其是土地资源供给严重不足，陆上交通条件滞后，历史上经济并不发达。为改变贫穷落后的面貌，勤劳勇敢的温州人很早就开始出海、去外地做买卖、弹棉花、搞家庭手工业，因而具有悠久的侨史、商品经济史和手工业发展史。早在晋朝，温州的东瓯缥瓷就出口海外。唐代时，温州的织布、造纸、酿酒等手工业比较发达。南宋时，温州造船业占全国造船业总量的1/5，贡纸和瓯漆亦有不错的商业声誉，经济文化发展水平一度较高。由于地处沿海，寻求海外发展也是温州早期经济发展的一个重要特色，早在十二三世纪，温州就开始与南洋等地通商，清光绪二年，温州被辟为对外通商口岸，温州人从此开始走向世界，也为温州留下了丰富的侨民资源。据统计，到20世纪80年代，温州的6万多侨民就遍布40多个国家，侨民每年带回来的侨汇收入约占整个浙江省侨汇收入的3/10。[①] 温州还有优秀的历史文化传统，著名的永嘉学派及其事功学术在中国文学史及经济史上都有重要地位。

---

① 胡兆量：《温州模式的特征与地理背景》，《经济地理》1987年第1期。

然而，资源、交通禀赋等的先天不足，严重限制了温州的经济发展，到新中国成立之初，温州的经济社会发展落后于全国平均水平。由于与中国台湾隔海相望，特殊的地理位置使温州在新中国成立后的很长一段时间内被作为对台备战的海防前沿，国家对温州的经济投入因而一直不足。据统计，在新中国成立后的前30年，国家对温州的总投入只有6.55亿元人民币。在外部投入和内部资源双重不足的情形下，温州人大胆创业创新，努力改变自己的生活。早在全国合作化运动高潮期的1956年，温州永嘉县燎原社就开始了"包产到户"的尝试，他们在本地实行"个人专管地段责任制""产量责任制到户"，但受当时国内政治环境的影响，结果无疾而终。

可能是急于摆脱贫穷的渴望，也可能是早期开埠通商的"后遗症"，还可能是受永嘉学派事功学术和义利思想的影响，更可能是受丰富侨民资源的促进，温州有商品生产和商品经济的传统。早期商品经济发展自不待言，即便是在新中国成立后计划经济走向极致的年代，富于创造精神和商品经济思想的温州人也从未中断过创办民办企业、发展商品生产的尝试，但却屡遭"割""砍"和打击，"三十多年来风云迭起几起几落，1962年被强令解散；1964年搞'过渡'被平掉了全部企业和资金；'四清'被批评；十年浩劫中更是厄运重重，1970年'一打三反'受到围剿"。[①] 温州发展商品经济的命运可想而知。党的十一届三中全会解除了长期套在温州人身上的枷锁，富于商品经济意识的温州人开始在温州、全国乃至世界各地施展自己的市场才能，取得了举世瞩目的成就。

从1979年试办第一个农副产品交易市场开始，温州在短时间内陆续办起了400多个大大小小的商品市场，其中专业市场113个，经销额上亿的有十个，被称作"十大专业市场"。[②] 早在1985年，这十大专业市场的年成交额就高达11.5亿元，占整个温州商品市场年成交额的62%，上缴利税达7457万元，占全市财政总收入的21%。除集中的大市场之外，温州的个体工商户也发展迅速。据统计，到1992

[①] 崔力群、刘小京：《温州模式浅谈》，《农业经济丛刊》1986年第6期。
[②] 同上。

年年底，温州个体商户已达15.4万户，从业人员近20万。

商业流通经济的快速发展带动了温州农村家庭工业企业的高速成长。"市场是发展商品经济的关键，市场的发展促进各种生产要素实现结合，从而形成新的生产力，使家庭工业如鱼得水，运用自如。"① 在市场销售过程中，温州人逐渐掌握了信息和市场需求，这让他们看到了实业投资的商机，具有创新精神和开拓精神的温州人开始兴办各种家庭工业企业。据统计，"六五"期间，温州市家庭工业增长19.6倍，到1985年，温州家庭工业企业发展到13.3万个，家庭工业总产值高达11.36亿元，占整个农村工业总产值的61.4%，超过国营和集体工业，列温州各类工业产值之首。② 温州市的家庭工业一般都以小商品生产为主，家庭工业的发展反过来又极大促进了商品市场的发展和壮大，而随着家庭工业和商品市场的进一步扩大，各种商业、饮食、运输、包装、信息、邮电、民间金融、维修等服务行业也得到极大发展。到1985年年底，温州各类服务行业从业人员达23万多人，各类服务行业协会等联合体已达3000多个，形成了系列产业链和商业网络共生发展、共同促进的良性局面。

"小商品、大市场"的经济发展模式使温州经济快速崛起。在1979—1985年的七年时间里，温州全市工业产值年均增长15.8%，财政收入年均增长16.9%，1985年工业产值和财政收入的增长率更是分别高达30.08%和44.1%。温州市这七年的财政收入总额为14.37亿元，比新中国成立36年国家在温州的基础建设投资总额的11.35亿元还要多3.02亿元。③ 殷佩章从十个方面全面总结了1980—1985年温州经济社会的发展成果：

（1）农村工农业总产值迅速增长，从12.75亿元增长到32.72亿元，增长了1.57倍。（2）城乡工业全面增长，家庭工业增长迅速。国营工业增长53%，集体工业增长1.63倍，农村家庭工业增长19.6倍。（3）粮食总产量增加。由"五五"期间的年均总产量28.35亿

---

① 崔力群、刘小京：《温州模式浅谈》，《农业经济丛刊》1986年第6期。
② 杨建文、周一烽、真理：《"温州模式"与中国农村经济的腾飞》，《社会科学》1986年第5期。
③ 同上。

斤发展到"六五"期间的 34.31 亿斤。(4) 上缴国家的税利增加。农村工业年上缴税利从 4000 万元增加到 2.1 亿元。(5) 农村人均收入增长，从 69.92 元增加到 447.2 元，是 1978 年的 7.99 倍，比全国同期农民人均纯收入的 397 元高 12.8%。(6) 村镇建设速度快。建制镇从 24 个迅速发展到 87 个。(7) 农村产业结构变化较大。农村工农业总产值从 1978 年的 6.64 亿元增加到 1985 年的 32.7 亿元，种植业比例由 1978 年的 64.4% 下降到 1985 年的 25.3%，而工副业则由 1978 年的 17.46% 上升到 1985 年的 65.3%。(8) 农村劳动力结构变化巨大。1978 年，全市 180 万农村劳动力中的 89% 从事农业生产，只有 11% 从事工副业，而到 1985 年，全市 210 万农村劳动力中只有 28.5% 从事农耕经营，却有 63% 从事工商运输和服务业。(9) 农民观念发生巨大变化。(10) 精神文明建设得以加强。[1]

实际上，在 1978—1999 年的 22 年时间里，温州经济以年均 15% 的速度持续增长，远高于浙江和全国平均水平。到 2004 年，温州地区生产总值和人均生产总值分别高达 1402.5 亿元和 18953 元，名列中国经济总量 30 强城市；温州城市居民年人均可支配收入为 17727 元，为浙江省各市之冠；市内拥有 27 个国家级生产基地，10 个中国驰名商标，16 个中国名牌，64 个国家免检产品，102 个省级名牌，3 家中国 500 强企业，33 家企业名列全国民营企业 500 强。[2] 经济的持续快速增长也在很大程度上改善了温州的城市综合实力，到 1999 年，温州城市综合实力在全国地市级城市中名列第 31，在全部 221 个地级以上城市中名列第 67，而在 2004 年年度中国最佳商业城市排行榜和中国城市综合竞争力排行榜中，温州分别名列第 5 和第 10。即便已经进入发展"瓶颈"、面临诸多困境，在 2014 年中国宜商城市竞争力排名榜中，温州依然名列第 25。

二 温州模式的概念与内涵

迅速发展的经济成就为温州带来了"温州模式"的美誉。1985 年 4 月 14 日，中共温州市委向浙江省委和中央书记处农村政策研究

---

[1] 殷佩章：《辩证看待温州模式》，《中国农村观察》1986 年第 5 期。
[2] 邵小芬：《温州经济与温州人经济》，《浙江经济》2006 年第 7 期。

室报送《关于温州农村发展商品经济情况的报告》,将温州农村经济发展格局称为"模式"。1985年5月12日,《解放日报》刊发题为《乡镇企业看苏南,家庭工业看浙南,温州三十三万人从事家庭工业》的文章,并同时发表评论员文章《温州的启示》,文章指出:"地处浙南的温州广大乡镇,这几年走出了一条发展经济、治穷致富的新路子,这条路子的独特方式,就是乡村家庭工业的蓬勃发展和各种专业市场的兴起。它同乡镇工业发达的长江三角洲地区相比,具有鲜明的不同特色,被一些经济学家称为'温州模式'。"这是"温州模式"的概念首次被正式提出。《解放日报》的文章使温州模式引起理论界和实务界的广泛关注。然而,迄今为止,对温州模式的概念和内涵,理论界和实务界并没有形成统一认可的标准说法。

据方立明和奚从清的考证,学术界关于"温州模式"概念的界定多达几十种,其中有代表性的亦有十种:(1)温州模式是指农村商品经济发展的一种模式;(2)温州模式是以个体经济为主要内容,以家庭工业和专业市场为基本形式,通过发展商品经济而促使农村致富的经济发展模式;(3)温州模式是以家庭经济为基础,以市场为导向,以小城镇为依托,以农村能人为骨干的一种新型家庭经济和市场体系相结合为主要特征的农村社会经济发展模式;(4)温州模式是一种农村地区从自然经济转化为商品经济的经济发展模式;(5)温州模式是一种自发自生的经济发展模式或自组织模式;(6)温州模式是一种市场经济的模式或市场解决模式;(7)温州模式是一种利用民营化和市场化来推进工业化和城市化的区域经济社会发展模式;(8)温州模式是中国社会主义初级阶段中建设有中国特色社会主义的一种富有生命力的、最有前途的区域经济体制改革和经济发展模式;(9)温州模式不仅仅是一个区域经济发展的模式,更主要的还是一个区域经济制度变迁的模式;(10)温州模式是温州人民在党的改革开放路线指引下,通过率先改革和建立市场经济体制来促进区域经济社会迅速发展的经济社会发展模式。①

---

① 方立明、奚从清:《温州模式:内涵、特征与价值》,《浙江大学学报》(人文社会科学版)2005年第3期。

在对温州模式的概念和内涵界定方面，以下几种观点具有代表性。费孝通认为，温州模式就是家庭工业加专业市场，他将温州模式的特点概括为"小商品、大市场"。张仁寿和李红将温州模式的特点描述为："以家庭经营为基础，以市场为导向，以小城镇为依托，以农村能人为骨干。"① 董朝才认为，温州模式是指以家庭经营为基础、以家庭工业和联户工业为支柱、以农民购销员为骨干、以专业市场为依托、与村乡集体经济密切结合的双层合作经济。② 李兴山认为，温州模式本质上是一种民本经济。他指出，所谓"民"即指劳动人民的集体或个人，而所谓"本"即指劳动人民是经济发展和经济管理的基本主体、基本动力；而民有、民资、民营、民管是经济发展和经济管理的基本途径、基本形式；民需、民用、民富、民强是经济发展和经济管理的基本目的、基本宗旨。他指出，温州模式有四个主要特点：一是一种在市场经济条件下，主要以激发广大劳动人民自我创业、自我发展、自我约束、平等竞争为基本出发点的经济；二是坚持社会主义基本经济制度的前提下，以民间积累、民间投资、民间经营为主要经营方式，产权清晰、责权明确、政企分开、制度适当、机制灵活的经济；三是一种以社会主义国家的宏观调控、监督引导、主动服务为强大后盾和基本保障的经济；四是一种以效率优先、兼顾公平为基本准则，以按劳分配与按要素分配相结合为主要分配方式，以依法经营、勤劳致富为基本要求，以富民强国、共同富裕为基本目的的经济。③

在总结前人关于温州模式概念和内涵的基础上，方立明和奚从清认为，温州模式是温州人率先利用市场机制而发展起来的、通过民营经济实现富民强市的经济社会发展模式，它不是一成不变的，而是一种与时俱进的动态模式化的过程模式，随着温州经济的发展而发展，但温州模式具有代表性的具体内涵主要包括：温州人民是温州模式的创造者；市场经济是温州模式的推动力；温州人精神是温州模式的内

---

① 张仁寿、李红：《温州模式研究》，中国社会科学出版社1990年版，第19页。
② 董朝才：《温州模式的理论探讨》，载林白等主编《温州模式的理论探索》，广西人民出版社1987年版。
③ 李兴山：《"温州模式"的再认识》，《理论前沿》2002年第14期。

驱力；富民强市观有利于温州模式的可持续发展。在方立明和奚从清看来，时代性、民本性、区际性、创新性和发展性是温州模式的主要特征。① 现任温州市市委书记陈一新将民本经济、市场经济、实体经济和有限有为有效的政府治理四个关键要素视作温州模式的核心内涵，认为温州模式是以民本经济为本质、以市场经济为精髓、以实体经济为基石、以有限有为有效为政府治理内核的区域经济发展模式。②

概括各种关于温州模式概念和特征的讨论，早期温州模式有四个比较突出的典型特征：（1）把握改革开放的历史契机，以家庭联产承包责任制为突破口，逐步发展商业经济、私人民营经济和家族工业经济，实现区域经济的全面发展。（2）大力兴建各种专业市场和综合市场，既可以凝聚经济资源，吸引各地客商和供应商，又可以集中市场信息，形成产品品种、信息优势和市场合力，提升市场竞争力。（3）以商业经济为起点，带动家族工业经济和私人民营企业迅速发展，使商业经济和家族工业经济及私人民营经济之间互相促进，共同发展，并逐步实现上下游产业和服务行业的全面系统发展的动态过程。（4）正因为以商业经济为起点，温州经济发展从起步阶段就是一种开放性的外向型市场经济模式，这是温州经济发展的重要特点。综合以上特征可见，温州模式是温州人以商业经济为起点，带动实体经济发展的自主性、外向型、市场化的动态式经济发展模式。温州模式的本质内核包括温州人、自主性、外向型、市场化的动态式。

首先，温州模式的核心内涵是温州人。以永嘉学派、事功学说等为核心的独特温州历史文化熏陶下的温州人是温州模式的主体性内涵。温州人以其勤劳智慧、开拓精神、创新创业精神、互助精神、义利精神等创造了温州模式，离开了温州人这个主体，温州模式不可能产生，更不可能持续发展。

其次，温州模式的精神内涵是自主性。现代市场经济理论认为，市场经济的重要特征就是市场主体的自主性，温州模式发展的独特精

---

① 方立明、奚从清：《温州模式：内涵、特征与价值》，《浙江大学学报》（人文社会科学版）2005 年第 3 期。
② 陈一新：《坚持和发展"温州模式"》，《政策瞭望》2014 年第 3 期。

神内涵正在于此。从永嘉包产到户再到改革开放后的外出经商和兴办实业，再到今天走出国门、外出投资创业，可以说，都是温州人自主探索和自主行动的结果，温州模式和温州人经济发展的关键特征就是温州人的自主性。

再次，温州模式是一种外向型的开放式经济发展模式。对于温州经济的外向型特色，有研究认为，温州的外向型发展缓慢，资本外流严重，影响了温州经济的发展。[①] 本书认为，考察一地经济的外向型特色，应该主要从该地经济的开放度、与外地市场的融合度方面来考察，而不能单纯看该地经济引用外资的质量和程度，更不能以资本对外投资量大而否定一地经济的外向型特色，客观而言，对外投资大，恰恰是外向型经济的重要表征。温州经济从改革开放之初就是 10 万购销员在全国范围内跑市场，其后建立的各大专业市场、家庭工业经济等，都是面向全国乃至世界市场的开放式经济形式。在温州经济初步崛起之后，温商更是开始依赖所拥有的雄厚资本，在全国乃至世界各地投资。据不完全统计，目前在外投资经商、兴办实业的温商已经超过 250 万，其中走出国门的海外温商超过 60 万。另外，外地在温州创业、经营、工作的"新温州人"亦超过 200 万。这些在外温商、"新温州人"使温州经济具备浓厚的外向型特色，这是温州模式不同于国内其他区域经济发展模式的重要特色。

复次，温州模式是社会主义市场经济的重要组成部分。"说温州模式的本质是市场型经济，是由于它具备了市场型经济的一切特征。"[②] 一般认为，市场经济的基本特征包括自主性、竞争性、平等性、开放性和系统性。温州模式发展的显著特征便是经济发展的自主性，这点前面已经做出说明。温州区域经济形式以民营经济为主，外出投资经济主体更是温州民营经济的主要特色，他们都是独立的市场经济主体，在温州内外的开放市场中，平等自主地参与市场竞争。从客观上说，温州模式与市场具有天然的、密切的、内在的关系，市场

[①] 参见张仁寿《温州模式：盛名之下，其实难副？》，《浙江社会科学》2004 年第 2 期；史晋川《温州模式的历史制度分析》，《浙江社会科学》2004 年第 2 期。
[②] 罗涵先：《温州模式与市场经济》，《农业经济问题》1986 年第 9 期。

是温州经济发展的向导和社会资源的基本配置者,市场经济的活力与效益是温州经济活力与效率的源泉,并推动着温州经济的高速增长。因此,"温州模式,从根本上说是社会主义条件下,温州市广大群众和干部从当地实际出发对发展市场经济的一种独特而有效的探索,是建设有中国特色的社会主义理论在一个区域内所进行的具体而成功的实践"①。

最后,温州模式是一种动态化的发展模式。从温州模式的发展历程来看,改革开放之初,温州模式是家庭联产承包制的尝试,进一步发展则是商业经济的兴起,其后是商业经济带动家庭工业经济的蓬勃发展。商业经济、家庭工业经济,这是早期温州模式的重要表征;然而,随着温州经济、中国经济以及世界经济的进一步发展,温州模式也在进一步发展之中,今天温州人经济已经外出投资,温州人企业亦已经走向股份制、公司制、集团化,高新科技产业、职业经理人、现代企业制度在温州人经济中逐步显现,走向成熟。可以说,今天的温州模式与早期刚刚兴起时的温州模式相比,除温州人的自主性、外向型、市场化这些核心要件没有发生改变之外,其表现形式和外部特征已经逐步摆脱早期温州模式的低端化个性,逐步向成熟和高端的现代经济形式演进。换言之,温州模式正在由传统"小商品、大市场"的低级阶段,向更高层次、更高版本的温州模式,即"温州人经济"转型。

三 温州模式的启示与价值

在改革开放的历史进程中,早期温州模式在短短几年内创造了经济发展的奇迹,为中国改革开放和社会主义市场经济建设的历史探索树立了一个成功典范,虽然面临诸多争议,温州区域经济近年也确实遭遇发展"瓶颈",但不管争议如何,温州模式未来发展走势如何,温州模式探索的成败得失,都具有极大的启示和价值。

首先,温州模式在短时间内促进了温州区域城乡经济的发展。温州形成以市场调节为主的灵活机制和"小商品、大市场"的经济格局,对温州经济发展起到了巨大的推动作用:一是合理配置资源,促

---

① 张仁寿:《温州模式与市场经济》,《农业经济问题》1993年第10期。

进了社会生产力的发展；二是调节供求关系，促进了多种经济形式共同发展；三是优化要素组合，促进了农村产业结构的调整；四是扩大经济载体，促进了农村大批新兴集镇的崛起；五是形成平等竞争，促进了人们生活水平的大幅度提高。① 早期温州模式的首要表现是商品经济的极大发展，而温州商品经济的发展，有力地推动了温州农村经济的发展：第一，是大大促进了农村剩余劳动力向非农产业的转移；第二，是农村产业结构的根本变化和生产的迅速增长；第三，是国家财政收入、集体公共积累和农村个人收入都大幅度增加；第四，是促进了农村城镇的建设；第五，是引起了工作方式、生活方式以及人们心理上的变化。② 温州模式被正式提出后，上海社科院课题组对温州模式开展研究，认为温州模式在八个方面取得了巨大成功，主要体现在：经济高速增长、商品经济的巨大发展、农业型的产业结构转变工业型的产业结构、村落结构变为星群型的新村集镇、劳动力严重过剩变为劳动力出现不足和紧张、农村财政收入的巨大增长、农民走上富裕道路、农民的价值观发生巨大变化。③ 温州模式的价值在于：通过温州模式使当地出现了一批经营大户，促进了当地经济的发展，促使了农业生产方式的变革，促进了市场的渗透与融合，锻炼并造就了一批经营能人，提高了整个社会的富裕程度④；促进了农村生产力的大发展，提高了效率和效益，这是对传统经济模式的重大突破。同时，温州小城镇的发展也是温州模式的重要成果，温州模式极大地推动了温州的城镇化建设。⑤ 温州模式依靠"藏富于民"，通过群众的集资，广泛集聚农村中的先育经济能量，促进小城镇建设的发展，一个显著

---

① 孔祥友：《温州发展社会主义市场经济的时间与思考》，转引自眭孝忠等编《温州民营经济的兴起与发展》，中国文史出版社 2008 年版，第 47—50 页。
② 中国社会科学院经济所温州农村调研组：《推动了农村经济发展（之一）》，转引自林白等主编《温州模式的理论探索》，广西人民出版社 1987 年版，第 233—235 页。
③ 上海社科院经济研究所调查组：《推动了农村经济发展（之三）》，载林白等主编《温州模式的理论探索》，广西人民出版社 1987 年版，第 237—239 页。
④ 李丁富：《温州之谜——中国脱贫致富的成功模式》，改革出版社 1997 年版，第 8—12 页。
⑤ 涂晓弦：《加快了小城镇建设的速度（之一）》，载林白等主编《温州模式的理论探索》，广西人民出版社 1987 年版，第 252—257 页。

标志是：农民进城，农民建镇，"农村城镇农民建"。① 此外，从收入分配角度来看，温州模式的发展，为国家、集体都带来了极大好处，它使国家、集体、个人的收入都大幅度增加，极大改变了温州原来集体空、国家穷的局面。② 吴正平、仇德盛等亦认为，温州农村商品经济的蓬勃发展，加速了"三大差别"的缩小：一是农村结构从自然经济向商品经济转化，工农关系从历史分工走向紧密结合；二是加速了集镇建设和公用设施的改善，促进了城乡关系的一体化；三是造就和锻炼了大批人才，促使脑力劳动和体力劳动走向有机结合。③ 同时，温州模式有着强烈的扩展效应，它在实现温州区域经济发展的同时，对温州周围地区经济的发展也产生了正外部效应。这是因为，商品经济的兴盛必然会通过市场机制的作用，引起产品的扩散、技术的转移，带动周围区域以及内地或山区、半山区的梯度渐进开发，动摇其传统的自然经济的基础，带来新的商品经济的发展。④

其次，温州模式对发展社会主义市场经济的启示与价值。在改革开放初期及其之后的很长一段时间里，温州模式都是在顶着计划经济的窠臼和极"左"思想的干扰下奋力前行的。因此，温州模式发展的重要启示是：要坚持解放思想、实事求是，一切从实际出发，走有自己特色的发展路子；要坚持执政为民，一切从广大人民群众的根本需要出发决定工作的方针政策；要坚持群众观点，调动、激发和保护群众的积极性，尊重群众的创造精神；坚持精简、统一、效能的原则，加快行政管理体制改革，建立服务型政府；要坚持与时俱进，创新温州经验，不断促进发展。⑤ 温州市场经济的发展过程，给我们的启示：

---

① 黄月沪：《加快了小城镇建设的速度（之二）》，载林白等主编《温州模式的理论探索》，广西人民出版社1987年版，第257—263页。

② 刘华标：《小河有水大河满》，载林白等主编《温州模式的理论探索》，广西人民出版社1987年版，第280—282页。

③ 吴正平、仇德盛：《有利于农村实现现代化（之三）》，载林白等主编《温州模式的理论探索》，广西人民出版社1987年版，第246—251页。

④ 水寿杰：《能带动贫困地区脱贫致富》，载林白等主编《温州模式的理论探索》，广西人民出版社1987年版，第264—266页。

⑤ 刘枫：《温州民营经济发展的历程和启示（代序）》，载眭孝忠等编《温州民营经济的兴起与发展》，中国文史出版社2008年版，第1—6页。

第一是坚持生产力标准；第二是尊重和运用价值规律；第三是依靠群众办市场、管理市场、发展市场；第四是坚持先放后导的原则。① 温州成功的秘诀在于群众的创造性、高度的流动性、市场以及空隙（工业结构的缝隙、计划体制最薄弱的环节），这种内生性、持续扩展性的经济发展模式，给中国未来经济发展贡献了一种可选择的模式或思路。② 在温州农村已经基本形成新型的市场经济体制模式之后，其坚持市场化改革方向，坚持多种经济并存的经济格局，坚持市场经济和宏观调控的有机结合，坚持国家产业和行业政策，积极调整产业结构，坚持发展不动摇的成功经验③，对于我国农村改革乃至整个经济体制改革都具有向导意义。④ 温州家庭工业形成了农村经济繁荣的新局面，对于中国广大农村摆脱困境逐步走向农业现代化有着重要的指导意义⑤，家庭工业加之产前产后的社会化服务以及发展经济、技术上的横向联系，非常有利于进行农业现代化建设，适合实行农业机械化和现代化。⑥ 由此，温州模式不是一种特殊模式，它具有典型性和普遍意义，温州模式对于建设有中国特色的社会主义市场经济的特殊贡献主要表现在：温州模式在产业结构、所有制结构、分配结构、城乡关系格局方面都有新的建树，给中国改革打了一剂强心针，给中国人以信心和希望，增进了中华民族的自豪感、荣誉感，对探索中国的农村改革和发展方向具有深远战略意义。⑦

最后，温州模式的关键价值在于它所体现的创新创业精神。温州

---

① 孔祥友：《温州发展社会主义市场经济的时间与思考》，载眭孝忠等编《温州民营经济的兴起与发展》，中国文史出版社 2008 年版，第 47—50 页。

② 余晖：《温州模式的社会生产体系解读》，载希望编《"温州模式"的历史命运》，经济科学出版社 2005 年版，第 71—91 页。

③ 李丁富：《温州之谜——中国脱贫致富的成功模式》，改革出版社 1997 年版，第 315—319 页。

④ 张仁寿、杨晓光、林大跃：《经济体制改革的向导》，载林白等主编《温州模式的理论探索》，广西人民出版社 1987 年版，第 333—348 页。

⑤ 黄德康：《有利于农村实现现代化（之一）》，载林白等主编《温州模式的理论探索》，广西人民出版社 1987 年版，第 240—243 页。

⑥ 刘华标：《有利于农村实现现代化（之二）》，载林白等主编《温州模式的理论探索》，广西人民出版社 1987 年版，第 243—245 页。

⑦ 项光盈主编：《世纪之交看温州——解读温州模式与温州现象》，华夏出版社 1998 年版，第 84—90 页。

模式最重要和最可宝贵之处还在于它所体现出来的独特的基本精神和敢于创业创新的创业文化：一是强烈的致富欲望和创业精神；二是不断追求，永不满足；三是异常勤劳，敢冒风险，勇闯天下，努力学习本领，善于适应环境。① 温州模式让人们体会到了不甘心落后，敢为天下先，冲破旧框框，闯出新路子，并且不断创新的温州精神。温州人从家庭作坊、摆摊叫卖、沿街推销、设店开厂，到股份合作、企业集团、资产经营、网络贸易，使人们看到了中国的市场经济从初期萌芽到和国际经济接轨的全过程演示，从中可以看到中国市场经济发展过程中的一些内在逻辑和发展规律。② 关于温州模式的启示和价值，有学者就指出，单纯从经济角度来考察温州模式在经济体制改革中的向导意义过于简单，应当从政治、经济、文化等方面，全方位地认识温州模式在我国全面改革中的向导意义，温州模式在其形成、发展过程中所带来的政治影响，引发人们思维方式的变革，促进人们在价值尺度、生活方式等方面的变化，在提高农民创新创业和自信精神、文化素质等社会效益方面取得的成就，比其在经济方面所取得的经济效益，意义更大、影响更广和更为深远。因此，温州模式的社会效益和社会价值要远远超过其在经济领域所取得的经济效益和经济价值。③

第二节　温州模式的历史演进及其原因分析

作为一种区域经济发展的方式与路径，"温州模式"的概念一经提出就显现出鲜明特色。但在中国改革开放的帷幕刚刚拉开的20世纪80年代初，由于温州模式是与传统计划经济格格不入的"另类"经济形态，因而甫一问世就引起国内外学界和实务界的广泛关注。来

---

① 《解析"温州模式"——著名经济学家董辅礽一席谈》，载希望编《"温州模式"的历史命运》，经济科学出版社2005年版，第123—125页。

② 费孝通：《筑码头闯天下——三访温州》，载眭孝忠等编《温州民营经济的兴起与发展》，中国文史出版社2008年版，第1页。

③ 洪振宁：《有利于加强思想文化建设》，载林白等主编《温州模式的理论探索》，广西人民出版社1987年版，第267—273页。

自全国各地的实务考察团和学术研究者纷至沓来,年均达一万多人次,国务院、相关中央部门、浙江省内及省外的领导同志,社会科学研究者,各地政策研究部门、高等学校的科研工作者,各地经济工作部门和农村基层干部等,相继来温州调研。① 理论界和实务界就温州模式的优势和缺陷、温州模式得以形成的历史制度原因、未来发展前景和发展趋势等理论和实践问题展开了广泛讨论。本节在对温州模式的历史演进做出梳理的基础上,厘清针对温州模式的争议,阐明温州模式兴衰的历史制度原因。

一　温州模式的历史演进

温州是历史文化名城。据孙诒让考证,早在夏朝时,温州就因本土出产的瓯器而被称作"瓯"。历史上,温州的造纸、造船、瓯绣、漆器等都有较大声誉,是中国青瓷发源地之一。北宋时期,温州就因其港口而成为对外贸易口岸,南宋时成为当时的四大海港之一。1876年,温州被辟为对外通商口岸。自20世纪50年代以来,温州农村一直存在"自发的民营化、市场化的倾向,尽管计划经济在发展战略及其政策措施上严格控制和严格打击农村的非农产业特别是非公有制经济的发展,禁止包产到户,但温州农民以家庭为单位经营工商业和劳务输出,以及包产到户等现象依然屡禁不止"。② 可见,温州有勇于创新、积极探索实施民营经济的历史传统。然而,真正意义上的温州模式却发端于改革开放后以商业经济带动个体经济和民营经济发展的探索和尝试。由此,根据温州模式发展的历史演进过程,可以将区域内温州模式的发展分为三个阶段:温州模式的探索和形成阶段、温州模式的发展和繁荣阶段、温州模式的发展"瓶颈"与调整转型阶段。

（一）温州模式的探索和形成阶段（1978—1984 年）

温州模式的探索和形成阶段是从 1978 年改革开放到 1984 年。探索和形成阶段的温州经济发展特色主要是:温州人外出从事工商业并带动本地家庭工商业的迅猛发展。温州地处浙南,人多地少,改革开

---

① 张仁寿:《"温州模式"研究述评》,《浙江学刊》1986 年第 4 期。
② 马津龙:《温州模式的来龙去脉》,《决策咨询》2001 年第 8 期。

放之初，温州农村剩余劳动力只能通过外出从事工商业寻求出路。据统计，到1984年，温州劳务输出量为13.39万人。劳务输出在开阔温州人眼界、转变温州人观念的同时，也提升了温州人的技术和管理能力，并为温州家庭工商业的兴起积累了资金、技术等生产要素，也为温州家庭工商业尤其是家庭工业经济的发展提供了市场基础。在劳务输出和"十万购销员跑市场"的带动下，温州家庭工商业经济尤其是家庭工业经济迅猛发展，到1984年，在十万购销员的带动下，温州已经涌现出十万家家庭工业企业，建立了393个大大小小的城乡市场，全国闻名的十大专业市场初步建成，形成"家家办工厂，户户开车间"的局面，地区生产总值突破30亿元，达到302064万元。探索和形成阶段的温州家庭工业企业主要以生产经营投资少、收益快、技术低、需求大的小商品为主。家庭工业的基本形态主要包括农户兼营、家庭作坊、家庭工场等，这些以血缘为纽带的家庭工业企业，具有产权清晰、利益直接、投资少、决定自主灵活、转产容易等特点。①

（二）温州模式的发展和繁荣阶段（1984—2003年）

温州模式的发展和繁荣阶段是从1984年②温州瓯海26个农民联合创办全国最早的股份合作制企业到2003年为止。发展和繁荣阶段的温州模式通过股份合作制逐步使本地传统个体、家庭工商业向现代企业制度转型。股份合作制企业虽然不同于严格意义上的现代企业制度，但它具有产权明晰、自愿结合、自主经营、自负盈亏的特点，已经具备了现代企业制度的基本雏形。股份合作制加快了农村剩余劳动力的转移和土地流转制度的形成，使温州本地的生产要素市场逐步由低级向高级转化，进一步扩大了企业规模，提升了企业技术研发能力、劳动生产率和市场竞争能力，温州模式走向发展和繁荣阶段，并于2003年达到高峰。从1984年创办第一家股份合作制企业开始，到1992年年底，温州全市拥有股份合作制企业已达本市乡镇企业总数的

---

① 余贤：《"温州模式"的形成和特色研究》，《重庆电大学刊》1997年第3期。
② 以1984年而不是以1985年《解放日报》正式提出温州模式为分界线，是因为在1984年之前，温州企业主要以家庭工业企业为主，但1984年，温州26个农民自愿入股创办了全国最早的股份合作制企业——瓯海登山鞋厂，可以说这是温州企业从传统家庭工业企业逐步向现代企业制度转型的标志。

72.95%，为24153家，年产值88.6亿元，占全市工业总产值的48.41%和乡镇企业总产值的82.78%。在这一阶段，温州不仅在企业组织形式上发生变化和升级，而且企业产品、品牌、投资领域等也都发生较大变化，实现了"二次创业"。在产品质量和品牌建设方面，始于1993年的质量立市行动使温州逐步摆脱第一阶段"假货之乡"的影响，形成了42个国字号产业基地和80多个中国名牌、中国驰名商标，先后两次获"中国十大品牌之都"称号，三次获"全国质量立市先进市"称号；在产业发展和投融资方面，逐步走出探索和形成阶段靠商业经济带动家庭工业经济发展的"小商品、大市场"模式，开始走出温州到全国乃至世界投资兴办工厂和开拓市场，企业组织形式进一步发展，公司乃至上市公司开始出现；在投资形式上逐步出现由工业企业等实体经济转向房地产投资、资本运作、金融市场的趋势（"炒房""炒钱"等非理性经济行为开始出现）。这些变化既极大地促进了温州和温商的资本积累和财富增长，将"温州模式"的声誉推向另一高峰，也为温州资本和企业外流、实体经济滑坡、金融风波及区域经济衰落埋下了隐患。

（三）温州模式的发展"瓶颈"与调整转型阶段（2004年至今）

受综合因素的影响，尤其是受早期温州模式内在缺陷的影响，自2004年开始，温州区域经济的高速发展开始出现转向，经济增长速度明显放缓，尤其是到2008年，温州经济增速从2007年的14.2%大幅下跌至8.2%，在遭遇"跑路"风波后，温州区域经济发展更是跌入低谷，温州模式进入发展"瓶颈"期和调整转型阶段。首先，在经济发展指标主导政府绩效考核标准未发生根本改变的宏观背景下，区域经济增速放缓给温州政府带来较大压力，使温州本地政府在温州经济发展中的角色作用出现变化，逐渐走出传统"小政府、大社会"的政府管理经济模式，开始探索发挥政府在引导企业发展中的角色作用，建立"有限有为有效政府"。其次，在政府的强力推动下，温州关停了大量小微污染企业，并通过政策手段鼓励区域内产业转型升级，逐步培育现代高新技术、文化旅游产业等，提升产品附加值，促进形成品牌产品，探索新兴电商产业、信息经济产业。再次，探索打破早期温州模式的"锁定状态"，积极鼓励本土企业和国内外大企业、大集团进行多领域、多方式、多途径的合作与交流，借以推动本土企业的组织形式、管理和经营模式转型，一批按照现代企业制度管理运营的龙头企业初步形成。最后，实施金融改革等综合改革，再造城市发展空间和政府服务模式，改善区域软硬环境，推动生产要素重组，鼓励上下游产业联合，促进形成产业集群，提升区域竞争力。

二 温州独特的文化因子

每一种社会现象或行为所表现出的普遍性和规律性都是文化的外在体现，而独特文化的产生有其特定的客观自然环境和社会历史情景。温州人的思想和行为与温州独特的文化传统息息相关。马津龙（2015）认为，在中国改革开放初期，温州率先形成民营化、市场化的万众创业的温州模式，从某种程度反映出温州具备有别于中国其他地方的市场经济的文化基因。很多学者在关注温州模式时，都在强调其形成的历史文化渊源。宋朝时在浙东永嘉（今温州）地区形成的永嘉学派及其"事功学说"，被认为是温州人经济发展背后的独特的文化因子。永嘉学派强调义利并重，注重事功，讲究经世致用，因而又被称为"事功学派"。永嘉学派主张发展商业，应重利而取之有道，反对传统的重农轻商政策，体现了当时工商业阶级和市民阶层的生存意愿，反映了宋代商品经济发展的时代特征。在历史长河中，永嘉学派的"义利并重""农商并举"等经济思想被越来越多的温州民众所接受，而温州特定的客观环境强化了这些思想的实践，沉淀成浓厚的商品经济意识，在人们寻求生存和发展的过程中逐渐深化为一种重商文化。因此，永嘉学派被视作当代温州模式兴起的历史文化传统渊源。①

关于永嘉学派和温州模式之间的内在关系，王丽歌、陈安金（2014）指出，以事功思想为主导的宋代永嘉学派不仅在思想内涵上适应了温州人多地少环境下民众对寻求自身经济发展和改变自身经济

---

① 洪振宁：《永嘉学派与今日温州》，《温州大学学报》2001年第2期；陈中权：《永嘉学派和温州人精神》，《中共浙江省委党校学报》1999年第4期；曲国明：《温州模式蕴涵的永嘉哲学思想探讨》，《边疆经济与文化》2009年第4期；王丽歌、陈安金：《"永嘉学派"与"温州模式"》，《国学周刊》2014年3月6日总第48期第B9版。

环境的思想要求，也在很大程度上主导了温州人在商品经济中的商业行为和社会发展，他们认为永嘉学派的事功思想是温州模式形成和不断创新的内在动力。另外，温州模式的不断创新和转型也赋予了永嘉思想、永嘉文化新的时代特征和精神内涵。永嘉学派能够在浙东地区所有事功学派中更具影响力的重要原因之一，是其所倡导的实用精神适应了浙东地区的地理、人文和社会发展需求。温州位于浙南沿海的闽浙丘陵地带，人多地少，土地资源极其贫乏，这塑造了温州人向外拓展空间的韧性和冒险精神[①]，也使温州区域经济不同于一般性的传统田园式封闭型的农耕方式，而是带有天然的外向型商贸经济色彩——主要通过手工业制造小商品并将其销往全国各地。在这种情境下，提出"以国家之力扶持商贾、流通货币"的观念自然有其深刻的社会地理环境因素缘由。

从思想内涵上来说，永嘉之学的根本是"经世致用"，其出发点看似在于研究"经义"和"经制"，但其研究"经义"和"经制"的目的在于"治事"。因此，永嘉学派极力提倡"讲实事、究实理、求实效、谋实功"，主张"务实而不务虚"，倡导通过具体行动以取得实际效果而不是仅仅停留于"经义"和"经制"的研究本身，正如黄宗羲所说："永嘉之学，教人就事上理会，步步著实，言之必使可行，足以开物成务。"（《宋元学案》卷52）。永嘉学派这种崇实精神反映在今天的温州人身上就是温州人在全国乃至世界各地表现出来的埋头苦干、追逐财富、改善民生的精神。[②] 当然，由于其思想的局限性，永嘉学派这种追求事功的功利倾向也会带来一些较为明显的短视行为，使温州人的经济活动表现出较为严重的世俗化倾向，带有比较狭隘的小商品意识和小生产观念，常常以"自我"为中心并追求实惠实利，而社会责任意识淡薄，导致温州人的经济活动在今天的市场经济行为中带有明显的局限性，有些方面甚至与市场经济的基本原则和运行规则格格不入。如温州人经济现象中最为典型的温州商会看起来

[①] 颜弘、龙玉祥：《温州区域文化与温州精神的塑造》，《浙江工商大学学报》2009年第6期。

[②] 陈安金：《崇实重商的永嘉学派》，《光明日报》2014年3月31日第16版。

似乎是符合市场经济发展典型特征的特色性经济现象，但在实际运行中，温州商会与政府沟通联系的很多行为又带有明显的官商结合的色彩，表现出兴办商会的功利性目的，在很大程度上破坏了市场经济的公平竞争规律。虽然如此，永嘉学派批判了当时保守的思想文化，顺应了当时生产力发展的基本要求，反映了当时人们对商品经济和多元化生产方式的要求，为明清近代实学的活跃和发展开辟了道路，也丰富了中华民族的传统思想文化宝库（洪振宁，2001）。

事功精神对西方重商主义思想等的吸纳，也对温州人的经济行为产生较大影响。近代以来，随着中国大门的打开和西方思想的涌入，深受"事功"影响的温州人在秉承和发扬传统事功精神的同时，亦用"事功"的态度对待西方文明发展的思想和成果。鸦片战争以来，近代中国进入了一个相当长的动荡不安期，社会矛盾和民族危亡对整个中国的经济社会发展产生了近乎毁灭式的破坏性影响。此时，温州晚清知名思想家陈虬、宋恕等延续和发展了永嘉学派的事功哲学，他们站在内外潮流激荡的前沿，开始传播西学、宣传维新，主张"齐商力、捷商经、故商人、明商法"，希图"以商救国"（曲国明，2009）。中西文化的融会开阔了温州人的视野，实业救国口号的提出，更是激发了温州人的创业热情，温州地区开始形成系统的务工经商传统（王丽歌、陈安金，2014）。关于温州思想家对西方思想的学习、宣传和吸收，钱文忠曾指出："温籍知识分子对西学的吸收也是彻底的，他们不但从书本上吸收西学，身体力行，还率先在教育、实业等领域引入西方文明。"[①] 这种说法是有事实依据的，如陈虬创办的利济医院，就开创了中国初等医科教育的先河，说明秉承事功哲学的温州人在用开放式的兼收并蓄理念，吸纳、消化西方现代文明的发展成果，并积极尝试在温州本土、国内践行这些文明发展的成果。

受永嘉学派重商文化思想的影响和熏陶，温州人心中具有强烈的经商渴望。他们思想上崇尚实际，讲究功利实用，在创业方面，不在乎事业大小，只要可以盈利即可。这种思想和观念使他们在改革开放的大潮中依赖小商品闯出了大市场，进而实现家庭工业经济和私营经

---

① 钱文忠：《温州经济背后的"永嘉学派"》，《平阳讲坛》2014年11月25日。

济的全面发展，完成了从草根阶层走向创业主角的历史性蜕变。他们思维敏捷，极富商机意识，具有敏锐的经商嗅觉，在市场经济的大潮中总是能先行一步；在经商行为方面，他们讲究实效，总是能吃苦耐劳；在经商模式方面，他们注重服务，注重在为他人提供便利的基础上获益，这也是双赢模式的最初体现。这种事功精神和事功行为，使走出去的温州人正在"悄无声息"地影响着世界。在世界各地，走出去的温州人往往从最底层、最简单的行业起步，逐步站稳脚跟，慢慢积累发展，例如，在美国的20多万温州人，他们以经营小商品、开餐馆等行业起家，逐步成长为企业家、资本家，投资领域已涉及贸易、房地产开发、服装制造及销售等诸多领域，正在用自己的力量逐渐改变着美国世界。

三 温州模式的争议与"衰落"

在以家庭联产承包责任制为突破口的基础上发展起来的、以专业市场和农民购销为依托的、以个体家庭工业经济为核心的温州模式使温州经济迅速崛起，为温州带来了巨大荣誉和赞誉，但也使温州成为争论的焦点。

温州模式被正式提出后，虽然理论界和实务界对它总体上持肯定态度，但围绕温州模式的"私有化""市场化"和"收入差别扩大化"等问题亦存在诸多疑虑。其焦点主要集中在：温州农村以家庭企业为主体的经济发展格局，就其经济形式来说属于什么性质？是否符合社会主义发展方向？温州模式究竟是姓"资"还是姓"社"？姓"资"姓"社"、姓"公"姓"私"的争议可以说伴随了我国改革开放的整个历史进程，至今仍然不时出现，而对温州模式姓"资"姓"社"的争议更是由来已久。早在1956年，温州永嘉实行的"包产到户"，就被质疑为"富裕中农的资本主义主张"而遭到批判。改革开放后，随着温州经济的持续发展，一些人又开始用"左"的眼光看问题，对温州模式产生疑虑，他们质疑温州模式到底是姓"资"还是姓"社"，认为温州模式是"富了个人，穷了国家"，是"不以公有制为主，公有制不起主导作用，不符合社会主义方向"，是"资本主义泛滥"。如金宪宽就认为，温州拥有630万人口，且为全国14个开放城市之一，如果长期存在以个体经济为主的所有制结构，则实际上是在温州农村建立了一个对内搞活的"特区",在未经充分实践的情况下,如果匆忙肯定温州农村经济发展第二阶段(1984年以后)的所有制结构,是有失慎重的;而且,温州农村的生产力水平在浙江省属于中等,在全国属于中等偏上而非最低层次,如果认为温州农村的生产力水平只能适应以个体经济为主体的所有制结构,则意味着全国多数地区的农村(特别是内陆经济带和西部边陲经济带的广大农村)势必只能实行以个体经济为主体的所有制结构,这将导致全国范围内的"以公有制为主"的目标难以实现。① 有人甚至建议要"对温州市早有所闻的严重丧失革命政权、乱无法纪诸多后果查处,不然将大乱"。②

与这些反对的声音不同,支持者认为,在社会主义商品经济中人们的收入构成包括技术性和经营性劳动的报酬以及资金利息、风险收入和一些级差收益等正常的非劳动收入,温州收入差别的扩大,是在普遍走向富裕的基础上富裕程度和速度的不同;温州家庭工业占优势,是微观经济成分或形式多样化过程中的一种现象,而且还在继续发展演变中,因而不能简单地把它概括为"所有制结构"的变更或"私有化",微观经济形式多样化正是社会主义商品经济的必然要求,在发展中某种微观形式由于具有特别强大的生命力而暂时占有优势,是合乎经济发展规律的;如果说温州商品经济的实践造就了一个"市场化",那也是社会主义市场经济建设的巨大成果,因为它为宏观经济调节功能和手段的具备创造了前提和基础,同时也为微观经济行为的进一步合理化提供了条件。③ 虽然从客观上来说,不论是家庭企业、联户企业或合股经营企业,在所有制性质上都是个人占有生产资料、以个人劳动为基础的劳动者个体经济,但在我国现阶段,这类劳动者个体经济是社会主义经济的必要的、有益的补充,温州农村家庭经济的发展,打破了长期以来经济形式单一的格局,使全市所有制结构发生较大变化,我们应当根据有利于生产力发展这个总要求来考察、寻

---

① 金宪宽:《既不固定化也不理想化》,载林白等主编《温州模式的理论探索》,广西人民出版社1987年版,第160—163页。
② 马津龙:《温州模式的来龙去脉》,《决策咨询》2001年第8期。
③ 林子力:《温州商品经济的"成分"问题》,载林白等主编《温州模式的理论探索》,广西人民出版社1987年版,第133—145页。

求现阶段的所有制结构；如果脱离生产、交换、分配等现实的经济关系，人为地框定所有制结构和空泛地侈谈所有制性质，将是一种"形而上学的或法学的幻想"。① 如果从整个国民经济的联系来分析问题，可以发现，温州的个体经济无不通过各种形式与全国各地的国营经济发生着经济联系，它们在统一的社会主义市场经济中活动，自身带有某些社会主义因素且服从于国家的管理与调度，这些都充分体现了个体经济对国营经济的依附与从属地位。② 温州模式是中央五个"一号文件"和农村改革的产物，是依据温州农村实际发展的一种独特的农村经济格局或模式，是合作经济双层经营结构的一个层次，应该看成是社会主义经济的一个组成部分。③ 因此，不必担心由于个体经济的比重大会改变温州农村经济的社会主义性质，我们也不能脱离温州地区的生产力发展水平，用行政手段限制个体经济的发展，人为地提高公有制经济的比重，更不能因噎废食，走回头路。④ 因为在温州模式中，虽然个体经济在数量上占较大部分，但掌握经济命脉的是全民所有制经济，我们不仅应该允许个体经济存在，还应该在一定范围内允许和鼓励个体经济的大力发展。⑤

针对各种疑虑，中共温州市委市政府于1986年8月给浙江省委省政府做专题报告，对温州农村经济发展特点做出概括：一是国营、集体、个体一起上，特别是个体经济和私人经济发展很快，已在全市国民经济中占了重要地位；二是小商品大市场，流通领域比较活跃；三是以小城镇为依托，同时又促进了集镇建设。⑥ 中国社会科学院经

---

① 朱虎根、郑子耿、杨晓光：《不应受比重问题左右（之二）》，载林白等主编《温州模式的理论探索》，广西人民出版社1987年版，第151—153页。

② 董朝才：《不应受比重问题左右（之三）》，载林白等主编《温州模式的理论探索》，广西人民出版社1987年版，第157—158页。

③ 殷佩章：《不应受比重问题左右（之四）》，载林白等主编《温州模式的理论探索》，广西人民出版社1987年版，第158—159页。

④ 林沂：《符合社会主义方向》，载林白等主编《温州模式的理论探索》，广西人民出版社1987年版，第146—149页。

⑤ 孙飞翔：《不应受比重问题左右（之一）》，载林白等主编《温州模式的理论探索》，广西人民出版社1987年版，第150—151页。

⑥ 洪振宇等主编：《温州民营经济发展30年》（发展综述卷），浙江人民出版社2008年版，第113页。

济研究所亦组成温州农村调查组，对温州农村民办工业和商品经济的发展进行专题调研，并在1986年第6期《经济研究》上发表了《温州农村商品经济考察与中国农村现代化道路探索》一文，指出社会主义市场体系的完善一方面使乡镇企业退出一些竞争不利的阵地，另一方面也会使城市大中型工业让出若干地盘，而这种生产布局和产业结构的调整，必然会提高整个社会的资源配置效率。（温州）乡镇企业在资源的利用上也有其独特的有效率的一面，更为重要的是，农民向非农产业的进军，有利于挖掘和利用农村潜在的过剩劳动力资源，对农村经济现代化具有不可估量的重要意义；同时，农村变革所造成的国内市场极大地促进了"六五"时期我国国民经济的高速增长，有力地推动了低技术（相对于城市大工业来说是低技术，而对落后的农村来说则是试用技术）工业在我国农村的发展和普及，乡镇工业通过向外延扩展阶段的发展，可以获得走向内涵式发展的深厚基础；因此，温州民营经济从属于社会主义经济，和社会主义公有制息息相关，完全符合社会主义发展方向，温州模式是"发展农村商品经济、治穷致富……可供选择的路子"。[1] 费孝通在考察温州经济社会发展的情况后，亦认为"温州地区所走的道路乃是促进农村经济发展和农民劳动致富的有中国特色的社会主义农村经济发展道路之一"。[2] 1986年，时任国务院副总理万里考察温州后批示要求浙江省大胆支持温州改革。1991年，时任中共中央政治局常委李瑞环考察温州后亦充分肯定了温州的改革与发展实践。1992年邓小平南方谈话后，对温州姓"资"姓"社"、姓"私"姓"公"的争议渐趋平息。

　　除温州模式姓"资"姓"社"的问题之外，关于温州模式的生命力和发展趋势的争议也是理论界和实务界争论的关键问题。不同学者对温州模式的生命力和发展趋势的认识和判断并不相同。宣海林和夏德荣认为，温州模式的产业集中度、企业组织形式、市场有序度、产业结构层次、产业技术水平、产品竞争力、经济示范效应、经济开

---

[1] 董辅礽、赵人伟等：《温州农村商品经济考察与中国农村现代化道路探索》，《经济研究》1986年第6期。

[2] 费孝通：《温州行》，《瞭望周刊》1986年第20—22期。

放程度等都较低。① 史晋川认为，温州模式的产业结构升级缓慢，劳动密集型产品和低附加值产品多而重工业和高新技术产业比重小，对人格化交易方式的路径依赖等，会使温州制造业出现"代际锁定"，最终引发温州民间资本大量外流而使温州区域出现"产业空洞化"。温州模式的外向型发展不足、引进外资较少、资本外流现象严重、人格化交易、内生资源不足、区位条件差等决定了温州模式必然会走向消亡。②

对于各种质疑和唱衰温州模式的声音，很多学者持不同意见。张曙光认为，断言温州产业结构发生"代际锁定"还言之过早，温州引进资本少、对外投资多，说明温州的外向型经济发展并不缓慢，而温州人之间不乏竞争，也很难形成真正的人格化交易。③ 朱康对指出，单纯将重工业化程度视作衡量地区经济发展先进程度的主要标准、用以指导地方经济发展的做法并不科学，温州人大规模对外投资正是温州模式向全国进行输出和扩张的体现。马津龙指出，在全球化的条件下，温州没必要也不可能阻止温州企业合理的跨地区甚至跨国发展，一些大企业基于发展的需要，将研发中心外迁而将加工组装中心留在温州，只要有利于企业发展，温州应大力支持。④ 张仁寿教授则认为，虽然在发展中存在问题，但温州经济发展的主流是正常的、健康的，断言"温州经济衰落"是没有根据的。⑤ 而针对人格化交易的问题，学者也有不同观点，有人认为温州的人格化交易并不明显；有人则认为人格化交易所形成的社会网络有助于保留和建立市场信任机制，是一种重要的社会资源，更有利于温州经济的长盛不衰。如罗卫东就明确提出，温州商业的人格化调整并非内生于其传统文化，是先发商业社会的经济主体对整个中国整体性基本经济整治制度滞后性的回应，

---

① 宣海林、夏德荣：《"温州力量"：究竟有多大》，《经济学消息报》2000年1月21日。
② 史晋川：《温州模式的历史制度分析——从人格化交易与非人格化交易视角的观察》，载希望编《"温州模式"的历史命运》，经济科学出版社2005年版，第3页。
③ 张曙光：《温州模式的几点理论思考——评史晋川教授的〈温州模式的历史制度分析〉》，载希望编《"温州模式"的历史命运》，经济科学出版社2005年版，第13—18页。
④ 转引自王华兵《温州模式演化与发展问题研究综述》，《经济纵横》2005年第2期。
⑤ 张仁寿：《温州模式：盛名之下，其实难副?》，《浙江社会科学》2004年第2期。

是化解制度风险的需要。① 还有人认为，温州的家庭经济形式更易于为不发达地区农村所模仿，可以成为不发达地区发展农村经济的学习典范。

与学界各种争论声音相持不下不同，近年来温州的发展实践似乎一边倒地"证实"了温州模式衰落论的正确性。自1998年开始，随着全国改革开放的进一步深入发展，温州经济增速逐渐放缓。2002年，在浙江省的经济排名中，温州增速掉到了全省第七；到2003年上半年，温州多项主要经济指标在省内排名倒数第二，而当年七八月的排名甚至连续两月全省倒数第一。事实上，自1997年以来，温州经济增长速度要低于1979—1997年的平均增长速度，1998年之后的平均增长速度要低于后者3个百分点。到2008年，根据温州市经贸委对15521家中小企业的调查统计，停工、半停工和倒闭的企业达1259家，占被调查对象总数的8.1%。2012年，在浙江省的主要经济指标排名中，温州多数指标都处于倒数之列，其中人均地区生产总值及其增幅、财政总收入等九项指标全省倒数第一，另有四项指标全省倒数第二。此外，自2011年开始的"跑路"风波一直持续到2014年上半年依然没有停息，这和2011年开始的企业倒闭潮一起，似乎进一步验证了传统温州模式的局限性及温州模式衰落的断言。

四　温州模式兴衰成败的原因分析

温州模式的内在优势和缺陷究竟在哪里？温州模式有无持续发展的生命力？是否应该继续坚持和发展温州模式？在温州区域经济走进低谷、遭遇发展"瓶颈"的今天，这些问题再一次摆在温州人面前。对这些问题的回答，对温州模式发展兴衰更迭的历史进行反思，探讨温州模式成功崛起的历史经验，反思温州模式走向"衰落"的原因教训，是温州经济发展绕不开的话题，可以为温州下一轮发展明确方向，又可以为国内其他地区发展提供警示和借鉴，对温州经济、浙江经济乃至全国的经济发展都有重要意义。然而，要有效回答这些问题，我们必须对温州模式兴衰更迭的历史原因做出正确解析，只有如

---

① 罗卫东：《温州模式：马格里布、热那亚抑或其他?》，《浙江社会科学》2004年第2期。

此，才能更好地认识温州模式的优势和不足，更好地坚持或修正温州模式，促进温州经济社会的新一轮发展。

关于温州模式兴起的成因，除了"事功学说"等独特的文化因素分析，研究者还认为它是压力、挑战和机遇的产物，与温州以及全省的自然地理、历史等紧密相关，是多因素综合作用的产物。[1] 如洪振宁等认为，温州模式是温州人民高举中国特色社会主义伟大旗帜的探索，是中国特色社会主义理论体系与温州实践相结合的结果，是中国特色社会主义道路在温州的具体实践，是党在改革开放以来所取得的宝贵经验在温州的具体运用，是坚持以人为本、坚持科学发展、坚持求真务实、坚持创业创新、坚持合作共生的结果。[2] 张仁寿认为，人多地少的矛盾"逼"使大量农村剩余劳力走向非农业经营，十一届三中全会后的农村政策"放"宽了对农民务工经商办服务业的限制，温州农民勤劳苦"干"，这三个条件构成了温州模式产生的前提条件，但温州模式是地理环境与城乡经济联系、经济基础与原有体制的矛盾、传统优势与劳动力素质、政策的灵活性与干部的开拓创新精神、市场运行机制的逐步形成等综合因素作用的结果。[3] 王芳认为，温州模式的形成，是由温州社会经济条件等客观因素决定的：温州人多地少，逼着农村大批剩余劳动力向非耕地经营转移；温州城市工业基础薄弱，对农村经济的辐射力和吸引力不大；温州农村原有集体经济薄弱，尤其是集体工副业很少，缺乏资金和技术，农民不得不依靠家庭力量，发展个体工业、商业和其他服务业；温州沿海一带有一大批能工巧匠和善于经营的人，历来有从事手工业和经商的传统。[4]

虽然承认温州模式是综合因素作用的结果，但不同学者从不同视角出发，所强调的侧重点亦有所不同。如李仁续认为，由于温州属于

---

[1] 卓勇良：《温州模式的成因与困境》，载希望编《"温州模式"的历史命运》，经济科学出版社2005年版，第62—71页。
[2] 洪振宁等主编：《温州民营经济发展30年》（发展综述卷），浙江人民出版社2008年版，第451—452页。
[3] 张仁寿：《论"温州模式"的特点和成因》，《浙江学刊》1986年第3期。
[4] 王芳：《温州农村经济发展情况的调查》，载眭孝忠等编《温州民营经济的兴起与发展》，中国文史出版社2008年版，第3—7页。

经济落后地区，广大农民从实际出发，选择了分散性格局，扬长避短，利用早发的家庭细胞活力，特别是利用温州农民具有商品经济意识的潜能优势，大力开拓市场，使家庭工业在短期内崛起[①]；史晋川认为，温州模式是通过需求诱致型和大胆超前的改革形成的一个区域经济发展模式，是用民营化和市场化来带动工业化和城市化；赵伟把温州模式描述为一个新古典的区域工业化模式，在原始资本积累、家庭工业和家庭作坊提供普通消费品、非特权企业的发展过程中发挥了重要作用，出现大量农村剩余劳动力，形成发达的营销网络。[②]

总结关于温州模式成因的论述，可以发现三个因素是学者共同关注的焦点。首先，温州贫乏的资源条件逼出了温州模式。如卓勇良认为，人口压力是改革开放初期温台一带民间创业冲动较强的重要原因，温州模式的形成、发育及其地位，在相当程度上受人均耕地差距的深刻影响。[③] 侯江宁认为，温州农村人多地少，尚有大量的剩余劳动力，这为广泛的开工开业提供了丰富的人力资源；党的农村经济政策的放宽，使雇工经营的可能变为现实；一些能人在充分竞争的市场机制诱导下，必须进一步扩大生产规模。[④] 其次，温州模式是温州人精神以及孕育温州人精神的历史文化作用的结果。如马津龙认为，农民企业家是温州模式的灵魂，温州模式的作用离不开农民企业家的作用。[⑤] 卓勇良也认为，在人与自然的长期较量中孕育出来的温州农民的企业家精神，是温州模式的一个基本成因。[⑥] 谢健和任柏强认为，温州模式的形成并非偶然，温州人在全球市场取得成功有其悠久的历

---

① 李仁续：《推动了农村经济发展（之二）》，载林白等主编《温州模式的理论探索》，广西人民出版社1987年版，第235—237页。

② 转引自余晖《温州模式的社会生产体系解读》，载希望编《"温州模式"的历史命运》，经济科学出版社2005年版，第71—91页。

③ 卓勇良：《温州模式的成因与困境》，载希望编《"温州模式"的历史命运》，经济科学出版社2005年版，第62—71页。

④ 侯江宁：《雇工经营问题初探》，载林白等主编《温州模式的理论探索》，广西人民出版社1987年版，第222—229页。

⑤ 马津龙：《温州模式的灵魂——农民企业家》，载林白等主编《温州模式的理论探索》，广西人民出版社1987年版，第183—192页。

⑥ 卓勇良：《温州模式的成因与困境》，载希望编《"温州模式"的历史命运》，经济科学出版社2005年版，第62—71页。

史成因：一是悠久的经济历史与对现代工业影响深远的手工业经济；二是传统文化对人们的价值观、生活方式有着潜移默化的影响作用，崇实、求实、务实、创新、进取，善于学习，擅长模仿，善于应变，富有人情味，受传统文化的长期熏陶，又受沿海开放环境的影响，容易接纳外来经济文化，从而形成特有的善于吃苦耐劳又不安于现状"敢为天下先"的温州人精神。① 李丁富认为，温州的变革与东方文化的先导作用分不开，包括区域文化、海外文化、传统文化、经济文化。② 再次，温州模式是国家改革开放政策的结果。如李仁续和黄加劲认为，随着（温州）农村商品生产的迅猛发展，温州农村专业购销员应运而生，进而导致温州经济迅速崛起，这有其客观必然性：从内因来看，大批农民离开祖祖辈辈辛勤经营的土地，进入了流通领域从事商业活动，是农村生产力发展的必然结果；从外因条件来看，则是十一届三中全会后实行"放宽政策，搞活经济"的方针，为农民离农经商创造了必要的前提条件。③ 因此，所谓温州模式是国家改革开放政策"放"出来的结果。最后，温州模式的产生与温州本地有限有为有效"小政府"相关。如洪振宁等认为，温州模式得以形成的一个重要的因素是"温州市委和市政府坚持一切从实际出发的思路，勇于创造性地实践"：一是坚定不移地清"左"，开拓思路创新；二是唯实不唯上，坚决地贯彻党的实事求是的思想路线；三是敢吃第一口，敢迈第一步；四是尊重群众的首创精神，少些关停堵截，多些疏通引导。④ 帕里斯（Parris）也认为，温州模式的形成是温州当地社会普通百姓与地方政府和中央国家机关之间相互冲突、妥协和长期谈判的结果，而地方干部在谈判过程中起着关键作用。温州模式所呈现的新的经济体制、可选择的价值观及组织的出现，反映了当代中国国家和社

---

① 谢健、任柏强：《温州民营经济研究——透过民营经济看温州模式》，中华工商联合出版社2000年版，第24—30页。
② 李丁富：《温州之谜——中国脱贫致富的成功模式》，改革出版社1997年版，第117—131页。
③ 李仁续、黄加劲：《农民离土经营》，载林白等主编《温州模式的理论探索》，广西人民出版社1987年版，第171—182页。
④ 洪振宁等主编：《温州民营经济发展30年》（发展综述卷），浙江人民出版社2008年版，第116—118页。

会之间界限的转变以及两者之间关系的重新确定。①

从以上可以看出,学界和实务界在考察温州模式成因时,主要在外因上考察了国家宏观政策对温州模式的影响,从内因上考察了温州内部的历史文化、地理资源条件以及人这些要素的影响。客观而言,现有结论就温州内生要素的讨论已经相当完备,但在外因考察方面,只在纵向上考察了国家政策对温州模式的影响,却对横向上的国内兄弟地区在改革开放中的"后知后觉"这一重要变量的影响考察不足,只是简单陈述了"温州人敢为天下先"的精神在温州模式形成中的作用。这虽然在一定程度上体现了国内兄弟城市的"后知后觉",但对这种"后知后觉"在温州模式得以形成中的重要作用认识不足,更没有认识到兄弟城市的这种"后知后觉"之"后"知和"后"觉对温州模式"衰落"的关键性影响。

从现有研究来看,理论界和实务界对温州模式兴起的成因考察较多,亦较为全面,但对温州模式衰落原因的考察一般仅简单归因于温州模式的内在缺陷,认为是温州模式自身的内在缺陷导致了温州模式的衰落。如史晋川认为,温州模式的产业结构升级缓慢、劳动密集型产品和低附加值产品多而重工业和高新技术产业比重小、对人格化交易方式的路径依赖等,会使温州制造业出现"代际锁定",最终引发温州民间资本大量外流而使温州区域内出现"产业空洞化"。温州模式的外向型发展不足、引进外资较少、资本外流现象严重、人格化交易、内生资源不足、区位条件差等决定了温州模式必然会走向消亡。②与对温州模式兴起原因考察的综合视角相比,这种将温州模式衰落的原因仅归因于温州模式自身缺陷的方法显然存在较大缺陷。考察温州模式衰落的原因,也应坚持综合视角做全面的分析。

第一,改革开放深入发展使国内兄弟城市"后"知"后"觉,导致决定温州模式兴起的政策红利和竞争环境发生变化。众所周知,1978年改革开放之初,温州人以勇于创新的开拓精神,率先在全国开

---

① 帕里斯:《地方积极性与国家改革:经济发展的温州模式》,《中国季刊》1993年第134期。

② 史晋川:《温州模式的历史制度分析——从人格化交易与非人格化交易视角的观察》,载希望编《"温州模式"的历史命运》,经济科学出版社2005年版,第3页。

始改革探索，以高速增长的经济发展获得了"温州模式"的赞誉。这与温州人善于把握机会、敢为天下先的创新精神和温州模式本身的活力与有效性有关，但应当承认，内地各大省市的观念滞后、行动缓慢、信息不畅、观望态度等综合因素也是成就温州模式改革开放之初迅速崛起、持续高速发展的重要原因。当温州人已经在全国乃至世界市场内打拼角逐的时候，内地部分省市还没有摆脱传统计划经济观念的束缚，处在懵懂、观望、怀疑甚至阶级斗争和姓"资"姓"社"的疑虑之中。然而，改革开放的持续发展，尤其是1992年邓小平南方谈话，坚定了全国人民对改革开放的信心，极大地释放了全国各地的改革热情，内地各省市开始"幡然醒悟"，逐步摆脱陈旧观念的束缚，逐渐加大改革开放的步伐，这意味着改革政策红利、生产要素、人才、技术、市场等的分配开始向全国分化，全国范围内的市场竞争逐步加剧。为保护和促进本地经济发展，内地部分省市政府甚至出台极具地方保护色彩的地方政策。经过多年积累，到1998年前后，后发各地的市场竞争力逐渐显现，事实上在全国范围内形成对温州的"围追堵截"之势，争夺温州的资金、人才等生产要素和产品市场。随着内地新兴市场主体的不断加入，地缘、区位、交通和要素资源等先天条件的不足，使温州在与新兴经济体的竞争中处于不利地位。在此背景下，温州经济增速有所下降具有历史必然性。因此，考察温州模式兴起与衰落的成因，必须要充分重视内地其他兄弟城市"后知后觉"及"后"知与"后"觉这一关键性变量的影响与作用。

第二，温州地理区位和资源禀赋要素先天不足。温州地处浙南，没有地域优势、区位优势和交通优势，并非政治中心，亦非交通枢纽，与上海、广州、宁波、苏州等地相比，既没有便利的海上交通条件和公路、铁路交通条件，又没有充足的先天资源禀赋条件，更缺少经济发展腹地市场的纵深支持，这些都极大限制了温州经济发展的竞争力。早期温州经济发展依赖的是温州人的先行一步和创业、创新精神，或者说正是温州模式的生命力，使温州早期经济发展取得了巨大成就。然而，随着全国范围内改革开放力度的加大，新兴市场经济主体的不断加入，地缘、区位、交通、要素资源等条件的先天不足，使温州在面对新兴经济体的竞争时处于落后地位，导致经济增速下降，这有其客观必然性。此外，由于温州早期经济增速快，经济基数和发展体量大，后发地区的基数小，在比较地区增长速度时，后发地区显然更有比较优势。忽视所有这些客观条件，将温州经济增速的暂时放缓完全归罪于温州模式自身的原因，认为温州经济出现的暂时波动就是温州模式的衰落，从而证明温州模式的内在缺陷性，这显然是"明足以察秋毫之末，而不见舆薪"的选择性无视行为，不符合马克思主义辩证法和辩证唯物主义基本原理。

第三，先发优势带来的生产生活成本剧增等对温州区域企业形成挤出效应。由于早期经济发展迅速，温州本地的土地资源、房产价格、人力成本、生活水平等都要远远高于内地很多后发城市，再加上不具有交通优势，导致温州的生产、生活和运输成本等要大大高于内地，这些实际上既降低了温州本地企业的竞争力，也使当前温州区域经济发展的"软环境"相对不足，再加上内地各大城市纷纷加大招商引资力度，开出了温州无法给出的政策优惠条件，对温州经济发展形成巨大冲击。在多种因素的"协同"作用下，温州企业大量被"挤出"，迁往浙江省内的丽水、绍兴、金华等地，有的远走内地、新疆等或迁往上海、北京等大城市，更有大量企业直接去境外投资，寻求发展空间。

第四，温州寻求转型升级和环境治理带来的阵痛。近年来，在环境治理和可持续发展的压力下，温州开始逐步加大对污染严重的小微企业的整治力度，关停并转了大量小微企业。这种近乎"自残"的行为，一是为了治理日益严重的环境污染，二是为了促进本土产业转型升级，但在经济发展外部条件恶化和竞争力加大的现实情境下，也在客观上导致了温州区域经济发展速度的下滑，还间接助推了外地经济发展速度的提升。一个不争的事实是，温州很多被关停的小微企业实际上转移到了丽水等兄弟城市，更有很多企业转到中西部地区上马再生产。如安徽省委省政府专门开辟了江北集中区和江南集中区两个经济发展集中区，给予转移产业以较大优惠政策，用于承接先发城市的产业转移。这些客观因素，都加大了温州企业和资本的外流速度，使作为先发地区的温州在发展指标的比较上处于不利地位。有必要提醒的是，温州的今天，也是中部、西部后发地区以及其他正处于发展高峰水平的区域经济体的明天，它们应该从温州区域经济发展的历史中吸取教训，防止步入温州区域经济"衰落"的后尘，注意保护自然环境和山水风景以及历史人文资源，不应再走"先污染、后治理""先破坏、后修复"的老路。遗憾的是，虽然今天全国上下对发展导致的环境污染已有清醒认识，但在政绩利益和经济发展的驱动下，中部、西部等多数地区地方政府依然只是将"环境友好型""资源节约型"置于理念和口号层面，有些地方甚至只是将"环境友好型""资源节约型"口号作为其盲目发展经济、恣意破坏环境的"保护伞"，扯环境保护之大旗，行破坏环境之事实，对此，国家应当引起足够的重视。

第五，外向型经济特色导致温州区域经济易受国际经济态势和国际贸易争端的影响。从温州经济发展的历史轨迹来看，虽然2008年之前，温州经济有所下滑，但1978—2007年，温州经济发展速度一直保持在12%以上，平均发展速度更是一度高达15%，从2008年开始，温州经济发展速度大幅下滑，直接跌到了8.2%，2012年更是跌到了6.7%，这与国际国内宏观经济形势走势具有很大的相关性。自改革开放之始，温州经济就是一种开放性的"外向型"经济，长期以来，企业外贸出口是经济发展的重要动力之一，这决定了温州经济受外部形势尤其是世界经济形势的影响较大。正因为如此，2008年的全球金融风波和以美国为主的西方发达国家随之启动的贸易保护政策等，对温州区域经济的影响要比对国内其他地区的影响要大得多，这是导致2008年温州经济增速大幅下滑的直接原因之一，也是近年温州区域经济持续低迷不振、整体经济发展弱于省内、国内部分后发城市的重要原因。

此外，我国金融市场和资本市场的不规范性导致的民营企业融资困难以及2008年的四万亿元投资所带来的负面效应等，都在很大程度上是引发2012年温州经济增速大幅下滑的关键要素。

第三节　温州人经济的兴起：一种范式转换

根据科恩的范式理论，任何一种科学理论范式都有其核心硬核，在核心硬核之外，是该理论范式的外围层和边缘层。对于一种科学理论范式，硬核是构成该理论范式的根本要件。一种范式的理论硬核一旦发生改变，该理论范式将不复成立，但在硬核之外，其边缘层和外围层可以根据环境需要做出调整和修订。[①] 对温州模式概念而言，温州人的自主性、外向型、市场化是其核心硬核，但除边缘层天然具有共性化、模糊化和变动化的特征之外，随着经济社会的发展，温州模式的外围层也在根据经济社会发展和外部生态环境的变化，而不断做出调整和变革。从改革开放之初家庭联产承包制的尝试到进一步发展的外出务工和商业经济，再发展到温州模式兴起时期的商业经济带动家庭工业经济的蓬勃发展过程，就是早期温州模式对其外围层的不断调整和调试过程，这种外围层的调整和调适，最终成就了"小商品、大市场"的温州模式。然而，随着温州模式的持续发展，尤其是当温州人开始外出投资，在全国乃至全球范围内形成温州人经济的现实图景时，温州模式的概念实际上已经不能涵盖和表达全部温州人经济的深刻内涵。在此背景下，用温州人经济概念来替代温州模式概念，实现从温州模式到温州人经济概念的范式转换，有其现实和理论意义。

一 温州人经济兴起的历史与现实图景

"模式"从来都不是固定不变的框架。温州模式虽然进入发展"瓶颈"，存在某些发展过程中难以避免的问题，但绝不像外界所说的"温州经济衰落""温州模式正日暮途穷"那样悲观。温州模式是在实践中不断发展的模式，它会随着中国改革开放的深入而不断创新和发展。就客观而言，早期温州模式是温州体制转型期的策略选择，是温州人精神催生的"自生自发秩序"和制度创新。只要敢冒风险、勇于开拓、艰苦拼搏的温州人精神存在，温州人就会在发展的征途上做出持续创新，创造出"新温州模式"。[②]

自1998年以来，温州经济增长速度确实放缓，这是温州模式引来诸多质疑的主要原因。但就理性而言，即便在被质疑开始衰落后，在2001—2007年的七年间，温州地区生产总值的增长速度始终高于

---

① [美] 科恩：《科学革命的结构》，金吾伦、胡新和译，北京大学出版社2004年版。
② 方民生：《"温州模式"的变革》，载希望编《"温州模式"的历史命运》，经济科学出版社2005年版，第59—61页。

12%，而在 2001—2010 年的十年时间里，温州经济平均复合增长率依然高达 12.2%，只是在 2008 年国际金融风波的冲击下，经济增长率才大幅下跌至 8.2%，即便如此，在 2008—2010 年的三年时间里，温州经济发展依然保持逐年加速增长的势头（见图 1-1）。[1] 此后，受国内外经济形势及内部"跑路事件"等综合因素的影响，温州经济发展又出现较大波动，2011 年、2012 年、2013 年的地区生产总值增速大幅下滑，分别为 9.5%、6.7% 和 7.7%。但到 2014 年上半年，温州 28 项主要经济指标中有 26 项指标同比增长，其中 7 项指标增速高于全省平均水平，19 项指标在全省排名前移，总量占比在全省提高的有 10 项；2014 年实现规模以上工业总产值 2094 亿元，增长 4.7%，从全省倒数第 1 位上升至第 6 位，规模以上工业企业利润增长 21.7%，比全省平均增长率高 9.3 个百分点，这表明温州经济正在走出低谷，逐渐摆脱困境。[2]

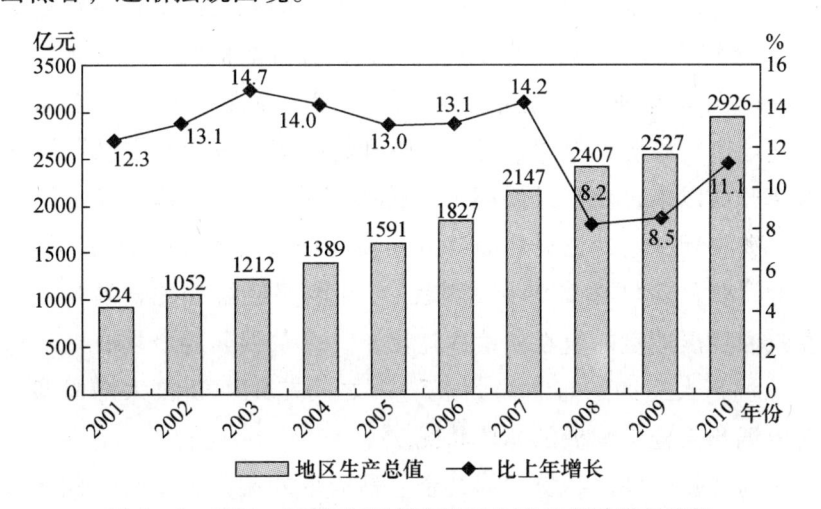

图 1-1　2001—2010 年温州市地区生产总值及增长速度

资料来源：李志坤：《温州拐点——GDP 连续 10 年增长的黄金时期或将终结》，http://www.21cbh.com/HTML/2011-10-11/zNMzcxXzM3MDMzNg.html。

---

[1] 李志坤：《温州拐点——GDP 连续 10 年增长的黄金时期或将终结》，http://www.21cbh.com/HTML/2011-10-11/zNMzcxXzM3MDMzNg.html。

[2] 陈金彪：《温州市上半年全市经济社会发展情况和下半年政府工作报告》，温州市十二届人大常委会第二十次会议，2014 年 8 月 26 日。

温州人在改革开放前就有外出谋生的传统,他们或远渡重洋,或内地经商,但很少在外定居,然而,改革开放以来,这种传统有很大转变。据统计,1992年,温州外出经商人员就达30余万人,几乎全国每个省市都有温州人创办的"温州村""温州街"。到2001年,约有150万温州人在全国各地兴办实业或从事商贸流通、美发、餐饮服务业等,并逐渐在外定居。根据温州市统计局的统计,在外温州人2001年累计投资额达1050亿元,创办工业企业1.57万家,其中规模以上工业企业2300余家,工业总产值达1100亿元;投资兴建市场100多个,商业贸易额高达2400亿元,创造国内生产总值563亿元。① 到2009年,在外温州人在全国各地共创办工业企业3万多家,累计投资额高达3000亿元,其中年产值超亿元的工业企业近500家,在全国各地创办商品交易市场500多个,年销售额达3000多亿元,是温州本地商贸销售额的3倍;全球范围内的温商商贸业年销售额更是高达6650亿元。② 据不完全统计,目前在外温商约245万人,他们在131个国家或地区的皮革、餐饮、百货、家具、服装、金融、珠宝、房地产、旅游、外贸、远洋运输和超级市场等行业中投资发展。③ 自改革开放以来,在内外温州人的持续努力下,"温州人经济"已经逐步代替早期区域特色显著的"温州模式"而在世界范围内兴起。正因如此,张仁寿早在2004年就提出,与温州经济相比,温州人经济的总量和发展速度一直在持续高速增长,评价温州经济增长情况必须关注"温州人经济"与"温州经济"之间差距不断拉大的事实,综合考量温州人经济发展的总体状况。④

认为温州人外出投资、创办企业是资本外流,会影响温州区域经济发展,是很多人质疑温州模式发展前景的理由之一。对此,温州人

---

① 温州市统计局、国家统计局温州调查队主编:《温州市统计年鉴》,中国统计出版社2001年版,第538—546页。
② 温州市政府国内经济合作办公室课题组:《努力促进温州人经济与温州经济融合》,《政策瞭望》2009年第5期。
③ 洪莹:《论在外温州人经济回归对当地经济发展的作用》,《经济师》2011年第3期。
④ 张仁寿:《温州模式:盛名之下,其实难副?》,《浙江社会科学》2004年第2期。

给出了完全不同的判断。早在 2000 年，时任温州市市长钱兴中就认为，温州人外出投资的"流动"是温州人发家致富的成功秘诀，在完成原始积累之后，资本开始外出投资、企业开始外迁，在经济全球化的时代，这是一个提高过程，是资产增量的扩张，应该着眼于世界经济的大势和全国经济的大局来谋划区域经济发展，将温州经济视作温州人经济。①如此冷静而理性地对待温州人外出投资发展的经济"流动"，凸显了温州人的强大自信、人本情怀和创新精神，表明温州人对经济发展目标与本质的清醒认识：经济发展的终极目标和核心要义是人民富裕、生活幸福，只要温州人富了，不必拘泥于区域经济总量的增长和发展速度。让温州人走出一市一地的有限空间，在更为广阔的天地里寻求发展，这既是经济发展的客观规律，也是温州本地经济发展的必然要求和历史趋势，更是温州人在对经济发展本质、经济发展规律和历史趋势深刻认识与把握基础上的人本情怀和战略气魄。

就实践而言，随着经济全球化和世界一体化的迅速发展，当前，大量跨地区公司、跨国公司的存在，已经逐步打破了区域经济的藩篱。这些跨地区公司、跨国公司在一个地方生产的产品总值之中，除税收和就业之外，利润、原材料乃至消费等，都存在与驻在地经济脱节、与源发地经济关系紧密的现象，实际上已经成为源发地在这些跨地区公司、跨国公司驻在地的"飞地"，既为源发地带回大量的资金、市场和信息，又沟通了源发地和驻在地之间的经济联系，扩大了源发地的经济影响。如温州在外的商贸和工业企业所销售的产品、使用的原材料、聘用的管理人员、资金来源、信息服务等，都与温州有千丝万缕的联系，对温州区域经济发展有重要促进作用，是温州区域经济发展不可缺少的延伸力量和重要组成部分。

随着在外温州人经济的持续发展，早期将视野盯向市外、海外，在市外、海外事业有成的在外温州人再一次华丽转身，开始将眼光转向市内，关注温州本土经济发展。2006 年，温州鹿城区向温商发出了"温商回归，创建总部经济"的号召，吸引了一大批温商回归。2013

---

① 张柏兴：《让"流动"反哺"温州人经济"——访温州市市长钱兴中》，《观察与思考》2000 年第 12 期。

年，温州市委市政府再次向全球温商发出了温商回归的"英雄帖"。受此感召，温州当年新引进的467个投资项目中，有392个是温商回归项目，当年实现省外温商回归投资到位资金410亿元，同比增长94%；2014年1—8月，省外温商回归投资实际到位资金291.09亿元。一年多来，省外温商回归投资实际到位资金已经超过700亿元。2013年，苏州市温州商会、河北温州商会、新疆温州商会分别计划3年内回乡投资300亿元、200亿元、150亿元；2014年，安徽省温州商会、上海市温州商会、南京温州商会陆续组织温商回温考察，共签订450亿元的回温投资框架协议。在2014年第一季度新引进的22个省外项目中，有20个是温商回归项目，总投资135.38亿元。截至2014年8月，已经有25批异地温州商会、975名在外温商组团回乡考察。一场内外温州人经济互动促进温州区域经济发展和温州人经济发展的大幕已经展开，钱兴中同志2000年的期望正在逐步实现，在很大程度上证实了温州人鼓励温商对外投资的远见卓识和战略预见性。

温州经济发展中有一个独特而重要的元素：温州商会。从清光绪二十七年温州人发起成立温州历史上第一个商人组织——温州府商会，到1990年温州市委市政府正式批准成立温州市总商会，温州人已经形成了独特的商会文化和商会网络。目前，在世界各地正式成立并于温州本地报备登记的温州商会多达213个。这些分布于世界各地的商会有利于温商之间、温商和温州本土之间良好信任与网络关系的形成，既是凝聚所在地温商、促进所在地温商互帮互助的交流沟通平台，也是促进和加强分布于世界各地的温商之间、在外温商和温州本土之间交流融合的推进器，更是凝聚温商精神、形成温州人经济网络的重要纽带。它们在在外温商身上留下了深刻的温州烙印，也是事实上时刻提醒在外温商牢记其温州人身份的"警醒器"。可以说，正是温州商会的极大发展，加强了在外温州人经济之间以及在外温州人经济和温州区域经济之间的联系，使温商群体完全不同于任何其他地区走出去的商人商帮群体那种松散的经济结构，而是事实上将海内外温商和温州区域经济一起凝结成了一个完整的经济体，即"温州人经济"，并使其在世界范围内悄然兴起。

二 从温州模式到温州人经济的范式转换

张仁寿在 2004 年驳斥关于温州模式"日暮途穷"的论断时，对温州模式的未来发展提出预期，他认为，"现在的温州模式将在 25—30 年后消失"的真实含义，应该是"现有的温州模式将被更符合现代市场经济规律的方式取代"，温州模式的"消失"也可以理解为是温州模式的创新、扬弃或现代化的彻底转型。① 胡方松在回应外界对温州模式发展前景的质疑时也指出，发展温州模式就是如何使温州区域经济的家庭经营模式走向专业化、社会化和现代化。② 2002 年 7 月 7 日，《工人日报》刊登《温州模式如何升级》一文，把温州模式总结为过去的模式、现在的模式、将来的模式：过去的模式是 1978—1992 年；现在的模式是 1993—2003 年，是正在形成的模式，即产业提升模式；将来的模式是全球竞争与合作模式。③ 洪振宁等主编的《温州民营经济发展 30 年》（发展综述卷）将温州模式的创新分为三个阶段：20 世纪 80 年代中期以体制改革起步的市场化、民营化阶段；20 世纪 90 年代以发展方式创新的全国化、集群化阶段；21 世纪以来转入全面创新的国际化、创新化阶段。④ 浙江省政协把温州民营经济及其发展历程分为三个阶段：20 世纪 70 年代到 80 年代中期以家庭企业为普遍形式的起始阶段；80 年代中期至 90 年代中期以股份合作制企业为典型的过渡阶段；90 年代以来以公司制企业为代表形式的新阶段。⑤ 以上关于温州模式发展阶段及其未来发展趋势的描述虽然各不相同，但为我们进一步认识温州模式的内在本质、温州模式概念范式存在的缺陷、提出温州模式的替代性概念范式、厘清温州模式的替代性概念和温州模式之间的内在逻辑关系等，提供了思维借鉴和理论启示。

---

① 张仁寿：《温州模式：盛名之下，其实难副？》，《浙江社会科学》2004 年第 2 期。
② 胡方松：《按自身的路子向前发展》，载林白等主编《温州模式的理论探索》，广西人民出版社 1987 年版，第 285—292 页。
③ 洪振宁等主编：《温州民营经济发展 30 年》（发展综述卷），浙江人民出版社 2008 年版，第 252 页。
④ 同上书，第 263—264 页。
⑤ 刘枫：《温州民营经济发展的历程和启示（代序）》，载眭孝忠等编《温州民营经济的兴起与发展》，中国文史出版社 2008 年版，第 1—6 页。

温州人经济兴起的历史和现实图景表明，温州模式从来都不是静态发展的，而是动态发展的，温州模式的生命力和魅力正在于其内涵的动态发展性。温州模式的暂时"衰落"正是这种动态发展性的表现之一，是温州模式在各种内外因素综合作用下出现的发展"瓶颈"，是温州模式从温州区域经济"小商品、大市场"的传统模式向全球化、国际化和现代化的更高层次的温州模式动态跨越过程中的转型阵痛。"温州模式从对经济体制改革的探索到对经济发展模式的创新，其历程以市场化、民营化为开端，继以集群化、全国化，正日益走向国际化、创新化的新阶段。"[1] 温州模式在发展之初，确实存在产业集中度、企业组织形式、市场有序度、产业结构层次、产业技术水平、产品竞争力、经济示范效应、经济开放程度较低的问题[2]，但随着温州模式的持续演进，这种兴起之初的、以"小商品、大市场"为主要特征的温州模式已经逐渐被更高层次的温州模式所代替。"温州人不断进行探索创新，所起到的引领作用，不仅表现在制度变迁方面，还表现在创新发展模式方面的产业集群化和企业国际化等方面。"[3] 这种更高层次的温州模式，已经逐步走出传统温州模式的外围特征，开始出现产业集群化、现代公司制乃至上市企业等现代企业制度化、高科技产业化等现代经济组织形式；在国际互联网、大数据等现代信息技术的持续作用下，甚至已经出现向"互联网+"型信息经济转型的趋势。[4] 在此背景下，当我们再考察温州模式的概念和内涵时，可以发

---

[1] 洪振宁等主编：《温州民营经济发展30年》（发展综述卷），浙江人民出版社2008年版，第262—263页。

[2] 宣海林、夏德荣：《"温州力量"：究竟有多大》，《经济学消息报》2000年1月21日。

[3] 洪振宁等主编：《温州民营经济发展30年》（发展综述卷），浙江人民出版社2008年版，第262—263页。

[4] 温州永嘉有"中国教玩具之都"之称的桥下镇教玩具产业和以教玩具产业为主要商品的"淘宝村"之间的"联姻"，应该说是这种"互联网+"型信息经济发展趋势的初步显现。在这里，教玩具实体企业和淘宝电商之间实现了融合共生：淘宝电商专门销售实体企业生产的教玩具，实体企业依赖淘宝电商不断扩大和占领市场；淘宝电商根据销售情况和客户意见信息，及时向实体企业反馈市场需求情况，给企业提出修改产品设计、提高产品质量的意见建议；实体企业及时为淘宝电商提供产品，根据淘宝电商反馈的信息，制订企业生产计划，改变产品设计，提高产品质量和适用性，申请产品专利，形成自主知识产品和产品品牌。

现，除温州人自主性、外向型、市场化这些硬核之外，"小商品、大市场"的温州模式的内涵与特征已经无法表征新形势下温州区域经济发展现状的内涵，更不能涵盖已经发生深刻变革的全球温州人经济的内在意蕴和外显特征。提出温州模式的替代性概念，实现传统温州模式的范式转换，有其理论必要性和现实可能性。

温州模式概念的提出，主要是根据改革开放后"小商品、大市场"带来的温州区域经济崛起的事实，正因如此，温州模式从提出之初就被深深地打上了温州区域的烙印，带有显著的区域性特征。然而，"小商品、大市场"的发展特征决定了温州模式从来都不是一个严格意义上的区域性概念，它在发展之初就有外向型特色。在外经营、投资兴办专业市场和企业等，是早期温州区域经济得以发展的重要影响因素。然而，随着温州模式的进一步发展，在外温商的投资经营形式、产业布局、与温州区域之间那种早期紧密联系型的关系等，都逐渐发生变化。此时，仍然用"温州模式"这一带有强烈区域性色彩的概念来指称包括温州区域经济、在外温州人经济在内的温州人经济，显然并不合适，尤其是当温州人经济已经走出国门、走向世界，不管是区域温州人经济，还是在外温州人经济以及海外温州人经济的经营方式、产业结构、企业组织形式等，都已经发生根本变化时，更是如此。在此背景下，寻找在内涵和外延上比"温州模式"这一概念更具包容性的概念来指称发展后的温州人经济模式，具有现实必要性。这个新的概念应该既能体现早期温州模式的概念，又能反映"温州模式"的动态发展性，能体现"温州模式"在新形势下以及未来不断发展的全新内涵和外延，还能彰显温州人这一具有强烈区域烙印色彩的经济群体形式，鉴于此，"温州人经济"这一概念应能符合要求。

在"温州模式"和"温州人经济"的逻辑关系上，"温州人经济"是和"温州模式"有着内在联系的经济概念，但"温州人经济"是比"温州模式"更具包容性和历史性的全新概念范式。就历史而言，"小商品、大市场"的温州模式是温州人经济发展的一个特定阶段。"温州模式"的兴起，为温州人经济赢得了声誉和地位，传统温州模式经济发展的起点和归宿，都被深深地打上温州区域色彩，温州人在外经商、经营，如同今天很多内地在外的"农民工"，是"候鸟经济"，其依托点和归宿都在温州，赚了钱，要带回温州，办家庭私营工业企业，亦多数在温州。然而，随着温州人经济的进一步发展，除了保留传统温州模式之温州人自主性、外向型、市场化这些核心特质和基因，温州人经济出现两个重要发展趋势：(1) 发展观念和发展方式进一步现代化。逐步树立现代企业制度和管理经营理念，在产业、资金、经营方式等方面，都已经或正在转型升级，开始注重品牌化、高科技、产业集群建设。(2) 与温州区域经济之间的联系逐渐摆脱传统紧密型区域特色而走向"脱域化"的"温州人"经济。虽然对温州有着深切的"根"的依恋和文化、血脉、乡情、亲情认同，但温州人同时也逐步具备"全国眼光""世界眼光"。他们依然是温州人，有温州人的特质，讲着难懂却让温州人无比自豪的温州话，有着浓厚的温州亲情和商帮认同感，依赖着温州商会和温州人的标签，形成温州人经济的社会资本和网络链接，与温州区域经济之间存在紧密联系（这些都是温州人经济所以可能、所以现实、所以不同于其他区域人或商帮的关键之处），但他们却开始在外投资、购房、落户、定居，赚钱回温州的传统悄无声息地发生了巨大变化。这些都表明，今天的温州人经济已经完全不同于传统的温州模式，或者说，今天的温州人经济已经在传统温州人经济的"温州模式"的基础上，逐步向全新的、更为现代和开放的升级版的"温州模式"蜕变和转型。如果说"小商品、大市场"的传统温州模式是温州模式的"1.0版"，那么温州人经济则是比传统温州模式更为高级的"2.0版"。由此，我们可以说，温州模式只是温州人在探索由传统向现代转型的特定历史阶段，针对温州区域经济发展提出的、具有一定历史局限性的阶段性概念范式，而温州人经济概念既能涵盖温州区域经济以及海内外温州人经济的历史脉络和发展路径，又能在内涵和外延上包容温州区域经济、走出温州在国内发展的温州人经济、走出国门在国外发展的温州人经济这三种温州人经济群体的历史和现实经济形式。因此，相较于"温州模式"概念，"温州人经济"概念是一个更具有历史纵深性、内涵包容性和外延性的概念范式。温州人经济的历史图谱以及温州模式和温州人经济的逻辑关系见图1-2。

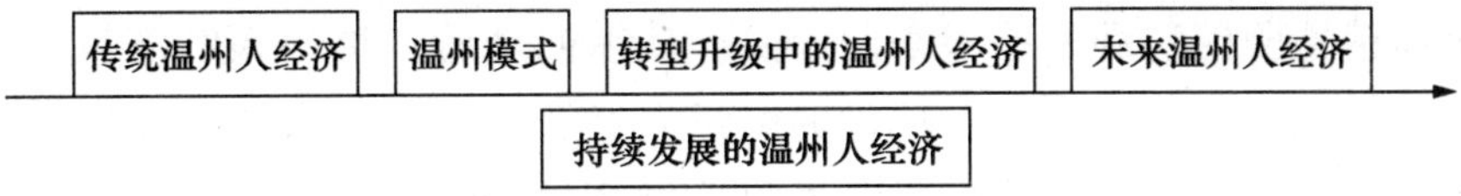

```
传统温州人经济 → 温州模式 → 转型升级中的温州人经济 → 未来温州人经济
                              持续发展的温州人经济
```

图 1-2 温州人经济的历史图谱以及温州模式和温州人经济的逻辑关系

三 温州人经济的内涵、研究意义与研究方向

自 2000 年时任温州市市长钱兴中提出"温州人经济"概念以来，实务界和理论界逐渐关注温州人经济的理论研究。包松和陈湘舸在 2004 年论证了温州人经济超越温州模式的原因和理论基础，认为"温州人经济"打破了"物力型经济"的传统，是一种"人力型经济"，"温州人经济"这种人力型经济的流动性更大，完全可以超越温州区域经济，在异国他乡创造温州人的经济王国。[①] 邵小芬认为，温州人离开温州地区到外地经商建厂所形成的经济属于"非温州经济"，但仍然是"温州人经济"，因为它们是由温州企业家、经营者在外地所创办和经营的经济，浸透和体现了温州人的品性和精神，源于温州人特有的经商创业禀赋与能力，是依托温州区域经济发展起来的，与温州区域经济存在千丝万缕的联系，其管理、设计、生产、销售中的一个或多个环节依然在温州，而其依托的金融、人力、市场、社会资本网络等也离不开温州；在此基础上，她指出："温州人经济"是指依靠温州人所具有的经商办厂的禀赋、胆识、能力、价值观和习性等良好素质创造和发展起来的经济。[②] 汪驰等人则认为，"温州人经济"有广义和狭义之分，广义的温州人经济概念强调"人"，主要"指 750 万温州人在温州以及温州以外任何地方创造的经济总量"，而狭义的温州人经济概念则是"相对于温州本土经济而言的、225 万在外温州人创造的经济"。[③] 本书认为，温州人经济是温州人在全球范围内利用全球市场要素资源，充分发挥温州人的创业精神、市场智慧和

[①] 包松、陈湘舸：《由"温州模式"到"温州人模式"探析》，《中国工业经济》2004 年第 5 期。

[②] 邵小芬：《温州经济与温州人经济》，《浙江经济》2006 年第 7 期。

[③] 温州市政府国内经济合作办公室课题组：《努力促进温州人经济与温州经济融合》，《政策瞭望》2009 年第 5 期。

协作精神所创造和发展起来的经济。从纵向来看，温州人经济包括历史上的温州人经济形态、现代的温州人经济形态和未来持续发展的温州人经济形态；从横向来看，温州人经济包括温州区域经济、国内温州人经济和海外温州人经济三个有机联系、互相促进、不可或缺的重要组成部分，其中，温州商会是连接三者、促进三者共生发展的血肉纽带。

从"温州模式"向"温州人经济"的概念范式转换还有其坚实的理论基础。虽然经济学常用 GDP（Gross Domestic Product）考察地区经济发展水平，但在 GDP 之外，经济学还用 GNP（Gross National Product）考察人口和国民经济发展水平。所谓 GNP，即国民生产总值，是考察人口和国民经济发展水平的概念，指一个国家或地区所有居民和企业所生产的最终产品和服务的市场总价值；只要是一个国家或地区的居民和企业，不管它是在国家或地区区域范围之内还是之外，其所生产的最终产品和服务都应计算在内，而即便在该国或地区范围之内的外国或其他地区的居民和企业，其所生产的产品和服务也应排除在外。与 GDP 只考察区域经济总量相比，GNP 的统计显然更为困难，因而并不常用。然而，在经济全球化和世界一体化高度发展的今天，GNP 有着越来越重要的现实意义和比较意义。[1]

经济学将区域经济作为研究对象的历史由来已久，但其主要研究特定空间范围内的要素配置、经济结构及其发展规律的研究传统受到诸多批评。[2] 克鲁格曼指出，传统区域经济学没有将集聚与更微观的经济特点联系起来，从而无法提供深层次的分析结构。[3] 伊斯曼批评区域科学不关注社会或政策问题，并基本上忽视了对人的研究。[4] 在经济全球化和世界一体化的今天，现代网络技术的发展使人类的生产

---

[1] 张曙光：《对温州模式的几点理论思考——评史晋川教授的〈温州模式的历史制度分析〉》，《浙江社会科学》2004 年第 2 期。

[2] Hoover, E. M., *An Introduction to Regional Economics*, NY: Alfred A. Knopf, Inc., 1971.

[3] Krugman, P., *Development, Geography, and Economic Theory*, Cambridge: MIT Press, 1995.

[4] Isserman, A. M., "The History, Status, and Future of Regional Science: An American Perspective", *International Regional Science Review*, Vol. 3, 1995, pp. 249-296.

和生活方式成为一种泛在的网络化形态，并逐渐重构社会阶层、文化以及结构等方方面面，营造一个新的经济社会形态。[①] 交通、通信、信息、世界一体化和经济全球化的发展等，使世界经济突破传统意义上的空间格局，人口的迁徙和流动已经成为常态，在不同区域内生产生活、创业经营将是全球经济发展的"新常态"，未来流动人群创造的产值超过本土化产值几乎是一种历史的必然，跨越地理空间界限而又融合区域社会属性、带有某种地域色彩的"区域人经济"的发展已经成为一个不可逆转的经济发展趋势，未来带有深刻区域色彩的"区域人经济"现象必然是经济学领域不可忽视的重要经济现象。因此，打破传统区域经济学将研究对象局限于特定区域范围的藩篱，关注对区域人经济及其行为的研究，重构区域经济研究的对象、内容和外延，已经成为经济学研究的必然要求。

实际上，经济学早就开始关注商人群体及其组织群落的研究，西方很多经济学家就将社会学的"身份"概念引进经济分析框架之中，关注商人群体研究（Akerlof and Kranton，2000，2002，2010）。在世界经济学研究对象上，"犹太人经济研究"事实上已经引起学界的广泛关注。我国历史上，掌控大量财富的商帮在一定程度上能决定特定区域的经济发展，事实上，浙商、沪商、苏商、粤商都为长江三角洲和珠江三角洲地区的经济繁荣做出了重大贡献。斯维德伯格指出，商业群体是经济社会学提出的最有内涵的概念。[②] 随着社会从相对封闭的小群体聚居生活走向日益开放的网络化，商业群体所承载的信息、资源随着网络不断扩展，渗透在广阔的空间中，经济学研究的主体性特征将更明显，无疑应该成为经济学研究的重要对象。当前，在经济全球化的宏观背景下，中国商人走出国门投资兴业，是历史的必然趋势和必然要求，人才和资源的流动成为创新的重要源泉，对商业群体的研究将跳出地理空间的局限，更能反映经济动态演化的特征，不仅

[①] 胡鞍钢、周绍杰：《网络经济：21 世纪中国发展战略的重大选择》，《中国工业经济》2000 年第 6 期。

[②] Swedberg, R., "New Economic Sociology: What Has Been Accomplished, What is Ahead?", Acta Sociologica, Vol. 40, No. 2, 1997, pp. 161–182.

对特定区域具有特殊意义，对我国未来经济发展也具有重要的典型意义。①

马克思主义认为，任何一种有生命力的新事物的诞生都是一个持续发展的变化过程，作为一种经济发展实践的"温州人经济"自然也不例外。改革开放初期，温州人用自己的勤劳和智慧，打造了辉煌的"温州模式"，但随着国际国内经济形势的持续发展，今天的经济发展环境已经发生翻天覆地的变化，温州人经济自然也要适应经济社会发展形势的需要，不断自我调整和改革完善，使自己更具生命力。离开国际国内经济环境和历史发展阶段，而用固定不变的狭隘观点考察特定区域特定时期经济发展模式的兴衰成败与生命力，显然不是科学的态度和方法。实践证明，在从温州模式到温州人经济范式的转型发展中，勤劳智慧的温州人已经在全球范围内取得了温州人经济发展的巨大成功，再次彰显了温州人精神和温州人经济的巨大创造力和生命力。在此背景下，参照 GNP 理论，针对温州人经济已经在全球范围内快速崛起的现实，提出"温州人经济"概念，并加强温州人经济研究，阐明温州人经济的发生发展规律，探讨温州人经济和温州区域经济之间的逻辑关系，为温州人经济发展献计献策，对增强内外温州人经济联系，促进内外温州人经济互动，助推温州人经济和温州区域经济快速、健康、持续发展，有重要理论和现实意义，对经济全球化和世界一体化趋势下的浙江经济发展和中国经济发展，都有重要的前沿意义。

从现有研究文献来看，虽然关于温州模式的研究成果可谓丰富，但在"温州人经济"概念范式下，针对温州人经济开展的理论研究成果还寥寥无几。如同温州人经济实践所具有的创新精神和生命力一样，温州人经济理论亦有着丰富的内涵和生命力。然而，虽然温州人经济发展的历史实践和经济学的基本理论都证明了温州人经济研究的重要性，但目前理论界和实务界对温州人经济概念的内涵和外延以及其他相关重大理论和实践问题的认识都还存在争议和模糊之处，有必

---

① 吕福新：《"浙商"研究的分析范式：具有中国的典型意义》，《商业经济与管理》2006 年第 6 期。

要进一步加大温州人经济的理论研究力度。就理论而言，这有利于拓展经济学的研究对象，实现区域经济学研究范式的转换，为"区域人经济"的理论研究奠定基础，促进经济学研究的智识积累；就实践而言，在世界一体化和经济全球化的历史趋势下，可以为温州人经济、浙江人经济、中国人经济的实践发展提供理论支撑，促进温州人经济、浙江人经济、中国人经济的实践发展。未来开展温州人经济研究，可以在温州人经济的基本内涵、生成机理、理论意义等基本理论问题上做出建树，还可以在温州人经济的历史演进与发展现状、温州人经济与商人商会发展、温州人经济与区域发展、温州人经济与社会文化发展、温州人经济与公共治理、温州人经济的微观治理、温州人经济与文化冲突、温州人经济与创业创新等诸多领域做出深入探讨。对这些理论问题的研究必然涉及多学科的知识和方法，需要多学科尤其是经济学人的共同努力。

本章小结

经济史研究表明，早期温州经济发展具有明显的外向型经济色彩和"去地域化"特征，温州模式的兴起是改革开放政策红利、温州人先行先试的创业创新精神、温州侨民资源丰富、内地对改革开放"后"知"后"觉等因素综合作用的结果。温州区位、交通、先天资源不足，先发优势导致的生产、经营、人力、生活成本增加，外向型经济使温州易受国际市场和国际贸易壁垒影响等，使温州区域经济正遭遇发展"瓶颈"，进而引发人们对温州模式可持续性和适用性的质疑。然而，理性而言，事物的发展变化是必然的，对于任何一种经济发展模式，都应该用发展的眼光去系统分析，温州模式走向温州人经济的范式转换有其历史必然性和发展规律性。

（1）在经济全球化和网络化的宏观背景下，虽然商业群体所承载的信息不断丰富，其可以获取的经济资源会随着网络的不断延伸而不断扩展进而渗透到日益开放的外部空间，但经济学研究的主体性特征反而会更为明显，带有显著区域人色彩的经济群体理应成为经济学研究的重要对象。从温州人主体的研究跳出地理空间的局限，充分反映经济现象、行为和结构背后的规律性，不仅对特定区域及其区域人经济发展具有特殊意义，对经济理论和实践发展也具有重要价值。

（2）温州模式不能仅局限在温州区域内来看，在特定区域内的经济行为和结构并不能反映出这种经济现象的规律性。温州经济在发展之初就具有广泛的外部联系，具有明显的外向型特征。多年来，海内外温州人在全球各地创造了骄人业绩和海量财富，但他们并没有和温州本土完全割裂；相反，他们总是和温州本土保持着千丝万缕的联系。对这些在外温州人经济现象的研究理应成为温州模式研究的有机组成部分。在外温州人和温州本土联系的一个重要纽带是独具温州特色的温州商会。温州商会所凝结和形成的社会资本，为在外温商服务，促进在外温商发展，时刻提醒着在外温商的温州色彩与乡情，因而占据着关键性的结构洞，是连接在外温商和温州本土的桥梁，对温州人经济的形成、发展与传承起着独特的关键性作用，也是温州人经济得以成为"可能"与"现实"的关键要素。

（3）在从温州模式到温州人经济范式的转型发展中，温州外向型经济和温州商会是形塑和凝结温州人经济的基本要素。从纵向视角而言，温州人经济包括历史上的温州人经济形态、现代的温州人经济形态和未来持续发展的温州人经济形态三种；从横向视角而言，温州人经济包括温州区域经济、国内温州人经济和海外温州人经济三个有机联系、互相促进、不可或缺的重要组成部分。在世界一体化和经济全球化的现实背景和发展趋势下，具有深厚理论依据和研究资源的温州人经济实践对浙江乃至全国经济发展的"走出去"战略，具有积极的示范意义和引领作用，其内涵的理论意蕴和实践价值对"区域经济人"的理论研究和实践发展有重要意义。

第二章　区域温州人经济的发展脉络和现状

严格意义上的温州人经济，应当以温州区域空间及其文化认同的最初形成为标志。从这个角度来说，只有温州人族群在地理空间和地域文化意义上有了共同的心理认同之后，温州人经济才会成为可能。在温州区域之内，独特的区域文化和经济传统，形塑了吃苦耐劳、勇于开拓、善于创新的温州人精神。这种温州人精神在温州人中传承、演进和创新，不仅使温州人在温州区域之内努力克服"七山二水一分田"和交通闭塞、区位条件先天不足的窘境，而且实现了温州区域经济的繁荣和兴盛，更使温州人逐渐走出温州、走向世界，从而在世界范围内创造出温州人经济发展的奇迹，为温州人博得"东方犹太人"的赞誉。但是，即便温州人经济已经在世界范围内取得成功，温州区域经济依然是温州人经济的起点和归属，是温州人经济的核心和基础组成部分。因此，研究温州区域经济发展的脉络，探讨温州区域经济兴衰的历史轨迹，分析作为一种区域经济发展概念的"温州模式"兴衰更迭的历史规律，不仅可以达到"鉴往以知来"的目的，更能通过对区域温州人经济演进路径的历史回溯，使我们更为具体地把握温州区域经济与温州人经济发展的内在逻辑和规律。换言之，研究温州人经济发展的理论与实践，必须着眼于温州区域经济发展的历史演进和兴衰成败经验，即区域温州人经济研究理应成为温州人经济研究的逻辑起点。

第一节 区域温州人经济的历史发展

　　区域温州人经济是温州人经济发展的起点和归宿。独特的地理和交通条件孕育了温州独特的历史文化，并与其一起形塑了区域温州人经济活动的历史发展脉络。"以史为鉴，可以知兴替"，考察区域温州人经济发展的历史脉络，有助于理解和把握温州模式得以形成的内在原因，也有助于把握温州人经济发展的未来趋势。本节简要分析温州人经济发展的历史轨迹，考察温州模式面临的困境及其表现，进而对区域温州人经济再创新和温州模式的转型升级现状及未来趋势做出简要分析和预测。

一　先唐：温州人经济的因子萌芽

　　建制前的温州古称有瓯、东越、东瓯、回浦、章安、永宁、永嘉，等等。从相关历史文献反映的资料来看，这一时期，由于时空跨度大，温州名称不断改易，境域的行政中心和百姓也经常迁徙，没有大量长期定居的人口。此时期的温州区域及其族群经济的活动足迹是模糊而稀疏的。因此，就总体而言，建制前的温州各项经济产业的发展还处于草创和奠基阶段，史料方面也鲜见温州人在区域外开展经济活动的记录。

　　自东汉以来，温州区域人口相较于中原地区是十分稀少的。此后，历经两晋，中原丧乱导致百姓自中原向南迁移进入温州，温州境内人口数量开始逐渐增加，但与中原地区相比，魏晋南北朝时期的温州人口依然相对稀疏。据史料记载，东晋时期的温州民户只有6250户[1]，直到隋文帝开皇九年，有记录的温州民户数量才突破一万户之数。[2]

　　由于人口稀少，唐以前的温州区域经济发展相对缓慢，区域内经

---

　　[1] 杜经国主编：《标点本·二十五史（三）》（宋书、南齐书、梁书、陈书、南史——宋书），中州古籍出版社1996年版，第185页。

　　[2] 同上书，第152页。

济形式主要表现为男耕女织的农耕经济。与此同时，由于面临东海，境内陆地海岸线长达 355 千米，海塘全长 430 千米，海域面积达 11000 平方千米，有大小岛屿 436 个，温州区域经济因而自古兼有海洋经济的特点。司马迁在《史记·货殖列传》中形容："楚越之地，地广人稀，饭稻羹鱼，或火耕而水耨。"而温州海洋经济的特点主要体现在传统渔盐业、造船业等领域。渔业方面，海产一直是温州区域经济的特色产品。据记载，早在三国时期，温州在水产养殖方面就已经出现了稻田养鱼技术。据永嘉茗岙《郑氏家谱》记载："乾口村居民依山结室，磊石为田，历代祖传，稻田养鱼始于三国。"三国时期，温州的造船业也比较发达，"横屿船屯，三国吴置，在今仙口"[1]。晋周处《风土记》也有记载："小曰舟，大曰船，温麻五会者，永宁县出……会板以为大船，固以五会为名。"可见，先唐时期的温州曾是造船业发展的重镇。

二 唐宋元明清：温州人经济与海外贸易初现端倪

先唐时期的温州区域经济处于缓慢发展和不断积淀的阶段。伴随着浓厚的海洋经济发展特色，作为一种区域温州人经济的"温州经济"在温州建制后逐步显现端倪，及至唐代，温州区域经济发展已初具规模。据弘治《温州府志》卷六记载，到唐代，温州城区已经设有专门用来进行商品贸易的"百贾坊"，可见温州具有悠久的商业经济传统。史料记载，唐时温州岁贡土产种类繁多，有布匹、鲛鱼皮、柑橘等，可见唐代温州的纺织业、海洋渔业及渔业加工和农业生产已有相当发展。此外，据现有可考史料来看，唐代温州的海外贸易也逐渐兴起，但多以转口明州、泉州再行出口日本为主，与域外的直接接触并不常见。

从隋炀帝到唐玄宗的 150 多年里，温州永嘉郡人口一直处于自然增长的趋势，未进入快速增长阶段，受地理因素限制，人口流动也还不太活跃且以输入型为主，温州区域经济没有进入蓬勃发展的阶段，外出从事经济活动的民众极少。北宋建立以后，由于具备了统一的政治环境和前期人口大量增殖等一系列良好的经济发展条件，温州区域

---

[1] 王理孚修：民国《平阳县志》卷五十二，江苏古籍出版社 1990 年版，第 102 页。

经济开始进入了大规模、高速度的发展阶段。在对外贸易方面，温州人经营活动不仅明显增多且范围延伸到了东亚、东南亚各国，开始出现了较多的温州成功商人典范，对外商货流通十分活跃。正如宋方大琮所说："有番货自温台明越来。"实际上，早在北宋时期（公元1005年，真宗景德二年；高丽穆宗八年）①，永嘉人周伫海外经商的身影便已见载于高丽正史。据高丽史料记载，周伫随商船到高丽（今朝鲜）经商，后结识高丽人蔡忠顺，蔡知其才，乃密奏高丽王廷，"留之，初授礼宾省注簿。不数月，除拾遗，遂掌制诰"。南宋绍兴元年，温州开始设立"市舶务"，管理对外贸易，这极大促进了温州对外贸易的繁荣与发展。南宋人洪迈《夷坚支志》记载了温商张愿与"倭客"及"昆仑奴"交易"聚宝竹"的商贸事迹，"温州巨商张愿，世为海贾，往来数十年，未尝失"。②宋包恢在《敝帚稿略》卷一《禁铜钱申省状》中也记录了温州、台州一带商贩与倭客往来贸易并喜欢用铜钱交易的历史场景。③史料还记载了南宋理宗淳祐年间（1241—1252）永嘉人王德用兄弟赴交趾（今越南）经商的事迹。据俞文豹《吹剑录外集》记载，永嘉人王德用兄弟远赴交趾经商，交趾国王以厚礼留之，后其兄回国，但王德用终身侨居交趾。此外，周密《癸辛杂识》续集卷下《蔡陈市舶》还有宋朝末年永嘉人蔡起莘海上市舶的记录。④可见，两宋时期温州商人的对外经济贸易活动已经相当活跃且成功，是温州人古代对外商贸活动的一大巅峰时期，对其后温州人的经济贸易活动产生了很大影响。

两宋时期的温州，不仅对外贸易发达、商贸往来频繁，而且常有温州人在国内各地从业经商的踪影。元统一中国，经历战乱后的温州经济得以恢复并且继续向前发展。在宋代已有的基础上，温州人在国

---

① 《高丽史》三卷《穆宗世家》记载："八年春正月，东女真寇登州。烧州镇部落三十余所，遣将御之。……是岁，宋温州文士周伫来投，授礼宾注簿。"另有《高丽史节要》记载："八年（宋景德二年，契丹统和二十三年）春正月，东女真寇登州。烧州镇村部落三十余所而去，遣将御之。……是岁，宋温州文士周伫来投，授礼宾注簿。"

② 洪迈：《夷坚支志》丁卷三《海山异竹》。

③ 包恢：《敝帚稿略》卷一《禁铜钱申省状》，（台北）商务印书馆1969年版。

④ 周密：《癸辛杂识》续集卷下《蔡陈市舶》，上海古籍出版社2012年版。

内外的经济活动进一步蓬勃发展，加之元代温州的航海技术发达，造船业与海上交通都有了长足进步。由此，温州商贸活动的重心更多地转向海洋和水运，进而为海外贸易与国内航运活动打下了良好的基础。对于元统一后的温州海外贸易状况，元人苏天爵曾记载："皇朝平定江南，幅员既广，贡赋益多。于是泉州、上海、澉浦、温州、庆元、广东、杭州、临海诸郡与远夷蕃国往复互易，……以损中国无用之货，易远方难致之物。"① 宋濂在《水北山居记》中这样描述温州海上商贸活动的盛况，"藩舶夷琛之所填委，气势熏酣，声光沧浃"，可见当时温州海上商贸活动的发达程度。

元成宗元贞二年，永嘉人周达观随元朝使团出使真腊（今柬埔寨），后著成《真腊风土记》，记述了他随团出访的情况，也记载了真腊当地有温州人从事商贸活动的信息。他在书中记道，"国人（指真腊人）交易，皆妇人能之。所以唐人到彼，必先纳一妇人者，兼亦利其能买卖故也"，并亦惊异于"余乡人薛氏居番三十五年矣"。从他的记载还能看到，温州漆器在当地十分抢手："其地向不出金银，以唐人金银为第一，五色轻缣帛次之，其次如真州之锡鑞，温州之漆盘，……甚欲得者则菽麦也，然不可将去耳。"元周伯琦在《肃政笺》中描述潮州"岸海介闽，舶通瓯吴"；其时，还有许多温州人开始利用便利的海上交通条件，走向区域外尤其是沿海港口地区，凭借自己的技艺在外谋生；还有少数温州人开始在外为官并利用自己的能力和资源返而造福乡里。平阳人宋允恒任德庆路（广东肇庆）学正："其为学正巡检，计口用俸，而归其余赈宗族之匮乏者。虽在岭南，得异味辄附海舶奉其父兄。"时任福建海漕李士瞻在《经济文集》中记载了其"一行公私人众"搭乘"温州楚门戴某大亨"的船只前往福建途中遇险的情景。② 这一时期，虽然直接记录温州人从事具体商业活动的材料仍不多见，但他们在外或开馆行医，或以商人身份行善积德的义行多有记录，大体反映了这一时期的温州人在许多经济行业

---

① 《四库全书·集部·总集类·元·苏天爵·元文类》卷四十《杂著·市舶》，《元史》亦有载。
② 张彦仲：《经济文集》卷六，北京航空航天大学出版社 2005 年版。

都是活跃并且积极的。然而，至元三十年（公元1293年），元政府颁布《市舶抽分杂禁十二条》，将温州市舶司并入庆元，温州港开始停止对外开放，在一定程度上影响了温州区域经济发展和对外经济交往。①

进入明朝，虽然明太祖为了镇压方国珍及其余党曾经下诏"严禁濒海居民及守备将卒私通海外诸国"②，并严申"敢有私与诸番互市者，必置之重法"③，但《明史》记载，对于洪武二十年的一个地方上报案件："时温州民有市其沉香诸物者，所司坐以通番，当弃市"，朱元璋却批答："温州乃暹罗必经之地，因其往来而市之，非通番也。"④ 从这则文献记载可以看出，温州在当时是通往暹罗的交通要道，在国家对外贸易和海禁中均具有重要地位，正是认识到温州特殊的地域、交通、风土民情和商贸状况，明统治者在海禁政策中，对温州都采取了相对柔性和灵活的务实性政策，使温州在朝廷的海禁政策之下仍然获得了一定的"豁免权"，能够"因其往来而市之"，可以继续从事海外商品贸易活动，这为这一时期的温州人经济发展和对外交流活动提供了便利和可能。因此，在明代，即便在海禁政策之下，温州对外交往和商贸活动始终没有停止。万历《绍兴府志》记录有元代温州人项晰侨居余姚、积善行医的情况："项晰，字彦章，温州人，侨居余姚。自幼业医，……受五运六气之说，治病往往奇中。著《脾胃后论》补东垣之未备。为人美髯，喜词章，善音律。"万历《雷州府志》（雷州时属广东省）载有永嘉商人捐财给当地建麻含桥的善举："旧桥倾圮，行者病涉，永嘉商人陈世高捐财建石桥二间。长二丈五尺、阔八尺，往来称便。"⑤

继明之后，为了对抗倭寇海盗等外部势力的骚扰，清政府实行了更加严厉的"海禁"政策。顺治十三年，清政府甚至规定"寸板毋入海，粒米毋越疆，犯者连坐"。严苛的海禁政策无疑沉重打击了以

---

① 宋濂等：《元史》卷九十四志第四十三。
② 张廷玉等：《明史》卷八十一志第五十七，中华书局1974年版。
③ 明官修：《明太祖实录》卷二三一。
④ 张廷玉等：《明史》卷三百二十四列传第二百十二，中华书局1974年版。
⑤ 万历《雷州府志》卷八《建置志》，书目文献出版社1990年版。

海外贸易为生的温州商贾,对温州经济贸易活动和温州人生活产生了极大的影响。然而,迫于生计,严苛的海禁政策未能完全终止温州人的对外贸易活动,他们有的仍然偷偷和外商交易,有的铤而走险或被胁迫而沦为海盗,有的甚至伪装"倭寇",继续从事"非法"海上贸易活动。《明经世文编》记载,"今年正月二十四日,豫始得回,携带同伴商人郑龙、吴鸾,及先年被虏温州瑞安人张昂,并倭酋义所上文书一封、旗刀二"。这既反映出当时温州百姓时有被掳至日本的史实,也在一定程度上说明,即便在严厉的海禁环境下,温州对外经济贸易活动都从未停止。这一方面说明温州本土经济和生活资源的缺乏,另一方面也说明了温州人具有开展对外经济贸易活动的精神和传统。

三 晚清民国:温州人经济初步兴盛

温州地处瓯江下游,东面临海,海外贸易发展较早。晚清以降,温州市内手工业和商业已相当发达。清嘉庆、道光以后,温州市内逐渐形成了以中药、南货、绸布、酱酒为四大支柱的商业经济网络,其中如同仁、三余、乾宁国药号,裕大、乾泰、恒记南货行,金三益、久彰、翔丰绸布号以及广和、公和酱酒园等,都是当时著名的商号。[①]尽管如此,受地域条件的限制,直到1876年开埠之前,温州手工业仍然停留在家庭手工业和手工作坊生产阶段,传统封建主义异常顽固地束缚着温州区域内手工业和商品经济的发展,使其难以向更高层次的现代经济发展和转型。

光绪二年(1876年),《中英烟台条约》使温州和宜昌、芜湖、北海三市一起被辟为对外通商口岸。光绪三年,清政府正式在温州设立海关,从此温州正式开启了合法"对外开放"的历史进程,成为清政府对外贸易的前沿商埠。开埠后的温州迎来了其经济发展的重要历史时期。由于地处闽浙交界、与中国台湾和日本隔海相望的地理优势,相对发达的海上交通条件,以及温州人长期海外贸易的历史传统,开埠后的温州迎来了源源不断的外来商品。许多外国公司纷纷在温设置机构或办事处,以便进行直接的商贸活动。比如,美国美孚火

---

① 徐定水:《温州近代民族工业的产生和发展》,《浙江学刊》1992年第1期。

油公司、英国亚细亚火油公司、日本东洋堂等，都在温州设置了机构和办事处。到1900年，温州已经出现"瓯为海国，市半洋商"的盛况。与此同时，温州当地特产也开始大量出口国外，其中，药材、茶叶、矾、瓯柑为四大主要支柱性出口产品。

温州商人的海外经济活动同样活跃。一方面，温州区域内经济资源不足；另一方面，开埠通商带来的大量外来商品涌入，在很大程度上挤压了本地手工业者的生存空间，迫使温州人为了生计而背井离乡，出国谋生。此外，一些勇于开拓的温州人也纷纷出国"淘金"。走出去的温州人开始活跃在海外经济的舞台上。早期在外的温州人主要从事传统小商贩、中餐业、皮革业、服装业和百货礼品业。一份早期《新加坡温州会馆会员调查表》显示，新加坡温州会馆802名会员的职业结构是：从事木器业者570人，占会员总数的71%；从事商业者为152人，占会员总数的19%；从事苦力者为60人，占会员总数的7.5%；其他各行业从业者28人，占会员总数的3.5%。[①] 另有资料显示，在日本的温州商贩大多以售卖雨伞、服装、皮革等商品为主。[②] 由此可见，当时移民海外的温州商人大多还只是一些勉强能够糊口的小商贩。

四　改革开放：区域温州人经济的兴起与困境

从1985年5月"温州模式"首次正式见诸媒体，至今已有30多年。温州模式随着改革开放而兴起，在从计划经济体制向市场经济体制转轨的过程中，温州人本着敢为天下先的精神，率先在经济领域做出了前所未有的制度创新，他们利用民营化和市场化有力地推动了区域经济发展，有效调整了区域性生产力和生产关系，逐步构建起区域性的改革先发优势，也为全国经济发展起到了重要示范、引领和推动作用。在1978—2000年的23年间，温州区域生产总值由13.2亿元增长到828.1亿元，其中不少年份的增长速度都在20%以上，1993年甚至高达42.2%。独特的经济发展格局和模式确立了温州民营经济在全国发源地的标杆地位，也为温州树立了改革开放先行者的品牌

---

① 章志诚：《温州华侨史》，今日中国出版社1999年版，第98页。
② 《申报》1937年5月18日第10版。

形象。

但进入 21 世纪以后，温州模式受到了很大的挑战，温州区域经济在新一轮市场竞争中增长速度趋缓，2002 年温州地区生产总值在浙江省各地市的排名中滑落到第七位，温州区域经济增长速度开始相对慢于浙江其他一些地区。2006 年，温州市地区生产总值增长速度为 13.3%，在浙江省内仅高于丽水和绍兴，排名倒数第三。特别是 2008 年金融危机之后，温州区域经济更是进入了一个相对持续低迷的"瓶颈"期。早期温州区域经济发展的成功和温州模式的声誉和影响，使温州成为媒体和学术界持续关注的焦点，尤其是 2008 年以来，关于温州炒房、跑路、倒闭等方面的负面新闻不时见诸报端，温州区域经济和温州人甚至被外界"污名化"乃至"妖魔化"。中国的计划经济传统决定了温州模式从发展之初就面临着诸多争议。进入 21 世纪以来，当温州区域经济增速开始放缓时，这种争议又再次甚嚣尘上。有研究者认为温州黄金发展时期已经走到顶峰，他们因而开始发出"温州模式是不是已经过时了"的质疑；也有研究者将温州模式与苏南模式、广东模式、杭州模式进行对比，试图解答造成温州模式走进"瓶颈"和困境的原因（冯兴元，2002；应云进，2003）。但亦有学者指出，要以冷静理性的眼光审视温州模式及其当前遭遇的发展"瓶颈"，理性分析温州区域经济发展所面临的新问题和新挑战，就会发现这种困境和挑战不只为温州所独有，它在中国沿海地区具有普遍性，温州模式并非像外界所言"正日暮途穷"那样悲观，温州模式是在实践中不断发展的模式（张仁寿，2002，2004），在经济增长放缓的表象下，温州正在酝酿着新的突破（马津龙，2004）。客观审视温州目前所面临的困境，可以发现温州区域经济在经过温州模式的勃兴之后，目前正面临如下几个方面的关键挑战。

（一）先发优势弱化，体制性制约因素难以有效突破

温州之所以能摆脱资源禀赋、区位条件局限性的严峻约束，在短时间内后来居上，实现区域经济的极大繁荣和发展，获得"温州模式"的美誉，在很大程度上得益于温州人率先创新特别是市场经济改革初期的制度先行优势，实现了区域民营经济和个体经济的极大发展。在改革开放之初，温州不少乡镇就形成了家家户户参与市场经济

的格局。这些个体私营企业产权清晰、机制灵活，在改革之初的经济运行背景下，比起国有经济等其他经济形式更具竞争力，在个体发展壮大的同时也逐步聚集形成了一个个具有地方特色的产业集群，在事实上形成并获得了产业链竞争优势，从而构成了温州模式迅速发展的产业基础。但随着各地民营化改革的持续推进以及全国市场经济体系的日趋完善，温州改革的先发优势明显弱化。近几年来，与浙江省内、国内其他先进地区相比，温州在经济体制的持续深化改革上甚至逐渐由先发先进变成了后知后觉，如在电子商务领域，在杭州、金华电子商务持续大力发展的态势下，温州的电子商务却未有大的作为。而作为全国金融综合改革试验区与民间资本和民间金融最发达的地区，温州在金融改革方面也一直没有实现实质性突破，未能有效发挥全国金改试验田的应有作用。目前，体制僵化、投资渠道不畅、政府服务效率不高等，正在成为新阶段制约温州经济再起航、实现赶超式快速增长的制约性因素。

（二）产业升级缓慢，技术创新不足

温州区域经济产业是以个体民营经济为主的，早期经济发展形成的"小、低、散"式产业结构在一定程度上造成了温州区域经济资源配置浪费、劳动生产率低下的局面。由于产业结构演变具有一定的路径依赖性，温州产业结构至今未能完全打破劳动密集、产业低端的"锁定"局面。市内一些产业部门技术升级缓慢，高新技术产业工业增加值增速缓慢，占全市工业生产总值的比重较低（见图2-1）。直到互联网经济迅速增长、阿里巴巴已经雄起的2008年，温州传统优势产业中的皮革、服装、塑料制品和打火机产业等，还没有体现出互联网经济和互联网技术的影子（赵卫明、陈修颖，2008）。在土地、劳动力和材料等生产要素价格不断上涨的背景下，这些制约性因素使温州区域内传统产业的比较优势和综合竞争力日趋弱化，形成了事实上的"温水煮青蛙"效应。近年来，虽然温州区域内多数传统产业企业的销量在持续增加，但是利润已经以显见的速度在大幅下滑。以传统汽摩配产业为例，由于转型升级缓慢、创新型附加值提升乏弱，再加上受上下游产业的挤压，温州传统汽摩配产业的净利润率已经降至5%以下。此外，封闭式家族企业的形态和管理体制也制约了企业的开放式创新能力，企业不善于利用外部资源弥补创新能力的短板，造成温州工业增速缓慢、企业效益逐年降低。

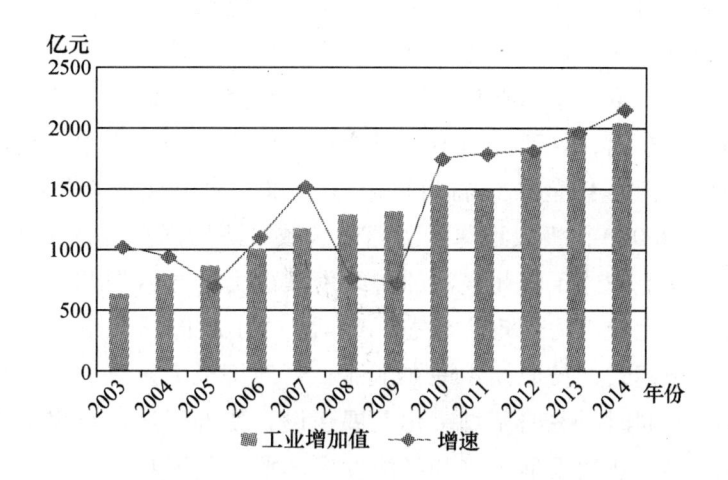

图 2-1　2003—2014 年温州产业工业增加值

资料来源：根据《温州统计年鉴》整理。

（三）基础设施建设落后，城市化滞后于工业化

与温州经济和人口总量不相称的是温州基础设施建设和城市化水平的落后。改革开放以来，"小政府、大市场"的温州民营经济发展模式，在给温州民间财富带来快速增长的同时，却没有给温州本地政府带来相应的财政收入，因而也在一定程度上制约了温州本地政府的基础设施和公共服务的供给能力，其中一个重要表现是温州区域经济的繁荣和发展并没有带来温州市容市貌和居民生活品质的相应改观。然而，随着本土经济的快速发展和社会财富的急剧增长，温州本地对基础设施和公共服务的需求也在快速增加，两者之间的张力使温州"无为而治"式政府主导下的公共基础设施供给更显滞后。首先，温州城镇体系结构不完善。目前，温州全市总人口已经突破900万人，属于浙江省第一人口大市。但从温州城市现状来看，温州市内规模化城市较少、小城镇过多，缺少50万—100万人口规模的中等城市。目前温州中心城市人口近190万人，首位度高；10万—30万人口规模的有柳市、乐成、瓯北、塘下、龙港、昆阳、灵溪和鳌江等镇；小于

1万人口规模的小城镇达70多个。这种等级分布的不均衡与空间资源的低整合度，既制约了城市化质量的提高，也影响了空间与土地资源的集约化利用。其次，城市集聚创新增强功能低下。目前，温州城市重大基础设施和产业平台建设严重滞后、城市功能不完善不配套、生态环境污染严重和交通拥挤等问题，极大地降低了温州城市居民生活品质和生产空间，导致温州不仅不能有效汇集资金、人才、技术和信息等创新资源，甚至导致温州自由资金和人才出现严重的外流趋势（张仁寿，2002），极大地降低了温州区域经济的创新能力和核心竞争力，在客观上制约了温州经济的持续发展能力，导致温州在一定程度上出现后续发展乏力的现实状态。最后，"小政府、大市场"式的地方政府管理模式，使温州本地在个体私营经济极大发展、工业化水平快速提升的同时，忽略了城市化发展建设，使温州城市化发展水平与温州本地的工业化发展水平和经济发展水平严重不对称。

五 转型发展：当下区域温州人经济的再创新

中国经济发展已经进入新常态，呈现增速放缓、结构优化、产业转型、动力转换的特点。作为市场经济先发早发地区，温州深受"三期叠加"（增长速度换挡期、结构调整阵痛期、旧经济刺激政策的副作用期）的影响而较早进入转型阵痛期。在新的历史时期，面对发展"瓶颈"和困境，温州人必须把自强不息、奋勇拼搏精神转移到提高素质上来，以适应时代潮流，全面推进产业、企业、市场、城市"四大转型"，在创新发展中推动温州人经济的再创新，实现"把这部创新史继续写下去，探索新的规律，创造新的业绩，总结新的经验，为全省带好头，为全国作示范"（习近平，2003）的历史使命。

（一）区域"温州模式"的内涵再阐释

2013年12月，在温州市委十一届五次全体（扩大）会议上，温州市委书记陈一新代表市委常委会做《坚持和发展"温州模式"再创体制机制新优势》的报告。这是温州官方第一次明确提出要坚持和发展"温州模式"。在这次全会上，陈一新代表温州市委市政府从官方角度首次正式界定"温州模式"的核心内涵，认为"温州模式"是以民本经济为本质、市场经济为精髓、实体经济为基石、有限有为有效为政府治理内核的核心体系（见图2-2）。陈一新总结了"温州模式"在闯、民、创、商、放五个方面的启示,认为实践表明,这些本质、精髓、基石以及政府治理,是温州过去改革的重要成果和根本经验,也是"温州模式"成为中国特色社会主义生动实践样本的关键所在,完全符合党的十八大和十八届三中全会精神,也完全符合温州全面深化改革的前进方向。

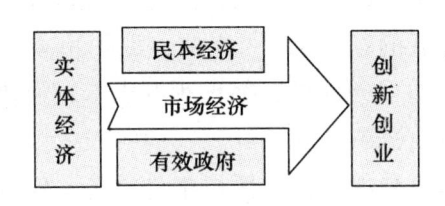

图 2-2 温州模式核心体系

温州市委市政府对温州模式的内涵阐释,意义有四个方面。一是从政府层面确定了温州模式和温州区域经济发展的本质在于"以民为本"。这一方面表明温州经济发展的出发点和归宿应该在于使人民享有经济增长带来的成果,另一方面也表明正是以人为本、依赖于人民的自主性与创造性,温州才能实现区域经济的兴起与繁荣,呈现"温州模式"的辉煌,在很大程度上也表明了社会主义国家经济发展的根本目的和根本动力所在。二是既从政府层面确认与肯定了温州经济发展和"温州模式"的成功是社会主义市场经济的成功,也从政府层面再次确认了温州未来经济发展所要坚持的方向和路径。三是既是对一段时间以来温州经济发展偏离实体经济而走向炒作经济的浮躁现象的反思,又在一定程度上肯定了温州模式发展过程中实体经济的关键作用,表明温州经济未来发展必须坚持走振兴实体经济的发展思路,还在相当程度上为浙江乃至全国经济未来敲响了警钟,提醒中国经济要走长远振兴之路,必须要注重实体经济的发展,以实体经济为基石。四是既是在一定程度上肯定了"有限政府"在传统温州模式发展中的重要作用,又是对温州模式走进"瓶颈"和"衰落"的过程中,政府未能及时做出有效作为的反思,在很大程度上表明,在社会主义市场经济发展中,政府必须在坚持"有限政府"的同时,做适当有为有效的政府，及时对社会经济发展过程中的不足或偏离现象做出反思和调控，引导社会经济在正确的方向上实现自主发展。

（二）区域温州人经济再创新

学者谈及"温州模式"，其实更多偏向于谈论温州模式一脉相承的创新意识，要续写温州模式，归根结底在于如何让传统温州模式的创新意识和创新精神一以贯之，以推动温州区域经济的转型升级，重构温州区域经济发展的新动力。[①] 当前，温州市委市政府从政府层面提出"坚持质量效益引领发展，突出制度供给，强化创新驱动"的发展战略，希望通过向改革开放要红利、向科技人才要活力、向结构调整要助力，加快培育和提升新的区位条件优势、体制机制优势、产业竞争优势和创业创新优势，努力在激烈的区域竞争中赢得主动。[②] 这些战略举措反映了温州政府在新一轮经济改革发展中的新思维和新定位，也体现出新常态下温州模式"再创新"的发展逻辑和方向定位。与传统模式不同，新常态下的温州模式将不再是完全依赖民间自发驱动的"草根经济"，不再是自下而上、单向驱动的传统变革模式，而是顶层设计与底层创新相结合、内外资源优化协同创新，通过多元化的开放式创新最大限度激发市场和民间活力的多层次、多要素、多时空全面创新的升级版的温州模式。

改革开放之初，温州本地政府的"无为而治"为区域民营经济的发展提供了相对宽松的环境，但随着经济发展进入新常态、改革进入深水区，完全依赖于市场主体的自发自主行为，显然已经难以适应当前复杂的国际国内经济发展形势带来的挑战，难以实现温州区域经济的再创新。新常态下的温州区域经济发展，需要在发挥市场配置资源基础作用的同时，有效发挥政府的作用，使政府作用和市场作用有机统一、相互补充，通过政府和市场的协同作用，推动温州区域经济社会持续、健康、快速发展，尤其是在事关区域经济发展环境和民生福祉等经济社会发展基础设施建设和政府公共服务供给等方面，需要政府做出更多努力。今天的温州，无论是产业发展，还是社会改革，都

---

① 瓯江平：《向创新致敬：再看温州模式》，《温州日报》2015 年 5 月 26 日第 1 版。
② 参见《2015 年温州市政府工作报告》。

需要政府积极参与并积极营造创新创业的经济社会生态系统。除了产业发展方向的引导，政府在公共基础设施建设、政府服务环境、社会环境优化、公共产品供给和法制制度建设等诸多领域都应该发挥"有为"作用。

实际上，近年来，面对经济发展速度下行的压力，温州本地政府在区域经济发展中的角色已经悄然转变：一方面，政府在区域发展规划、大都市区建设、基础设施建设、政府公共服务供给、产业转型升级、市场监管等方面的角色作用日益增强，传统的在区域经济发展方面"无为而治"的地方政府已经逐渐远去，一个有为的地方政府正在逐渐形成；另一方面，在政府职能改革、权力下放、高效服务等方面，在国家和省市的支持下，温州本地政府也在多个领域做出改革创新和实验探索，一个有限、有效的地方政府亦已初现端倪。如在2014年的政府权力清单改革中，温州市级部门行政权力清单从原有的12723项减少到4168项，精简幅度居全省前列。同时，温州还按照浙江省委省政府的要求，力推"四张清单"——政府权力清单、责任清单、企业投资项目管理负面清单、财政专项资金管理清单，并首创了政府职能向社会组织转移的"第五张清单"改革：首批167项政府职能、170项购买服务事项公布实施。这些都反映了温州市委市政府在新常态下打造"有限、有效、有为"政府的创新举措，是温州主动适应市场经济发展要求、推进温州模式战略升级的政府公共管理模式的创新实践，也是在从顶层设计层面构建温州模式再创新的动力源。

从产业角度来看，升级版的新温州模式将从过去的要素驱动转向创新驱动的发展轨道上来，通过产业结构调整和转型升级夯实经济发展的基础。在经济全球化的时代，温州正在努力查摆自身的比较优势和不足，努力选择适合自身条件和经济发展趋势的产业发展方向，努力提升产业集群的国际竞争力。要实现这一目标，这就需要依托现有产业基础特别是产业集群的内在关联和社会分工，依靠制度、组织和技术的创新，加强研究开发和劳动力培训，加强品牌经营和营销网络建设，向上游、下游不断延伸扩展产业链和价值链，提高传统产业的附加值。具体来说，升级版的温州模式在产业发展转型创新方面的主要表现包括：（1）产业结构上把低端、高污染、低附加值的产业，转型成为高科技、低污染、高附加值的产业，从传统制造产业向高新技术产业转变；（2）产业集群从"低、小、散"聚集转变为集约型集群，以信息技术、高端制造、自主设计等核心技术构建核心竞争力；（3）以园区建设、城乡一体化为主线统筹产业的联动发展，以产业集群支撑城镇发展、打造特色小镇，以点带面推进新型城镇化、工业化协调发展。

从城市发展来看，升级版的新温州模式既拓展温州城市发展空间，又注重城乡协调发展。为有效打造产业发展的经济腹地，夯实新温州模式的地理空间内核，温州正立足城市功能定位和区位优势，努力推进大都市圈建设，促进都市发展和产业发展相协调、经济发展和社会发展相融合、内部发展和外部发展相促进。近年来，温州先后提出"三生融合·幸福温州"建设，实施生态化、信息化、时尚化、都市化、国际化的城市未来发展"五化战略"，都体现了城市与产业、生产与生活、经济与社会相互融合发展，以城市建设助推块状集群向集群化、高端化的现代产业体系转型，推动县域发展向大都市城市圈发展转型，为多元化的发展主体创造人文、生态和经济交融的空间环境的发展理念。这既是温州城市发展的现实需求和提升人民群众生活品质的重要内容，也是凝聚温州人亲情、乡情的物理载体和必然要求。

从城乡协调发展来看，升级版的温州模式将新型城镇化与产业化、信息化有机统一起来，努力促进城乡协调发展。以推进新型城市化为途径，以构建现代基础设施、信息网络为支撑，打造美丽乡村，培育小城镇，构建"一主两副三极多点"的空间布局，是升级版温州模式推动大都市区经济转型、促进城乡一体化发展的创新探索。在经济发展的起步阶段，传统温州模式是立足小城镇、从"一乡一品、一户一业"起步的经济发展模式，因此，立足温州传统小城镇发展优势，加强小城镇建设，将小城镇建设融入大都市圈结构体系，促进农业转移人口向城镇集聚，是温州新型城镇化建设和升级版温州模式促进城乡协调发展的现实选择。2014年12月29日，苍南龙港镇获批国家新型城镇化综合试点，一座总规划面积106平方千米的龙港新城正在加速崛起，龙港新城新型城镇化建设的目标是要打造一个与生态产业、特色产业相匹配，以多元化建设模式激发市场内生动力、带动新兴产业发展的龙港新城。龙港"造城梦"正是温州大力推进城市转型、构建现代城市集群的现实写照和积极探索。

从发展内涵来看，升级版温州模式的主题仍是激发"大众创业、万众创新"，但这种再创新的模式已不同于传统"起步阶段"的创新模式。20世纪80年代初，温州乡村"以商带工"，从小商品做起汇集成泱泱大潮，产品行销全国。过去温州靠创新赢得先发优势，将来还要依靠创新引领争先。传统温州模式是在全国消费需求层次低、以价格竞争为主的市场大环境下，以温州人特有的精神打造的先发优势，"说尽千言万语、走遍千山万水、想尽千方百计、历尽千辛万苦"地积累财富。当今世界，技术、市场和产业等都发生了根本性变化，市场需求与供给的内在关系发生了内涵式逆转，可以肯定地说，未来温州模式，或者说未来市场竞争不可能再重复"五把刀子走天下"的传统低端模式，升级版的温州模式必须实现二次创新。这种二次创新必然是依托科技和智慧的科技型创新，只能通过产业转型升级和二次创新摆脱"低、小、散"的发展格局，传统家族企业将向现代企业制度转变以适应全球市场竞争。与此同时，在企业家文化层面，温州人血液里流淌着的传统事功主义文化因子正在逐渐吸纳当代市场经济的更多文化因素，已经逐步展现出当代企业家的精神文化内核。温州人经济在技术、商业模式和运营管理不断探索创新的同时，在社会责任、企业家精神方面日益展示出新时代温商的精神文化风貌，这些都共同构成升级版温州模式的内涵特征。

案例　美特斯邦威：商业模式上不走寻常路[①]

"不走寻常路"是美特斯邦威的一句经典广告语。20多年前，周成建在温州的服装市场从裁缝开始创业。1995年，他在温州市创立了美特斯邦威服饰品牌。创立之初，他就瞄准前沿流行趋势，生产以青

[①] 参见田倩平《美特斯·邦威：大众裁缝的非寻常之路》，《中国企业报》2009年4月13日第006版。

春活力和个性时尚为形象的休闲服饰系列，经营上也摒弃传统做法，在国内服装行业率先采取"虚拟经营"的模式，走品牌连锁经营的全新发展道路。2003年前后，中国休闲服市场的竞争格局开始出现分化现象，周成建带领团队不断探索新的经营模式，规避国内传统服装行业低端竞争模式，创造属于自己的蓝海空间，围绕虚拟经验，专注于品牌建设与推广、产品研发、零售网络建设和供应链管理。企业先后创新性提出了"生产外包、直营销售与特许加盟相结合""零库存、快时尚"等"不同寻常"的商业模式，使美特斯邦威迅速成为中国休闲服饰行业的龙头企业之一，并于2008年8月正式挂牌上市。

拥有资本优势之后，站在新的起点，美特斯邦威在国内服装业界开创了许多惊人之举：请"米帅"做新品牌代言人；与好莱坞大片《变形金刚2》展开全面营销合作。尤其是在2010年美特斯邦威将总部迁往上海的第十个年头，它与美国梦工厂签订战略合作协议，独家把《马达加斯加》《功夫熊猫》《怪物史瑞克》等好莱坞影片中深入人心的卡通人物融入自己的服装产品；启动全新网络品牌"AMPM"；在2010年上海世博会上，与阿里巴巴等十多家中国顶尖民营企业一起亮相"民营企业联合馆"；"邦购网"悄然上线运行，等等。对于品牌掌门人周成建而言，美特斯邦威所走的路的确非比寻常。有人曾戏称周成建是个"名副其实的总裁，总是在裁缝"，而他对此做了很简单的回复："做衣服，做好衣服，专心做好衣服。"

第二节　区域温州人企业：从家庭作坊到现代公司制

温州经济模式的先发优势首先源于区域温州人企业发生了革命性的创新。改革开放之初，极具商品经济意识的温州人先从计划经济体制外发展起个体经济、家庭作坊，并逐渐形成了排他性的私人产权，降低了交易费用，改变了激励机制，激发了市场活力，从而掘得第一桶金，实现了资本的原始积累。其后，善于创新的温州人再次率全国之先，创新性地创造了股份合作制的新形式，在经历了制度的反复博弈和变迁之后，终于逐步走向规范的现代企业制度。

一 区域温州人企业制度的变迁历程

区域温州企业诞生于个体户和家庭生产，然后逐渐自发增强。温州企业制度自增强过程中有两个关键性的发展阶段：第一个阶段是从个体、家庭生产发展到股份合作制企业；第二个阶段是从股份合作制发展到现代公司制企业。

（一）第一阶段：从个体、家庭生产发展到股份合作制企业

制度创新和技术创新有密切的关系。马克思、凡勃伦等认为技术创新决定了制度创新；但是，诺斯、拉坦等则强调制度创新对技术的决定性作用，他们认为制度创新是技术创新的前提。实际上，制度创新和技术创新两者之间是相互促进的辩证统一关系。温州企业发展的经济史正是制度创新和技术创新互相促进、互相推动的辩证关系的充分体现。但在温州企业发展之初，"制度决定论"更有解释力，正是市场组织制度创新带来了企业技术创新。

1. 制度初始：个体、家庭生产

早在改革开放之前，温州的"地下经济"就屡禁不止。有调查资料显示，早在1970年，温州市就有无证商贩约5200人，到1974年，温州市的无证商贩约有6400人，而到了1976年，这一数字已经达到11115人。在1976年的社会商品零售额中，民间市场交易占了90%左右。当改革开放的春风吹到温州，尤其是1984年温州为"八大王"[①]平反时，这些"地下经济"才真正地浮出水面。之后，民间经济迅速成长。

改革开放至20世纪90年代初，温州经济以集体经济为主体，个体私营经济进入初创和早期发展时期。从计划经济体制外萌生的个体经济、家庭生产方式为温州经济发展带来了两方面的激励：一是转型

---

① 据浙江省档案馆资料记载，当时，在柳市五金电器市场，出现了"五金大王"胡金林、"螺丝大王"刘大源、"矿灯大王"程步青、"目录大王"叶建华、"合同大王"李方平、"机电大王"郑元忠、"线圈大王"郑祥青、"旧货大王"王迈仟八位名声在外的工商户，合称"八大王"。其中，又以胡金林和郑元忠两人生意做得最大。1981年，胡金林的年销售额达到120万元，他也成为柳市首富。

初期制度先发优势使经济中潜在利润变成可得的激励。默认私有产权使利益驱动力得到强化；市场组织制度的创新带来信息以及交通和交易渠道的畅通，创新者的预期收益增加，从而鼓励了技术创新活动。二是企业生产规模扩大和群聚引发更为激烈的竞争，消费者对产品也越来越挑剔，这些激励了企业技术变革和技术深化。温州的家庭企业先是模仿、利用和转化第三方技术，通过简单的自主开发设计，形成满足市场需要的产品，靠较低的成本与国有企业竞争或填补市场空白。

2. 合谋：挂户经营

随着温州私有资产的增加，公有经济的制度背景与个体私营经济自我发展的冲突越来越大：一方面，成长的个体户、家庭企业为了降低政治风险，开始运用关系经济寻求与政府的合谋；另一方面，政府在最初打击私有产权失败后，在国家改革开放政策使宏观层面的意识形态和政策取向发生根本转变时，对私有产权从对立转向引导和协调。于是，企业运行模式创新在温州得以实现：家庭企业挂靠在集体所有制之上经营，这正是双方在制度边缘上达成的某种程度的合谋，实现了制度创新。

3. 创新+妥协：股份合作制

挂户经营在产权内容与界定上的模糊带来了企业信誉危机，因此股份合作制（产权形式上有模糊的集体性质但实质上较明晰）不久就取代了挂户经营，成为温州企业运营的主要模式，私有产权拥有了"合法外衣"：股份合作制是符合正式制度安排的企业运营制度创新。

股份合作制在所有权制度上既有创新又有妥协，属于不规范的要素组织机制。与一般的合作制企业不同，股份合作制企业既不是股份制企业，也不是合伙企业，这使其存在严重的阻碍合作的因素，影响了劳资之间激励兼容机制运作的有效性（金祥荣，1998）。股份合作制在产权制度上无法逆转的劣势期待着新的制度创新。[①]

[①] 股份合作制的创新，其初始意图是吸取股份制和合作制的各自优点、优势，克服其各自弱点、弊端，形成一种独特的新型的企业产权制度。但事实上，法律的缺失使它不能成为一种规范的企业制度，只能是走向规范的股份制或规范的合作制之前的一种过渡形式。不过，现代社会的股份合作制，跟过去相比，又有了很大不同，有了一定的法律支持，但是其产权模糊、权责不清的情况仍然在一定程度上存在。

(二) 第二阶段：从股份合作制发展到现代公司制企业

诺斯认为，技术带来了专业化从而导致组织创新，组织创新又导致了技术变化，而技术变化需要组织创新去实现新技术的潜力（诺斯，1999）。这句话用来解释20世纪90年代以后的区域温州人经济企业的制度变迁，是相当有力的。股份合作制使温州私营企业迅速发展，也使温州企业的社会分工更加专业化，并进一步促进了温州企业的组织制度创新。

1. 再创新：有限责任制

20世纪90年代初至90年代中后期，个体私营经济进入发展黄金期，集体经济开始萎缩。尤其是1992年，邓小平的南方谈话为温州个体私营经济发展带来了历史性的机遇，温州个体私营经济发展领先全国，备受各界关注。到1997年，温州全市登记注册私营企业5616户，个体工商户197765户；其中，城乡个体工业户从1980年的1372家发展到95832户。据测算，1997年全市民营工业总产值1148亿元，占全部工业总产值的比重为92.4%，比1990年提高9.6个百分点。生产力的迅猛发展呼唤新的市场组织秩序，于是区域温州人企业开始逐步建立起如专利保护制度、研发部门等企业组织制度。而随着经济的持续发展，企业对现金流和资本的需要促进区域温州人企业进一步打破融资"瓶颈"以实现工业技术革命带来的规模化成果，而市场需要产权更为明晰的制度安排来实现融资，这促使区域温州人经济的股份合作制企业组织形式逐渐在政府陆续出台的政策措施下向有限责任制靠拢，而后一些企业甚至直接成立有限责任的股份制。此外，那些初步完成原始积累的私人资本还在市场风险中开始学习资本运作技术，如投资房地产、外汇，使资本市场制度的运行效率也得到迅速提高。

2. 创新将来式：现代企业制度

当市场与生产扩张到一定规模导致交易费用上升时，原有的制度外壳（以地缘、亲缘为纽带，人格化的交换，依托习惯和习俗这些非正式制度的市场多边声誉机制等）开始无法包容市场的扩张要求，市场必将生发冲破关系经济边界的势力。区域温州人经济的市场组织制度是经由自发市场创新和激烈竞争演变而来的，因此具有很强的活力和调整能力。随着区域经济的持续发展，尤其是随着改革开放的持续深入，在学习国内外，尤其是国外企业组织制度的基础上，温州人也在逐步探索和创新自己的企业组织制度形式，正因如此，现代信用制度、现代企业制度、现代财务制度在区域温州人企业中开始逐步出现。这些依托正式制度的双边声誉机制和非人格化交换冲击了温州人原有的趋利意识形态，打破关系经济的锁定并降低了交易费用。

1994年7月，随着《公司法》的出台，部分初具规模的温州企业开始建立现代公司制企业。从20世纪90年代中后期开始，个体经济比重下降，集体经济不断改制，上规模私营企业则向现代公司制发展，成为产权多元化的混合所有制形式。截至1999年，温州民间企业历史演进所形成的总格局基本明朗，全部工业企业总数达到12.798万家[①]，居浙江省之首。其中，国有企业和集体企业所占的比重分别为0.13%和4%；股份合作制企业16022家，比重为12.51%；私营企业有8315家，占6.5%；其他企业（无法纳入既定企业制度类型的企业，基本上是家庭企业和个体企业）99095家，占77.43%。2008年，民营工业总产值占全部工业的比重达到90.3%，持续保持90%以上的主导地位。个体工业户创造的工业总产值在工业经济中的比重呈下降趋势，集体经济逐渐被产权明晰的现代公司制企业所取代。在7452家规模以上工业企业中，除国有企业、"三资"企业外，民营企业6996家，大多数为公司制企业。

当前，尽管区域温州人经济企业在产权制度上已经实现了转型创新，初步建立起了现代企业制度，但由于区域温州人企业的组织制度创新革命是在短短的20多年里实现的，因此，对区域温州人企业而言，经济演变不完善、落后与先进技术和组织制度并存的现象还广泛存在。这在一定程度上限制了区域温州人经济的发展，也在一定程度上导致区域温州人企业虽然建立了现代企业组织制度，但依然带有传统组织制度的色彩，换言之，对区域温州人企业而言，虽然很多企业已经披上了现代企业制度的外衣，但其真正的企业组织、运行和管理

---

① 由于当时温州还存在大量的"地下民营经济"，因此一些温州研究专家如马津龙、张仁寿估算温州的民营企业有20多万个。参见马津龙《关于温州民营企业制度创新和管理创新若干问题的思考》，《经济研究资料》1999年第12期；张仁寿《民营企业需要再创新》，《中国农村经济》2000年第8期。

方式依然带有浓厚的传统企业组织制度色彩。尽管如此，在中国市场经济发展、开放度加大以及全球化的背景下，随着观念和市场竞争的持续深入，进入21世纪以后的区域温州人企业组织制度正在加快转型和创新的步伐，也越来越走上与国际接轨的道路。

二 区域温州人企业发展的现状与特点

经过改革开放30多年的发展，区域温州人企业已经完成了资本的原始积累，温州人经济的群体规模已经较为庞大，企业产权制度也日渐明晰，开始走向世界市场竞争的舞台。

（一）区域温州人企业发展现状

1. 整体情况

据统计，截至2014年年底，温州全市共有个体工商户48.18万户，从业人员108.24万人，资金数额246.01亿元，同比分别增长10.8%、12.5%和21.9%；私营企业14.17万户，从业人员204.66万人，注册资金3861.67亿元，同比分别增长13.8%、22.2%和27.7%。2014年，在温州市委市政府加强现代企业制度建设、健全"个转企"机制的推动下，温州"个转企""小升规""企转股"数量均居全省第一，其中，完成"小升规"500家、"企转股"100家，推动80家企业上市或在新三板、区域性股权交易平台挂牌。

2015年，随着注册资本登记制度改革和"个转企"工作的继续推进，温州个体私营经济活力进一步增强，反映个体私营经济发展的六项主要指标均呈两位数增长态势。截至2015年3月底，全市共有个体工商户49.56万户，从业人员111.25万人，资金数额258.65亿元，同比分别增长14.0%、15.8%和24.1%；私营企业14.56万户，从业人员216.43万人，注册资金4070.23亿元，同比分别增长20.4%、29.4%和33.9%。

2. 行业分布

从行业分布来看，2014年温州市个体工商户集中分布在批发和零售业，制造业，居民服务、修理和其他服务业，住宿和餐饮业四大行业，分别达27.91万户、11.04万户、4.14万户和3.20万户，四者合计高达全市个体工商户总量的96.1%。目前，温州市内私营企业主要集中在制造业、批发和零售业、租赁和商务服务业三大行业，分别为 6.88 万户、3.76 万户和 0.89 万户,三者合计共占全市私营企业总数的 81.4%。

3. 规模以上企业情况

2014 年,温州市内共有规模以上工业企业 4266 家,实现工业总产值 4740.11 亿元,比上年增长 5.9%(见表 2-1);实现工业增加值 976.60 亿元,增长 6.2%。其中,轻工业产值 1658.77 亿元,增长 5.5%;重工业产值 3081.34 亿元,增长 6.1%。规模以上工业销售产值 4509.10 亿元,增长 4.6%,其中完成出口交货值 753.52 亿元,增长 6.9%,占销售产值比重为 16.7%。新产品产值 991.42 亿元,增长 39.9%;新产品产值率为 20.9%,比上年提高 4.6 个百分点。

2014 年,温州市增加值总量前十的行业共实现工业增加值 767.00 亿元,占规模以上工业总量的 78.5%,同比增长 6.4%,对规模以上工业增长贡献达 81.3%。规模以上工业中,有 14 个大类行业产值超百亿元,实现工业总产值 4064.52 亿元,占规模以上工业总产值比重的 85.7%,其中电气机械及器材制造业、皮革毛皮羽毛(绒)及其制品业、电力热力生产和供应业、通用设备制造业、纺织服装服饰业、橡胶塑料制品业、化学原料和化学制品制造业七大类行业年产值总额超过了 200 亿元。

表 2-1　　2014 年温州区域规模以上工业经济情况

指标	单位数(家)	工业总产值 实绩(亿元)	工业总产值 比重(%)
总计	4266	4740.11	100
国有企业	13	238.35	5.0
集体企业	10	15.78	0.3
股份合作制企业	141	74.89	1.6
有限责任公司	1029	1263.67	26.7
股份有限公司	77	428.90	9.0
私营企业	2747	2304.92	48.6
"三资"企业	248	410.84	8.7
其他企业	1	2.76	0.1

资料来源:《2014 年温州市国民经济和社会发展统计公报》。

（二）区域温州人企业发展特色

在改革开放初期，受重商主义文化的影响，勤劳智慧的温州人为摆脱贫困落后的状况而自发创业，他们"白天当老板，晚上睡地板"，在市场中搏击，逐渐发展成为一个颇具独特的商业群体。

1. 企业家精神浓厚

温州第一代创业者文化水平低，但特别能吃苦，在遇到市场机会时，能敏感抓住市场机会，敢于冒险。他们走南闯北，经商办厂，创造财富，成就事业。这是一个善于相互学习的群体，他们接受新事物快，坚持有韧劲但又不故步自封。他们懂得实践，善于灵活运用。比如，把集体企业废弃的开关进行修理后出售，开发出加工腈纶边角料的腈纶纺织机；打制度的"擦边球"，靠上计划体制内的集体企业而挂户经营，使自己的私营经济合法化，又通过股份合作制使私营经济靠上合作制的社会主义元素。他们文化程度不高，可能并不懂得股份合作和股份制的真正区别，也不知道股份合作和股份制在产权设置上的意义，只是敏锐地觉得企业老板可以变成公司总经理、董事长，企业形象可以更好、更威风、更洋气，朴素的理由使温州在短期内冒出大量的公司制企业。他们不等不靠，自主意识强，在需求和利益的驱使下，率先进行了市场制度创新、企业制度创新，创造了独具特色的经济形式。可以说，温州模式，很大程度上就是温州人的模式，是温州独具特色的企业家精神催生的经济发展模式。

2. 企业对市场敏感

趋利意识形态和贫穷使温州人走南闯北，对市场有着独特的敏感度。改革开放后，作为率先萌生社会主义市场经济的地方，温州的民营企业对市场的反应非常快，而且一家创新，群体迅速跟进，迅速形成星星之火燎原的态势。例如，最初的柳市低压电器生产形成集群、苍南的腈纶纺织生产形成毛纺集群，再到后来的房地产投资、煤矿等能源矿产的投资等，都是如此。

3. 企业营销网络发达

从改革开放初期的十万供销员打开全国市场，到后来的在外创建市场、商场，开辟温州商城、温州街、专卖店等，温州人企业逐渐编织了辐射全国、面向世界的多层次营销网络：（1）温州本地营销网络，以470个专业市场为主体，结合特许连锁经营、配送制、代理制等新型营销方式组建而成，并延伸到全国和世界市场。（2）国内营销网络，由百万国内温商、500多个上规模专业市场、40万个销售公司和销售网点构成。（3）海外营销网络，以60多万海外温商为纽带，通过侨贸的方式形成，甚至在一些地方如西班牙、尼日利亚、俄罗斯等开拓了专业市场。据初步调查，温州规模以上工业企业中，有40%以上建立了自己的营销网络。如2008年年末，红蜻蜓、奥康鞋业分别在国内建立了4000家、3000家专卖店，正泰集团在国内外建立了2000多个销售终端。

近年来，随着电子商务的兴起，温州的营销模式正在探索着更多的创新形式。2014年，温州市共实现网络零售额616.66亿元，同比增长71.25%，占全省网络零售总额的11.92%；全市居民实现网上消费402.34亿元，同比增长36.94%，占全省网上消费的13.67%。目前，温州市网络零售额和居民网络消费额均位居全省第三。

三　区域温州人企业质量与品牌化战略

区域温州人企业的发展也历经磨难。改革开放之初，温州企业率先发起向市场经济的冲锋，温州人和价廉物美的"温州货"南征北战，快速满足当时市场需求，赚取了第一桶金。温州私营个体企业对当时全国市场的供需平衡、繁荣社会主义市场经济起到了重要作用。很多日用品、小工艺品随着温州人的脚步扩散到全国各地的大街小巷。然而，生产扩张后引发的过度市场竞争，也导致"温州货"鱼龙混杂。20世纪90年代初，温州甚至一度被全国媒体公认为是"假冒伪劣的源头"。对此，1993年12月，温州官方与民间联合发起了"誓师活动"，在全国率先提出质量立市的战略目标，一场以质量求生存、以品牌求发展的战役就此打响。

（一）温州企业质量与品牌建设发展阶段

从质量立市，再到品牌立市，走上规模化、品牌化和国际化的发展道路，区域温州人企业经历了四个阶段。

第一阶段从1994年开始，温州市委市政府决定开展"第二次创业"，在全国第一个提出实施"质量立市"战略，颁布《质量立市实施办法》，实施"358质量系统工程"，即通过三年、五年和八年的阶段性努力,使温州产品的质量逐步赶上或超过全国平均水平。这一阶段主要是联合打击假冒伪劣行为,并建立机制,出台办法,规范企业的质量经营行为。

第二阶段从 1996 年开始,温州市提出"质量立市、名牌兴业"方针,引导企业走名牌兴业道路。制定出台《温州市质量振兴实施计划》和《温州市名牌兴业实施意见》,确立了新的质量振兴目标和名牌争创计划,把"质量立市、名牌兴业"活动向纵深推进。这一阶段,政府主要致力于加强企业标准化、计量和质量管理等基础工作。

第三阶段从 2002 年开始,温州市委市政府提出要打造"信用温州"。温州市人大还专门做出决定,将每年的 8 月 8 日定为"温州诚信日"。这一阶段主要是建立以企业守信为核心,努力构建融观念、制度、机构等为一体的覆盖全社会的信用体系。

第四阶段从 2004 年至今,主要围绕打造"品牌温州"战略,全力争创产业品牌、城市形象品牌、政府服务品牌和温州人品牌。自 2011 年开始,温州市又把"质量立市"战略上升为"质量强市"战略,继续推进品牌发展战略。这一阶段主要是引导广大企业采用国外先进标准和国际标准,加强与国际知名企业的品牌与技术合作,努力向国际性品牌进军。

2010 年年末,温州全市已拥有 30 个由国家工商总局认定的中国驰名商标、38 个中国名牌产品;获得 38 个国家级生产基地称号;拥有 16 个省级专业商标品牌基地、14 个市级专业商标品牌基地、两个省级品牌强镇。"正泰""德力西""奥康""森马""康奈""庄吉""红蜻蜓""报喜鸟"等温州知名品牌闻名全国。截至 2013 年,温州拥有 42 个国字号产业基地和 80 多个中国名牌、中国驰名商标,国家级品牌数量在全国同类城市中领先;先后两次获得"中国十大品牌之都"称号、3 次获得"全国质量立市先进市"称号。2014 年,温州更是荣获"全国质量强市示范城市"称号,质量立市和品牌化发展战略成效显著。

(二)温州企业质量与品牌建设的相对差距

尽管温州企业的质量与品牌建设取得了一定的成绩,但比起国内外先进水平的质量和品牌,还有非常大的差距。

1. 总体质量水平不高

目前，区域温州人企业中，资源消耗型、劳动密集型的初级产品较多，名优产品依然相对偏少；粗加工产品较多，深加工产品较少；物耗、能耗高的产品较多，高新技术、高附加值的产品偏少。在产品销售收入中，新产品销售收入占全部产品销售收入的比重仅为11.94%，高新技术产品出口额占工业制成品出口额的比重仅为9.15%。全市企业产品质量总体水平和发达地区相比，差距依然较大，竞争力不强，虽然不少产品质量达到国内先进水平，但很多产品合格率较低。

2. 名牌数量和质量不高

虽然区域温州人经济发展的名牌战略取得了一定成绩，但整体而言，温州品牌建设的数量和质量与温州经济在全国的地位相比，与温州制造业在全国的实力相比，还存在很大差距：名牌产品在数量上仍然偏少，在规模上仍然偏小，在排名上仍然偏后，位居全国前列的大品牌更少，温州人品牌的知名度和美誉度还有待进一步提升。在产权结构上，中小企业比重仍然偏大，区域品牌机制不活，难以发挥企业创名牌的主体性作用；在产业和产品结构上，目前区域温州人企业的高科技产品比重偏小，区域工业经济结构中，传统工业和高新工业的比例依然居高不下。温州是工业大市，但是名牌较少，位次靠后，主要原因是企业对名牌战略认识不到位、重视不到位、创新性举措和制度设计不到位，也有大企业偏少、企业受环境因素制约以及轻工业消费品在工业结构中的比重偏小等客观因素的制约。此外，企业品牌意识不强，尤其是中小企业争创名牌意识不强，许多企业在广告投入、广告网络媒体选择、广告策划、广告宣传效果上存在很大局限性，名牌产品的广告效应没有得到充分发挥等，也是重要原因。

第三节　区域温州人经济产业：从乡村工业到产业集群

温州的民营企业大多脱胎于农村、手工业，农民的地缘意识、手工业者的经商意识，使得他们在看到先进的技术或制度创新之后能蜂拥而上，各种创新像星星之火一样在温州燎原，自然而然地，随着家庭生产与销售的扩大，逐渐就形成了各类产业集群，一村一品、一乡一业，以及各类专业销售市场，这成为早期温州区域经济产业发展的重要特色。克鲁格曼（1991）的研究认为，产业区的形成不仅具有集聚的特征，而且还具有路径依赖的特征，即企业的偶然集中以及由集聚带来外部经济的这种优势会不断自我累积和强化，促使集聚的力量不断增强。他认为产业集聚的外部经济应放在开放的经济视野中来分析，它是各个国家产业选择和取得优势的决定性因素。温州企业的集聚发展是当时历史大背景和温州人自身特点相结合的产物，这种早期经济产业发展的特色既对温州区域经济产业发展和转型升级存在一定程度的路径依赖式制约，也在一定程度上增强了温州区域经济产业发展的自我强化和转型提升能力。

一 市场制度变迁带来区域产业集聚

温州产业集聚的发展历程主要包括销售集聚和生产集聚。在市场制度变迁的初始，销售集聚引领了温州的产业发展，而在经济发展持续深入之后，生产集聚则应该成为温州区域产业发展的重点。

（一）销售集聚

供销员、专业市场和企业分销网络共同构成温州人经济的营销组织制度安排和演进轨迹。正是销售方式的不断创新，带动了温州区域经济的持续发展。

温州企业最初采用的营销模式就是供销员队伍。供销员带着小商品到全国推销，带来全国订单，进而促进本地生产性企业发展。可以说，正是供销员的订单在引领着温州的乡村工业发展，使温州的小商品生产日益繁荣。当这支供销员队伍扩大到以十万来计时，供销员自身的经济价值开始迅速上升，也就是说供销员外出跑供销的机会成本由于劳动力市场上就业机会增加和工资成本上升而上升；同时，供销员这种松散的市场营销模式也越来越不适应市场规模扩大、分工细化、信息量增加而导致交易费用上升的状况。于是，新的市场营销模式——各类专业市场逐步形成并迅速扩展。改革开放初期，温州各类专业市场初步形成与发展，形成了"工厂＋市场"互动发展的格局，其中柳市、桥头、金乡等十大专业市场名扬国内,十多万购销员遍布全国。到1985年,温州本地已经发展形成了415个专业市场,其中,年成交额在8000万元以上的专业市场就有10个(史晋川,2002)。之后,随着改革开放的深入发展,温州区域商品市场的建设更是达到了一个崭新的阶段,本地资金市场、劳务市场、技术市场、信息市场、房产市场等逐步形成,而这些市场的形成又进一步促进了商品市场的繁荣兴旺。据统计,到1999年,温州人在全国建设的各类商品市场达4347个,年成交额3600多亿元,居全国之首。

根据诺斯的研究,信息费用由于买者和卖者大量存在而降低,机会主义受到成员众多竞争(和人格化交换)的约束(诺斯,1999)。整体而言,在温州早期专业市场发展的过程中,正是通过大量买者和卖者的人格化交易,为市场主体汇聚了大量的人流、物流和信息流,在很大程度上改善了早期经济发展中的信息不对称问题,节约了信息、度量等交易费用,也使个体违约和欺诈的成本极大上升。然而,随着企业规模的扩大,购销员和专业市场式的营销方式最终难以适应经济发展和市场竞争的需要,这导致另一种营销制度创新得以出现——温州人开始创设企业分销网络。相较于传统购销员和专业市场式的营销方式,具有甄别机制(区分自己的产品与别人的产品,有助于树立品牌)和使外部性问题内部化(专业市场存在外部性问题,而分工内部化后这些问题得到控制和改善)的企业分销网络系统,优势比较明显。

(二)生产集聚

波特(2000)认为,拥有某一专业性、以分散化经济地理为特征的集群,既有相互竞争的活力,又有合作后信息共享与商业活动互补的效用,还有更高的创新可见度和更低的成本优势。在这方面,正是专业性和分散化的经济地理特征使加利福尼亚酒业集群和意大利皮革集群获得了持续繁荣。一个优良的集群包括交互关联性的企业、专业化供应商、服务供应商、金融机构、相关产业的厂商及其他相关机构,甚至还延伸到销售渠道,顾客,辅助产品制造商,专业化基础设施供应商,政府及其他提供专业化培训、信息、研究开发、标准制定等的机构,以及同业公会和其他相关的民间团体。关于产业集群的研究普遍认为,一个国家或一个地区竞争优势的获得,不能只靠大企业,更重要的是那些扎根本土的中小集群,因为中小集群可使专业化要素更易于获得,群体的互动也可以使企业创新更加容易实现,企业间的合作也可以使企业充分利用规模经济的优势。

在早期经济发展过程中,温州小商品的销售旺盛催生了生产分工的细化,那些小而灵活的家庭工业企业,在长期的竞争与合作中,逐步形成了相当长的产业链和同业聚集群,其发展的一个重要成果是,在早期温州143个镇中,一镇一品,产值超10亿元的镇就有30多个,其经济总量占全市经济总量的60%以上。如鞋革企业2004年共有4000余家,年产值395亿元,市场份额占全国市场总额的20%以上;打火机企业260多家,占世界金属打火机市场的70%。

温州的产品可能是传统的,但其工艺和营销方式却可以向先进的、高技术的方向发展。国际比较研究表明,这种社会网络和经济网络形成的地方创新网络,正是产业区竞争的优势所在。然而,生产和市场内的群聚也带来了价格过度竞争和产品仿冒速度加快,"一品走俏、仿效蜂起、伪劣辈出、倾轧杀价",由于知识产权意识和知识产权保护制度的缺乏,产品和技术专利难以有效保护。所以,温州的产业集群,一方面,应该做大做强,努力形成如波特所说的成熟的产业集群,以期达到产业链条完善、竞争优势持久的目的;另一方面,还需要通过市场中介组织的制度创新,深化与调整市场分工体系,让社会经济结构更加完整,从而以制度创新打破产业锁定,使产业优势获得持续性发展。

二 区域温州人产业集群发展的现状与特点

温州的产业发展最初面向的就是国内市场,经过自发的集聚发展,形成了销售集聚和生产集聚,建成了大量的专业市场。随着市场经济的深化发展,产业集聚在政府的政策支持下不断成长壮大,并初具规模,形成了一定的区域竞争优势。

(一)温州区域产业集群发展现状

产业集群是现代经济发展中颇具特色的经济组织形式,在发达国家,产业集群非常普遍和成熟。在温州,专业市场和产业集群的发展促使温州经济资源配置不断优化,产业链优势初步形成,但资源要素"瓶颈"、企业"低、小、散"等问题也使一些集群陷入发展的困境。

1. 专业市场

专业市场的"专业"性主要表现在：首先是市场商品的专门性；其次是市场交易以批发为主；最后是交易双方的开放性。专业市场的主要经济功能是通过可共享的规模巨大的交易平台和销售网络，节约中小企业和批发商的交易费用，形成具有强大竞争力的批发价格。专业市场可以获得信息规模经济、外部规模经济和范围经济的优势，有利于提高市场生产主体和市场销售主体的竞争力。

温州的专业市场集聚了产业链的上下游企业，有效地拓展了本地企业的销售渠道，成为助推温州实体经济发展的重要动力。据统计，截至2014年年末，温州全市共有各类市场489个，其中消费品市场366个，生产资料市场87个，生产要素市场7个，网上市场27个，服务市场2个。全年各类市场成交额1209.53亿元，其中超亿元的市场78个，年成交额846.91亿元；超10亿元的市场21个，年成交额647.26亿元。

市场交易规模大小总体上是衡量专业市场发展情况的最重要指标。2013年，温州全市年成交额亿元以上的专业市场（以下简称亿元市场）82家，市场营业面积164.7万平方米，摊位总数3.8万个。与2007年相比，市场数量增加了17家，市场营业面积增长54.8%，摊位总数增长15.2%。2013年，82家亿元市场实现年成交额829.24亿元，占全社会批发零售业销售总额的16.2%，与2007年相比，年均增长6.2%，比全社会批发零售业销售总额的年均增速低8.9个百分点，专业市场对温州区域商贸经济发展的引领作用明显偏弱。82家亿元市场中年成交额超十亿元的专业市场有24个，年成交额637.19亿元，占专业市场年成交总额的76.8%。与2007年相比，2013年的专业市场增加了8个，比重提高了7.9个百分点。2013年，成交额居全市前十位的亿元市场实现总成交额424.15亿元，比上年增长8.4%，增速比同期亿元市场高1.8个百分点。82家亿元市场中，专业性市场69个，占89.3%，以经营农产品、生产资料、纺织服装鞋帽三类专业市场为主，分别达到22个、12个和9个百分点。目前，温州全市专业市场经营商品门类齐全，涵盖日用消费品、农副产品以及工业原材料等商品，从成交额构成来看，粮油、食品、饮料、烟酒类占36.0%，服装、鞋帽、针纺织品类占16.3%，汽车类占9.6%，金属材料类占9.5%，日用品类占7.0%。

专业市场在温州早期经济发展过程中发挥了重要作用，在当前的温州区域经济发展中依然贡献巨大。但是，近年来温州的专业市场发展相对滞后，已经越来越不适应温州现代化经济发展的要求，主要表现在：电商化水平不高，对外辐射力不强，物流业支撑不力，经营户普遍"低、小、散"，品牌意识普遍薄弱。统计资料显示，2013年，全市492家专业市场中，网上市场仅有28家，仅占全市专业市场总数的5.7%。这28家网上专业市场实现网上交易额72.47亿元，仅占全市专业市场总成交额的7.0%。而在全市82家亿元专业市场中，自建网络商品交易平台的仅有2个；亿元专业市场中参与网络交易的成交额为28.34亿元，仅占全市亿元专业市场总成交额的3.4%。此外，据工商部门统计，2013年，温州全市各类交易市场经营户总数7.4万户，经营户注册商标个数为1451个，后者相对前者的比例仅为2.0%。在一项对浙南鞋料市场的调研中，市场管理部门反映，当前尚未拥有一个稍强的自有品牌；另据对11个专业市场的典型调查数据显示，2013年，11个专业市场销往省外的成交额仅占市场总成交额的33.5%。

2. 产业集群

温州企业从乡村工业发展的初始，就开始聚集生产，通过温州十万供销大军获得全国市场接的订单，到20世纪80年代形成"一村一品、一乡一业"的产业发展现象。1992年邓小平南方谈话发表后，温州私营企业进入发展的"黄金时代"，形成大量区域块状经济，初具产业集群形态。进入21世纪以后，这些块状经济再次发展升级为具有一定竞争优势的区域产业集群，并且一定程度上打破地域限制，呈现向广域产业集群发展的态势。

2010年，温州在国家统计制度规定的46个工业行业大类中，拥有33个行业，相继建成了"中国鞋都""中国电器之都""中国汽摩配之都"等28个全国性的生产基地、17个具有明显区块特色的以轻工业为主的特色工业产业集群。其中,温州服装业总产值402亿元,比上年增长8.9%,占全市工业总产值的9.7%,270家规模以上企业总产值172.6亿元,比上年增长24.7%,服装出口额11.38亿美元,比上年增长21.8%;温州制鞋行业全年实现总产值560亿元,比上年增长10.6%,占全市工业总产值的13.5%,660家规模以上企业实现总产值392亿元,全行业年销售收入5亿元以上的有16家,亿元以上的有64家。截至2010年年底,集中于"中国纽扣之都"永嘉县的温州纽扣生产企业数为300家(2000年为1000家),比上年减少58家,减少了近20%。2010年,温州电器行业实现总产值458亿元,比上年增长20%,占全市工业总产值的11.1%,出口额5.7亿美元,比上年增长30%;全市电器行业生产企业1500多家,其中,无区域企业68家,集团企业47家,年产值超亿元的企业57家,超1000万元的企业382家;温州泵阀行业全年实现总产值260亿元,比上年增长30%,占全市工业总产值的6.3%,新产品实现产值76亿元,增长45%,全市泵阀行业生产企业1560多家,其中年产值超亿元的企业37家,国家级高新技术企业6家,省级高新技术企业19家,市级高新技术企业16家;温州汽摩配行业全年实现总产值319.7亿元,比上年增长30.6%,占全市工业总产值的7.7%,全市汽摩配行业生产企业3000余家,其中无区域集团16家,年产值超亿元的企业39家。

2014年,温州全市规模以上工业企业中,有14个大类行业产值超百亿元,实现工业总产值4064.52亿元,占规模以上工业总产值比重的85.7%;相比2010年的工业总产值3844.45亿元、比重85.5%,增幅仅220亿元和0.2个百分点。其中,电气机械及器材制造业、皮革毛皮羽毛(绒)及其制品业、电力热力的生产和供应业、通用设备制造业、纺织服装服饰业、橡胶塑料制品业、化学原料和化学制品制造业七个大类行业年产值超过200亿元,比2010年增加了化学原料和化学制品制造业一大类。

(二)温州区域产业集群发展的特点

经过30多年的发展,温州的产业集群已经初具形态,它们在激烈的市场自由竞争中不断地增强,但是集群的产业竞争优势还不够凸显，集群的整体实力不够大。具体而言，温州的产业集群发展呈现出以下几个特征。

1. 产业集聚普遍，但单体规模偏小

温州产业发展的初期就以生产集聚的方式存在。早期中国市场对小商品需求旺盛，温州的乡镇顺应市场需要生产了各具特色的小商品，从而发展出了门类齐全的温州轻工业企业。然而，"低、小、散"的生产方式使地区资源分散、生产力低端，因此各类产业的单体规模都不大，几千家甚至上万家同类企业集聚在一起，形成了较大的总量规模和较高的市场占有率，但区域经济的整体成本较高，也在很大程度上形成了内部耗散式的同业竞争现象，不利于区域产业发展。

2. 产业链完整，但档次偏低

形成产业链是产业集群的特性。温州的产业集群中，企业之间在原材料供应、产品生产、产品销售上形成了相互连接的供应链。例如，温州低压电器产业在配件生产、成品装配和销售之间构筑起一条产业链。产业集群内部还围绕产业链出现了一些服务性机构和行业组织。然而，大部分传统产业仍处于低端产业链的档次，掌握核心科技和技术的企业较少，企业竞争力和利润较低，与国内国际先进地区的产业集群相比，还有很大差距。

3. 产品附加值提升，但同质化仍然普遍

温州的电器、印刷、服装等传统产业，原本多数是劳动密集型企业，科技含量低，产品附加值不高，虽然随着市场竞争的持续发展，近年这些产品的附加值整体上有较大提升，尤其是一些发展比较好的企业，形成了自己的设计理念和自主研发品牌，但是集群内普遍存在的中小企业仍然不能摆脱产品同质化竞争的状态，使得行业利润不断缩减。

4. 产业转型升级明显，但发展受要素限制

温州的几个主要产业集群近年来产业转型升级趋势明显，已经在一定程度上形成了区域性产业竞争优势，如电器、泵阀、汽摩配等行业，已经成为技术含量较高的产业集群。但是，受地价及劳动力成本提高等因素的影响，温州这些产业的原有价格优势已经不复存在，而

企业做大做强依然面临诸多困难，产业集群未来发展受到限制，前景并不明朗。

三 温州区域产业集群的"锁定"与转型升级

阿瑟（1995）研究发现，当一种经济制度已被投入大量的固定成本，社会成员通过学习效应普遍建立了这样的制度系统时，其优势通常是不可逆转或转移的，系统的重新定位因此变得困难，往往要付出相当高的成本。在经过多年快速发展之后，温州区域经济增长的速度也在全省乃至全国率先放缓。近年来，由于产品市场在一定程度上已经接近饱和状态、区域土地资源稀缺、要素价格不合理等原因，加上各地民营企业的后发竞争，温州区域企业"低、小、散"问题及其不良影响变得日益突出，温州区域经济企业迫切需要转型升级。然而，由于温州产业集群的发展在制度上和技术上都陷入一定程度的"锁定"状态，为了打破"锁定"，温州产业集群的转型升级面临诸多困难。

（一）温州产业集群的"锁定"

温州产业集群的"锁定"源自乡村工业路径依赖下的自增强式发展方式以及交易费用的持续上升。生产与市场规模扩大引起交易费用的再度上升，因为"专业化和分工程度越高，从最初生产到最终消费的整个生产环节也就越多，考核费用也就越多"（诺斯，1999）。制度不完善的累积以及制度稳定性，使它不能主动调整以适应变化的经济形势的需要。因此，在路径依赖下，温州市场制度优势在自增强的同时，也使土地资源更稀缺，经济体渐锁定于旧的市场组织模式、低层次的产业结构与企业组织制度。这导致从20世纪90年代末开始，温州区域经济的增长速度就开始相对趋缓，到2003年，温州区域经济的增幅更是跌至14.4%，在浙江省11个地级市中排列第9位（谢健，2005）。

早期经济发展模式确实使温州区域产业发展出现了一定程度的锁定现象。但是，由于温州经济仍在迅速发展、其制度尚处于不稳定的多态均衡中，经济自增强方式尚未达到极限，所以属于弱锁定。当制造业发展遇到了"天花板"，产业集群开始分化，许多温州企业开始走多元化发展之路，或转向房地产业等其他行业，因此，温州区域内的一些产业集群开始出现衰退和整合。例如，温州传统占有较大优势和规模的打火机产业集群和纽扣产业集群，近年就逐步走向衰落，其中，2008年纽扣产业的企业数甚至比上年减少了近20%，仅及2000年的纽扣产业企业总数的30%。但是，在企业数量减少的同时，少数企业的规模在一定程度上有所增大；另一些产业集群通过转型升级，增强了区域竞争优势。

（二）温州产业集群的转型升级

温州产业集群的转型升级包括两个方面：传统特色产业的调整改造和战略性新兴产业的培育与发展。目前，温州一方面通过对鞋服、电气、汽配等传统特色产业的调整改造，加强传统产业技术、品牌、管理制度等方面的创新，提升传统产业的竞争力，推动传统产业向集约化、集群化方向发展，打造特色鲜明、优势突出的先进制造业基地；另一方面通过重点培育新能源、新材料、生命科技、节能环保等高科技含量、高附加值的新兴产业，不断完善新兴产业的配套产业链，使其成为推动温州工业经济发展的另一增长极。

与传统温州模式发展过程中依赖社会自主创业发展而政府"无为而治"不同，在温州产业集群的转型升级中，温州本地政府扮演了越来越为重要的角色。在市场竞争的激励下，为有效促进本地企业实现转型升级，也为了使温州经济走出低谷，实现赶超发展，更创辉煌，温州市委市政府先后出台了《中共温州市委关于深入贯彻科学发展观、加快转变经济发展方式、推进经济转型升级的实施意见》《关于实施"工业转型升级321行动"、加快转变经济发展方式的意见》等系列政策文件，并制定出台了汽摩配、电气、新兴产业等十大行业转型升级的指导方案，为工业转型升级提供政策指引，并不断推进企业整合重组、提升企业自主创新能力。目前，温州正通过对区域土地空间资源的统一调控，推动关联产业、企业的空间集聚，健全整个地区的土地市场，以土地级差制度来促进产业链在空间上的梯度分布；同时，还积极落实扶优扶强措施，引导企业强强联手、龙头整合、内外联合，促进本地企业向现代产业集群转型。例如，在合成革行业，温州本地40余家地方企业通过重组联合，逐步建立了五大集团公司，并进一步吸收整合中小企业生产能力，解决行业发展面临的环境问题。在制鞋和服装行业，法派、奥奔妮、伸迪、婉甸、泰马鞋业、泰力实业等八家核心企业共同投资组建"优衣派"，吸纳100多家本地优秀生产制造企业作为产品联盟协作企业，抱团拓展市场。而在剃须刀行业，飞科集团成功兼并了5家剃须刀企业组建"航空母舰式"集团企业，成为国内剃须刀行业拥有自主品牌，规模最大、品牌知名度和美誉度最高的专业制造剃须刀的龙头企业。在模具行业，5家模具生产企业联合成立恒田模具发展有限公司。新一轮的企业整合重组，提升了温州的产业组织化程度，有力地促进了产业集群的区域竞争力。

第四节 温州金融：从地下民间借贷到民间金融市场

金融是经济发展不可或缺的因素。温州区域经济发展之所以成功，离不开温州民间金融市场的支持。温州民间资本与民营经济发展如影随形。随着私营经济的发展，资本的原始积累不断增加，地下民间借贷也在不断自我增强。顺应着历史路径的依赖性，这些民间借贷慢慢在一定程度上得到法律的承认而浮出水面，发展成颇为发达的温州民间金融组织制度和民间金融市场。自我生发、发达的民间金融市场是温州区域经济模式的主要特征之一。

一 民间金融[①]的制度变迁

改革开放之初，个体户、家庭作坊、乡村工业的创业与发展资金哪里来？计划经济体制内的金融是无法满足这些体制外经济体的融资需求的，于是计划经济体制外的民间金融顺应这些私营经济的需要而

---

① 本书的民间金融，除了指未在工商注册的地下金融机构，还指担保公司、小额贷款公司、典当行、投资公司、寄售行、村镇银行、农村资金互助社等融资性机构。这些新兴的、往往以本地民间资本投资组建的、一定程度上从事资金融通业务的机构，除了村镇银行与农村资金互助社属于银监会监管，其他的机构分属于多个部门管理，甚至一些机构只是在工商部门注册，而没有主管部门。

逐渐生发出来。最初的它们完全不被当时的正式法律制度所承认，以地下民间借贷的方式而存在。

在经济发展初期，温州私营企业的融资成本很高，因为合法的金融机构很少为它们提供资本。据统计，在1993年的温州民营企业资金构成中，银行和城市信用社贷款占20%，经营者自筹占40%，民间借贷占40%；温州占90%以上产值的非国有部门从合法金融机构所得到的融资不曾超过7%（史晋川，2002）；而温州民间游资却高达300多亿元（李丁富，2000）。据估算，到2005年年末，温州民间金融的规模大致有400亿—420亿元。这表明温州私有经济的资本主要来自自有资本和依靠血缘、地缘、亲缘的关系经济网络筹资。从最初的小规模拆借到非法的私募资金、地下钱庄等，再到政府承认一批民间自发形成的金融机构为合法，如信用社、农村合作基金会、典当行等，进而发展到政府正式推动民间金融机构改革，成立全国性民间金融综合改革试验区，温州民间金融业的发展经历了曲折的发展历程。民间金融组织制度的自增强为私有经济发展所需资本提供了极大便利，但严格的金融管制使民间金融组织的发展始终滞后于私有经济发展，并基本局限在关系经济范围内，结果是融资成本居高不下，民间利率始终大大高于官方厘定的利率标准。

温州民间资本的发展大致可以分为以下三个阶段：

第一阶段，改革开放初期到20世纪80年代中后期。实行联产承包责任制后，大批剩余劳动力从耕地上转移出来，兴办了为数众多的家庭企业，十万推销大军带动专业市场和"一乡一品"的生产经营，形成了"小商品、大市场"的温州模式。到1985年4月，温州家庭工业企业（包括联户企业）已经发展到13.3万多个，建成专业商品市场393个，温州人已经初步完成了资本的原始积累。

第二阶段，20世纪80年代末到21世纪初。20世纪80年代末，温州模式经历了第一次低潮。民营企业经营规模小、产品技术含量不高、假冒伪劣严重等问题使得温州民营企业开始转变发展思路，温州市政府也于1993年提出"二次创业"的发展战略，温州民间资本开始由商业资本为主向制造业资本为主转移，出现了大量以轻工产业为主的产业集群。到2004年，温州拥有了26个国家级生产基地，民间资本迅速发展壮大。

第三阶段，21世纪初至今。已经拥有一定实力的温州民间资本逐渐涌向低风险高收益的房地产投资；从2005年开始，温州民间资本开始进军金融领域，主要表现在城市商业银行增资扩股中的民营化、农信社体制改革中农村民营企业和业主的投资入股、小额贷款公司的民营化和村镇银行的组建以及各种投融资公司的成立等方面。2015年，在金融综合改革试验的宏观背景下，温州首家民营银行温州民商银行正式开业，标志着温州民间金融开始正式走向合法的产业化，实现了由地下非法金融向合法产业的跨越。

二 温州民间金融的现状与特点

依托发达的民营经济和充裕的民间资本，温州已形成了比较健全的金融市场体系，特别是银行业、民间金融业颇具特色和规模，保险、证券、期货和担保业发展很快，但机构规模和业务量与省内发达地区比较仍相对不足，信托、租赁业还基本处于空白状态。可见，温州金融业发展潜力巨大。

（一）温州民间金融的发展现状

统计资料显示，2014年，温州企业全年通过债权、股权等直接融资形式获得资金219.7亿元。2014年年末，温州全市拥有村镇银行7家，境内外上市企业14家，已开业民间借贷服务中心7家，民间资本管理公司12家。目前，温州各类民间金融产业机构概况如下。

民营银行：2015年3月26日正式开业的"温州民商银行"，是全国第一家正式开门营业的民营银行。温州民商银行的正式营业，标志着温州民营企业30年的"民营银行梦"正式实现。目前，温州民商银行股东总数为13家，注册资金20亿元，股东总资本超过200亿元。

小额贷款公司：2011年年初为21家，共有注册资本金52.2亿元；2014年年末增加到45家，注册资本金109.4亿元。2011年年初的不良贷款率为0.09%，平均年利率为19.02%，平均收益率超过10%。①

村镇银行：2011年年初为3家，即乐清联合、苍南建信和永嘉恒升，共有注册资本金5.48亿元，各项存款余额19.91亿元。其中，发放涉农贷款24.74亿元，占95.2%，比年初增长7.57%；共支持农户、中小企业2987户。2014年年底，村镇银行增加到7家。

担保公司：截至2010年12月，温州全市共有担保公司186家（其中，48家是比较规范的融资性担保公司），投资公司1088家，寄售行431家，典当行48家，旧物调剂行126家。②

农村资金互助社：共有1家，即瑞安市马屿镇汇民农村资金互助社，注册资本金500万元。截至2011年10月底，其各项存款为881.52万元，各项贷款1603万元，累计发放贷款209笔，共3395.6万元，平均年利率12.2%。③

此外，全民营的温州市民间资本投资服务中心、由政府出资的温州股权营运中心也于2010年下半年开始运营。2012年3月，国内首家民间借贷登记服务中心"温州民间借贷登记服务中心"亦正式注册成立。

（二）温州民间金融的特点

温州民间金融出现了以下几个特点。

1. 民间利率一般比较稳定

正常时期一般在7%—12%波动，表明了温州民间借贷市场已经比较成熟，在一定程度上形成了均衡利率。

2. 温州民资丰裕但并未闲置

温州民资丰裕但并未闲置，尤其是2009年通货膨胀发生以后，民间资本越来越被充分运用甚至过度运用。从金融系统存贷比例来看，2010年5月底温州区域内人民币新增存贷比为110.71%，比2009年年末存量存贷比高26.1个百分点。而当年5月底的全市存款

---

① 数据来源于温州市金融办2011年5月汇报材料以及《2014年温州市国民经济和社会发展统计公报》。
② 2010年12月28日工商局登记统计数据。
③ 根据温州市金融办《温州金融运行参考月报》2011年10月版以及《2014年温州市国民经济和社会发展统计公报》整理。

余额为 5693.21 亿元，贷款余额为 4950.02 亿元，5 月底存量存贷比高达 86.95%，远远超过监管的 75% 审慎指标标准。

3. 民间投资越来越多元化

民间投资越来越多元化，这是温州民间资本的重要特征。温州民间资本逐利性越来越高，投资领域包括房地产、煤矿、有色金属矿产、各种原材料、证券、期货、外汇以及黄金、古玩各类保值商品等。这种追逐高收益的逐利性不可避免会带来高风险，也与温州本土实体产业渐行渐远，应该是温州民间金融发展需要尽早予以注意和调整的重要问题。

4. 抱团投资模式普遍

温州的民间投资以当地传统的民间信用、人际关系为纽带，形成了一种独特的资金运作模式。抱团投资通过风险共担、利益共享，一方面，使温州民间投资具有极高的效率，形成了较强的资本投资规模效应，降低了单个投资的风险，另一方面，也带来了民间金融债务链条的复杂化。典型的抱团投资的资金运作模式有以下两种类型：（1）合伙型。合伙型主要是指两家或两家以上企业共同出资、共同经营、共担风险的资金运作模式，这种模式最常见于房地产一级开发市场和 PE 投资。（2）金字塔型。金字塔型主要是指一个投资项目先由几个大股东出资，大股东再将股份分给小股东，小股东又分给更小的股东，层层分股、风险共担、利益共享。这种运作模式最常见于矿产投资中。

5. 资金流动不再局限于本地

随着温州人向全国乃至全世界范围迁移，温州人的投资理念和信用链条也被带向全国乃至世界各地，因此温州民间资本市场具有了一定的全国性，民间信用链条也越发复杂。

6. 部分资金呈现游资或热钱化倾向

近年来投资实体经济的资本收益率远低于投资金融资产的资本收益率，加之稀缺资源资产的升值预期在一定程度上改变了经济主体的投资行为，使从事实际生产经营行为的区域温州人企业数相对收缩，民间资金开始由产业投资向金融资本投资转移，导致温州民间资本逐利、套利活动增多。这些资本往往隐蔽操作，快速流动，追求短期或超短期暴利，投机性非常明显。

三 民间借贷危机和地方金融监管与发展

温州金融业的资产质量一直是非常优质的，金融业本身的风险度也非常小。截至2010年12月末，全市银行业机构总资产7353.08亿元，比2005年年末增加4731.08亿元，增长1.8倍；贷款损失充足率、拨备覆盖率分别达到431.99%和350.99%；实现税后利润超过150亿元，接近国际先进银行水平。与省内外各大城市相比，其贷款规模占地区生产总值的比重、金融业增加值占地区生产总值的比重、金融业增加值占服务业的比重，都相对较高（见表2-2）。

表2-2 省内外城市贷款规模和地区生产总值、金融业增加值比较

	全省	杭州	宁波	广州	天津	重庆	温州
贷款余额（亿元）	46939	15078	9414	16284	13774	10999	5516
贷款和地区生产总值之比	1.7:1	2.5:1	1.8:1	1.5:1	1.5:1	1.4:1	1.9:1
金融业增加值占地区生产总值的比重(%)	8.4	10.2	7.6	6.24	6.21	6.26	9.4
金融业增加值占服务业的比重(%)	19.5	20.9	18.5	10.23	13.5	17.2	21.1

资料来源：温州市金融办2011年9月27日的汇报材料《温州金融综合改革试点工作汇报》。

多年来，温州金融机构平均不良资产比率只有0.5%左右，是全国不良贷款率最低的地级市，而2010年年底全国与浙江省金融机构的平均不良资产率分别为1.14%和0.95%。即使是在经济风险不断上升、不少企业出现危机的2011年4—8月，温州的不良资产率还依然保持低水平（见图2-3）。

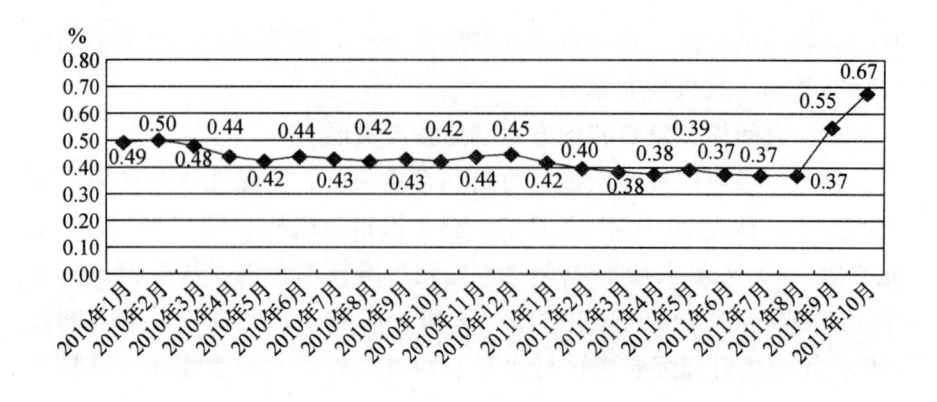

图 2-3　2010 年 1 月—2011 年 10 月温州市金融机构不良贷款率

资料来源：人民银行温州市中心支行提供的数据。下文中图 2-4 的数据来源与此相同。

导致这一结果的原因主要有三个方面：一是温州经济活跃，企业比较讲诚信；二是温州民间短期资金融通市场比较发达，企业拆借资金方便；三是评估所对抵押物价值评估普遍存在低估现象，一般只评到 70%。这样一来，银行体系的风险系数就微乎其微了，所以温州金融资产质量非常高。

随着国家的宏观调控与银根收紧，中小企业的资金链也愈加绷紧。从 2011 年 4 月开始，温州陆续曝出个别较大企业因资金链断裂而倒闭的消息，如江南皮革公司、温州波特曼咖啡、三旗集团等，或停业或老板出走，这些消息或真或假或被夸大，但是却让整个温州的金融风险被进一步放大。当年 7—8 月，温州较大企业倒闭仍时有发生，全国对此的关注度上升，事态开始扩大。2011 年 9 月中旬以前，温州的民间金融风险虽然已经比较大，但还没有危及整个温州经济与社会的稳定，企业资金链断裂和破产事件发生的数量应当属于正常范畴。据工商部门统计，2011 年 1—10 月温州市新设私营企业 14135 户，注销 3051 户，同比分别增长 19.1% 和 11%，企业数量仍然持续增长，关停企业数量与 2010 年相比并没有出现异常增加情况。温州政府相关部门以及人民银行、银监会等各方也认识到这一问题，对其进行了多方调查与研究，意欲着手监管与调控，然而，2011 年 9 月下旬，温州的民间金融风险却突然放大，成为一场闻名全国的金融风波。

(一) 温州民间金融风险状况

金融风波爆发前,温州民间金融的风险状况主要表现在:

1. 民间借贷市场规模增倍、利率偏高

根据人民银行温州市中心支行对近 1000 家融资中介机构银行账户的资金交易情况的监测,2010 年后连续 6 个季度的账户交易额逐季递增,规模总体呈增加态势,其中 2011 年第二季度的账户交易额是第一季度的 2.13 倍,达到 444 亿元。又据人民银行温州中心支行 2011 年 7 月发布的《温州民间借贷市场报告》,2011 年的温州民间借贷市场处于阶段性活跃时期,市场规模估计值约为 1100 亿元。这一规模与前几年监测到的数据相比增加了两倍左右。

在民间借贷市场规模持续扩大的同时,温州民间借贷利率也逐渐进入阶段性高位期。调查数据显示,2011 年以来,温州民间借贷综合利率持续上扬,2011 年前 9 个月的综合利率分别为 23.01%、24.14%、24.81%、24.43%、24.6%、24.38%、24.47%、25.09% 和 25.44%,民间借贷利率呈持续走高趋势。2011 年 9 月的民间借贷综合利率比当年 1 月提高了 2.43 个百分点,创出历史新高。其中,融资中介市场的利率(担保公司)更高,甚至高达 40%,为同期基准利率的 3—5 倍(见图 2-4)。而一些融资性中介机构的月利率普遍达到 5 分以上,短期拆借利率甚至达到 1 毛,为同期基准利率的近 20 倍。

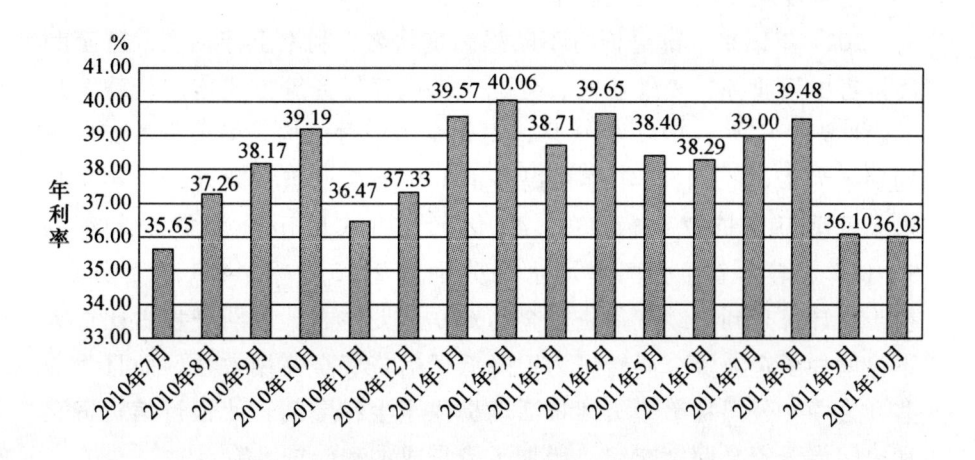

图 2-4 2010 年 7 月—2011 年 10 月融资中介市场利率(担保公司)

2. 监管不足、违规操作的风险凸显

一方面是温州民间借贷机构增加、借贷规模倍增和社会涉及面增大，而另一方面则是对这一市场的监管跟不上发展需要，隐患重重。在温州民间借贷监管体系中，银监会负责监管村镇银行、农资合作社，经信委负责监管担保公司（实际上只监管186家担保公司中的48家融资性担保公司），金融办负责监管小额贷款公司，而大量的其他民间借贷机构处于只需注册却不被监管的状态。监管不到位造成部分民间借贷机构违规操作较多，部分担保公司、投资公司、租赁公司等甚至从事非法金融活动，为企业招投标、验资、归还贷款等项目垫资，进行短期高利借贷，利率在20%—30%，并且资金来源较复杂，存在较大隐患。

3. 投机滋长、借贷资金"空转"严重

根据人民银行温州市中心支行的调查报告，在2011年约1100亿元温州的民间借贷资金中，用于一般生产经营的占35%，用于房地产项目投资或集资炒房的占20%，由一般社会主体（个人为主）借给民间中介的借贷资金占20%，民间中介借出、被借款人用于还贷垫款、票据保证金垫款、验资垫款等短期周转的占20%，剩余5%为其他投资、投机及不明用途。这一数据表明，当年1100亿元的温州民间借贷资金中，有约40%（440亿元）的资金处于"空转"状态，在一定程度上拉高了贷款利率。

2011年以来，部分银行不断提高贷款名义利率上浮幅度，甚至利用搭售中间业务、表外业务、分配季末揽存任务等方式增加贷款客户的隐性融资成本。2011年9月，温州全市金融机构人民币贷款加权平均利率为8.6%，较当年年初提高了1.9个百分点。此外，当年9月末人民币短期贷款余额4801.43亿元，占人民币全部贷款余额的80.18%，较全省、全国平均水平分别高21.3个和44.3个百分点，初步统计每月到期续贷信贷资金达600亿元左右。短期贷款占比过大不仅增加了企业资金周转压力，降低了信贷资金使用效益，而且为一些社会中介公司从事垫资续贷活动提供了生存空间，使银行信贷资金和民间借贷资金深度交织，增加了借贷成本和借贷风险。

此外，月末揽存现象加剧也使得投机行为增加。根据人民银行温州中心支行的调查数据,从旬间增长来看,月末存款冲高力量依然较为强劲。数据显示,2011年9月上旬、中旬、下旬各项存款增量依次为-138.23亿元、-64.28亿元和346.85亿元,反映出商业银行受考核影响月末揽存现象较为突出。

4. 联保等金融创新带来新的系统风险

金融机构的创新为温州本地企业融资提供了便利,但同时也带来了系统风险,尤其是融资性中介结构的产生更是增加了民间借贷的风险发生率。根据人民银行温州市中心支行测算,2011年温州市融资性中介参与的借贷规模超过600亿元,占民间借贷规模总量的一半左右,估计全部机构的年周转资金累计总量约1820亿元。这些融资性中介机构的活动,有些比较规范,即从事真正的担保、典当等服务,但也不排除它们同时从事社会融资活动;而另一些机构则根本没有与银行建立担保等合作关系,它们主要从事资金拆借、高利贷等活动。

融资性中介的一些业务创新为中小企业融资带来了极大便利,降低了单个担保机构的风险。这些创新中的担保机构联保制度、企业连环保制度等,已经成为比较普遍的担保制度,在金融市场稳定时期,这种制度能提高企业贷款能力、加快资金周转速度,带来良性循环,但是一旦金融环境恶化、发生危机,则可能会导致"火烧连营,一损俱损",进而引爆系统性金融风险。

5. 金融案件增加、维稳压力加大

从2010年开始,借贷纠纷案件数量及大标案件在增多。龙湾区统计数据显示,该区2010年以来共受理民间借贷纠纷案件358件,同比上升39.3%,100万元以上标的额案件66件,500万元以上标的额案件16件,而2009年同期100万元以上标的额案件仅32件,500万元以上标的额案件仅5件。该区2010年11月23日爆发的一起非法吸收公众存款案的涉案金额甚至高达亿元。2011年1—8月,温州全市累计民间借贷纠纷案件7413件(平均每天30件),同比增长25.7%,比第一季度高8.7个百分点,涉案金额50多亿元(日均2000多万元),同比增长71%。其中,8月涉案金额达10.7亿元,是1月的2.69倍。又据公安部门统计,2011年1—8月,温州市已立案侦查非法集资犯罪案件17起,涉案金额5亿多元。与2010年同期相比，案件数上升30.8%，特别是集资诈骗案件升幅更是高达400%。此外，2011年1—8月，温州全市因民间借贷担保、纠纷引发的违法犯罪案件共71起，同比上升16.4%。

（二）温州地方金融监管

温州民间金融市场风险上升的根本原因是国家货币政策从宽松到适度的转变而带来的市场资金供求矛盾，以及温州民间金融市场的特殊性。2010年，随着国家超宽松货币政策回归常态，银行信贷资金减少，尤其受贷款规模综合管控、银行承兑汇票管理加强、贷款利率普遍上升、通胀预期加大等因素的影响，企业融资难度和融资成本明显加大，信贷资金供需矛盾十分突出。在此背景下，温州民间金融活动趋于活跃，民间借贷亦呈现出参与主体更加广泛、借贷用途更加隐蔽、借贷规模明显扩张的特点。

根据人民银行温州支行2011年7月发布的《温州民间借贷市场报告》，温州民间借贷极其活跃，温州全市约89%的家庭和个人以及59.67%的企业参与其中，民间借贷资金规模总额高达1100亿元。2011年第二季度，选择"民间借贷"的储户占24.5%，首次超越"房地产投资"，跃居全市投资额首位。

以上分析表明，温州民间金融市场中矛盾的关键是民间闲余资金充裕，而社会资金需求大又不能从正规渠道获得资金，引发民间借贷利率居高不下，合法民间金融机构或违规或创新，纷纷扩大业务，杯水车薪之下，缺乏有效监管的地下民间金融变得非常活跃。再加上实体经济受环境恶化、利润下降的影响，众多民间企业的资金链变得脆弱，大家纷纷回笼现金，又进一步加剧了社会资金的紧缺，从而诱发金融危机。

危机是温州民间借贷市场发展必然会经历的过程。金融市场的发展总是走在"金融创新—带来新的金融风险—危机发生—监管创新—规范与完善金融市场"这样的轨迹之上。温州民间借贷市场曾经在20世纪80年代末90年代初经历过一场危机，那场危机使温州民间借贷市场运行更加规范和谨慎，风险控制与管理水平均得到大幅提高。因此，始发于2010年的这场危机对温州民间金融形成巨大挑战的同时，也是温州民间借贷市场走向更为成熟的一个重要机遇。

事实也正是如此。2011年民间借贷危机的发生引发温州对金融市场监管的重视。2012年3月28日，国务院常务会议批准实施《浙江省温州市金融综合改革试验区总体方案》，温州地方政府开始梳理、整顿地方民间金融市场，建立健全地方金融监督管理、风险监测、应急处置机制，尝试对地方金融风险实施统一监管。

反思这场金融危机，我们可以发现，此次民间借贷危机的发生表明温州的民间金融市场还非常脆弱，需进一步强化和规范以使其健康有序发展。具体而言，可以考虑从以下几个方面进一步发展温州的民间借贷市场。

1. 整合地方金融资本

整合地方金融资本，组建温州地方金融集团或金融控股公司，提升服务能力和抗风险能力。可以借鉴上海、武汉、成都的做法，整合温州小型金融法人机构，如合作银行、小额贷款公司、担保公司和典当行等，出台政策，鼓励行业内重组或者跨行业重组，形成几家有较强竞争实力的地方金融集团，从而增强民营金融的实力。这样不仅能发挥引导民间金融规范化运作的效应，也有利于扩大区域金融的辐射能力。此外，整合温州现有产权交易市场，将其逐步打造成区域性的产权交易中心。鼓励民资金融机构参与建立中小企业债券发行交易中心。

2. 鼓励建立本地民营非银行金融机构与引进外地金融机构并举

浙南金融服务中心的特色是建立相当数量的民资非银行金融机构。因此，地方金融管理部门要向上级金融监管机构争取民营金融改革试点的政策，在此基础上出台地方性鼓励政策，激发民间资本投资金融业的积极性，使本土非银行类金融机构能有较大发展。同时，利用金融集聚区规划的有利空间，吸引本地和外地银行、保险、证券期货类金融机构在温州设立区域性总部管理机构。此外，利用温州接壤福建东北部的地理优势，在对接"海西经济区"上可以借道引进中国台湾金融机构来温州设立分支机构或代表处，争取温州地方金融机构赴中国台湾设立办事处或营利机构。通过金融机构的内引外扩，最终构建起温州作为浙南金融服务中心的产业集聚目标，发挥温州金融业的辐射能力和引领能力，以金融业发展推动温州大都市圈构建和经济产业腹地建设。

3. 完善金融业中介服务机构

金融中心集聚了各种类型的金融机构，而这些机构开展业务离不开相关中介机构的配套服务，包括会计事务所、房地产评估事务所、税务事务所、律师事务所、资信评级机构等。温州会计和律师事务所较多，但是能够开展与资本市场有关业务的甚少，特别是上市审计、涉外法律、资信评估等对中介机构业务水平要求较高的业务，往往需要外地机构承担。因此，有必要进一步发展和完善温州本土中介服务机构，这也是温州建设浙南金融服务中心的必由之路。一条可行途径就是鼓励本地机构与上海、杭州等地的知名中介机构建立业务合作联盟，在合作中学习和提升。

4. 营造有利于高端金融人才进入和长期成长的城市环境

金融业是劳动密集型与知识密集型相结合的特殊产业，建设区域金融中心需要大量金融投资类专业人才和高级管理人才，如国际金融理财师、私募基金管理、创业投资经理、信用担保风险管理以及中介服务类人才，而这类专业人才正是温州最为缺乏的。专业人才缺乏不仅与温州高校较少有关，还与温州缺乏吸引优秀人才的环境有关。因此，改善温州城市硬件建设，建立吸引优秀金融人才的环境制度是温州建设区域金融中心必须做好的基础工作。为此，可以设立金融高端人才引进经济适用房供给制度，市级财政可以设立引进人才专项补助资金，加速引进高端金融人才。

本章小结

本章在梳理温州人经济发展历程的基础上，总结了催生温州人经济的独特文化基因，指出温州模式的发展承继着事功学术的内在精神，进而分析了温州模式再创新的概念和内涵，并从温州企业、产业和金融三个维度分析了区域温州人经济的发展现状和存在的问题。

经济史研究表明，自先唐开始，温州随着整个中国社会变革进入早期发展时期，在唐代，温州区域经济已初具规模，到两宋时期，温州不仅对外贸易发达、商贸往来频繁，而且常有温州人在全国各地从业经商贸易活动。到明清时期，虽然禁海限制了温州的海外贸易发展，但因特殊地理位置，仍在当时对外贸易中占有重要地位，有不少温州商人参与了沉香等海外货品的营销活动。晚清开辟通商口岸，温州成为对外贸易的重要商埠。独特的经济发展历程是塑造温州模式的历史背景，也是孕育温州独特文化因子的社会历史土壤。其中，永嘉学派被看作今日"温州模式"的传统文化渊源，以事功思想为主导的永嘉学派不仅适应了温州人多地少环境下的民众思想要求，也在很大程度上主导了温州人的商业经济行为和社会发展模式。今天的温州人需要继承和创新传统的文化因子，实现温州模式再创新。

温州的企业诞生于个体户和家庭生产，从挂户经营发展到股份合作制，从股份合作制发展到现代公司制企业。受传统重商文化和事功思想熏陶，温州企业家经过艰苦创业，在10多年的时间里完成了从原始资本积累到现代企业的跨越，在质量、品牌、国际化等多个方面走出了自己的特色。财经评论专家吴晓波曾描述，"后来中国企业界常说的后发优势、跟进战略，以及模仿创新等，其实在五马街早就上演过了"。

产业集聚是早期温州模式发展的重要亮点，销售集聚和生产集聚是温州产业集聚的两种主要发展形式。最初的星星点点的家庭作坊，沿着初级产业链汇集成一个个专业市场，在温州的各县镇出现了鞋革市场、布料市场、纽扣市场、工艺品市场等。这种以乡镇为单位、家庭为细胞，产业被细密地切分，实现了专业化分工的产业聚集，有效提高了区域经济生产效率和规模效应，但这些技术力量薄弱、劳动成本密集的产业集群很容易被"锁定"在产业链低端，传统特色产业转型升级和新兴产业发展应当成为当前温州产业发展的主要战略目标。

温州民间资本与民营经济发展如影随形，民间金融是温州模式的特色代表，也是中国民间资本市场的代表之一。随着私营经济的发展，资本的原始积累不断增加，地下民间借贷也在不断自我增强。温州的民间投资以当地传统的民间信用、人际关系等独特的社会资本为纽带，形成了一种独特的资金运作模式。随着民间财富积累，民间投资越来越多元化，资金流动扩散范围越来越大、速度越来越快。2011年民间借贷危机的发生表明温州的民间金融市场还相当脆弱，风险与监管问题成为温州金融改革的主要议题。

第三章　国内温州人经济的形成与发展

温州人经济包括区域温州人经济、国内温州人经济、海外温州人经济三个相互联系、不可分割、交融互动的有机组成部分。早在宋代就有温州人走出温州在全国经商的记载。近代以来，尤其是改革开放以来，走出温州本土在全国各地开展经济活动的温州人不断增加。目前，有近200万温州人在全国各地从事商贸经营活动，他们在驻地开办专业市场，投资实体经济，成立温州商会，已经成为一个具有浓郁地方特色的商业群体，成为温州人经济发展的独特风景线，是温州人经济的重要组成部分。

第一节　国内温州人经济发展脉络

温州人经济网络的形成是早期温州经济和温州模式发展的承继和发展过程，同时也是温州企业家人力资本不断生成的过程。其路线图是一个从点到面再到网络的过程。温州人经济网络最早从温州区域内某个地方开始，然后以温州为中心点，不断向外发散，增加节点。从地理上看，这些节点会越来越远，甚至可以跨越边境，到达海外。但从联系上看，它们总是与温州中心点和源发地有着千丝万缕的联系。虽然这种联系也是动态变化的，但各个节点之间可以逐渐形成自己相对稳定的局部网络，例如，一些大中城市的温州商会和温商海外侨团，就有联系周边众多温州人的功能。

用网络理论解释，在外温商具有很密集的网络节点，其联系表现为高强度性。如异地温州商会，一方面会长可以同众多的会员发生联系；另一方面又可以以商会的名义同商会驻地政府和温州本地政府发生联系。正是因为网络节点具有如此功能，才有很多类似机构相继成立，也有很多人争当会长。尤其是在海外，各种温商机构层出不穷，但有实力有活动的组织却并不多。在外温商之所以热衷于商会、协会和联合会等，真正的动力就是创立一个网络，将发散的温商进行集聚，并将各种有利于自身发展的资源予以整合，以获得较多的外部资源。异地温州商会（侨团）是温州人经济网络的节点，也是温州人之间沟通交流的纽带，它把在外温州人和在外温州人、在外温州人和本土温州人在经济上紧密地联系在一起。这一方面是因为在外温商发展到一定阶段时，其内部需要有相互帮助和提高的制度设计；另一方面是因为通过网络节点组织，他们可以更方便地争取当地政府的支持。正是因为具有这种内在功能，异地温州商会（侨团）才成为温州人相互联系、凝结形成温州人经济的特殊纽带和媒介。

一 萌芽（1978年之前）：工商业传统下的国内温州人经济

温州工商业的繁荣始于宋代。《宋书·地理志》记载，温州人"善进取，急图利，而奇技之巧出焉"。[1] 这表明宋时温州人的手工业和商业已经具有相当发展水平。温州的手工业门类在宋代时逐渐齐全，明清时期得到进一步发展，造船、漆器、瓷器、丝绸、造纸、纸伞以及黄杨木雕等闻名全国。由于手工技术是通过血缘关系和社会关系来传承的，因而会形成以村落为单位的专业化分工。从明代时期永嘉县楠溪江的民谣中，我们可以了解到当时已经出现一批专业化的手艺村："造船老司出渔田，北山村人精铸炉，茂竹山下出棉匠，烧瓦老司出敬仁，泥水老司出绿障。"[2] 宋以后温州的农业种植结构发生了调整，经济作物比重增加，柑橘、茶叶、红花等经济作物产量甚丰，但因运输条件限制，多输往邻近州郡，这不仅促进了农业结构性变化，也使地理条件不同的区域性农业专业化分工成为可能。南宋时期，温州商业发达。"土俗颇沦于奢侈，民生多务于贸迁。"[3] 这说明

---

[1] 转引自郁建兴、江华、周俊《在参与中成长的中国公民社会：基于浙江温州商会的研究》，浙江大学出版社2008年版，第52—53页。
[2] 胡念望：《楠溪江村落文化》，文化艺术出版社1999年版，第24页。
[3] 祝穆：《方舆胜览》卷九，中华书局2003年版。

温州已经有一部分人能够从农业中分离出来，以小资本长期从事商业活动。当时的商业活动分工已经较为细密，开始出现布行、纸行、米行等20多个行业。温州的商业地位也日显重要，其中中药、酱园、南货和绸缎是温州的四大支柱性行业。同时，徽帮、福建帮和宁波帮等客帮会聚温州，客帮进退的选择也左右着温州商业的兴衰，但这同样说明当时温州的商业活跃，因而对外地有实力的商帮产生强大的吸引力。民国时期，温州手工业的门类进一步增加，新增棉织、肥皂、针织、火柴、印刷等十多个门类。许多温州人还远赴欧洲，从事小商小贩活动。据1947年《浙江省经济年鉴》统计，温州专门从事商业和手工业的人员占当时总人口的26%。

1949年后，自由市场虽然受到抑制，但温州外出务工经商者屡禁不止，其原因在于人地关系的紧张已使农民无法靠种地维持基本生活需要。当时，温州人口为276万人，1978年增长至556万人。人口密度为每平方千米471人，人均占地0.53亩。温州地处台海沿线，出于战备的原因，国家对温州的投资较少。新中国成立后的30年时间内，国家对温州的总投资只有5.95亿元，平均每年仅1983万元。这导致温州工业发展缓慢，城市化进程处于停滞状态，因而无法解决日益增长的劳动力的就业需求。在改革开放前，温州约有70%（约为110万）的劳动力过剩，在农村尤为严重。由于土地资源较少，迫于生计，温州人素有从事工商业的习惯，故历史上就有"百工之乡"和"东方犹太人"的称号。同时，也正是由于人地关系紧张，农民有大量的空余时间从事其他经营活动。以苍南宜山镇为例，在1958—1970年，供销社经营农户生产的土布，有7年的营业额在1000万元以上，最少的年份也有351万元。在乐清柳市镇，20世纪60年代末已经出现了前店后厂的家庭作坊，如1969年成立的柳市通用电器厂有32个车间（门市部），实际上就是32个家庭作坊，两者之间是挂靠关系。电器厂负责对外销售和管理项目，每个车间独立经营，每月缴30元管理费。1979年，该厂产值达到1个亿。1962年，温州的许多地区允许农民外出谋生，前提是经生产大队同意，由人民公社开介绍信并缴纳一定的管理费。在乐清虹桥、永嘉桥头以及苍南金乡、钱库和宜山等乡镇，外出谋生的农民占劳动力总数的一半以上。这些外出谋生者由两部分人构成：一部分是以手艺谋生，如卖麦芽糖、弹棉花、补伞修鞋等；另一部分是从事贩卖活动，他们或走村串户贩卖日常生活用品，或倒卖粮票、油票以及金银器皿。据调查统计，全市无证商贩，1970年为5200人，1974年为6400人，1976年达11115人。同时，还有一批"地下建筑队""地下运输队"、民间市场和生产资料市场的"黑市"。在温州全市1976年的社会商品零售总额中，民间市场交易额占90%。[①]

可以看到，温州的工商业在过去的1000多年中虽有兴衰，但从未中断过。即使在国家控制最严格的时期，它仍然得以延续。其根本原因就在于紧张的人地关系，它使人们面临巨大的生活压力，相对于其他人均耕地较多的地区，即使土地收益相同，但对温州人来说，往往意味着更高的边际成本，因此他们才甘于冒更高的风险去从事工商业。同时，地理上的边缘地位使国家对温州的控制相对较弱，这在一定程度上降低了温州人从事工商业的风险。虽然无论是明清的海禁还是1949年后的政治控制，都使温州民间海外贸易或工商业活动失去了政治合法性，对温州民间海外贸易和工商业活动造成较大影响，但都没有真正打断温州人从事海外贸易和工商业活动的热情和动力。改革开放后，温州以轻工业为主导的产业结构正是传统手工业的复兴和升级，日益形成的遍布全球的温州人经济网络与传统温州商业网络在某种程度上具有一脉相承的生成逻辑。

二 形成（1978—1994年）：从供销员到百万温商的国内温州人经济

改革开放初期，从当时温州的经济社会条件看，在区域内解决农村劳动力就业，可供选择的途径是十分有限的。第一，城市经济基础十分薄弱。1980年年末，全市国有企业和大集体企业的固定资产价值

[①] 周晓虹：《传统与变迁——江浙农民的社会心理及其近代以来的嬗变》，生活·读书·新知三联书店1998年版；章志诚主编：《温州市志》中册，中华书局1998年版，第1041页；际吉元、韩俊主编：《中国农村工业化道路》，中国社会科学出版社1993年版，第234页。

分别仅为 2.46 亿元和 1.82 亿元,当年市区工业总产值仅 8.13 亿元。① 当时,城市要解决大批待业青年及每年新增的近万名劳动力就业已是自顾不暇,根本不可能去吸收农村劳动力就业。第二,不可能像苏南等地区那样,以发展乡村集体企业来吸纳剩余劳动力。1980 年温州全市农村工业产值只有 3.75 亿元,其中乡镇集体企业的产值为 1.75 亿元。当时温州农村的经济情况是交通不便、技术落后、资金严重短缺和集体经济基础脆弱,再加上原材料来源和能源供应没有得到保证,使城市对农村的辐射力极为有限,因而无法依靠发展乡村集体企业来解决剩余劳动力的就业问题。

(一) 国内温州人劳动力转移的范围转换

农村的客观条件决定了改革开放初期温州的劳动力转移方式只有三条路径,即劳动力的区域内转移、劳动力的区域输出和劳动力在区际的流转,它们互相承接,相互叠加。②

首先,是劳动力的区域内转移。具体地说,就是在生产领域,大规模发展家庭工业,依靠家庭经营,发展非农产业,从而吸收过剩的劳动力;在流通领域,大力开拓商品市场特别是专业市场,吸收一部分劳动力从事商品流通。当时,温州全市商品市场从 1979 年的 117 个迅速发展到 1985 年的 415 个 (其中专业市场 135 个),以市场为活动舞台或为市场和家庭工业发展服务,其中从事商业、供销、饮食服务、交通运输业的劳动力,在 1985 年达到 30 万。

其次,是劳动力的区域输出。向区域外输出过剩农村劳动力,即"劳务输出",在人多地少矛盾十分尖锐的温州农村,是一条农民解决就业、寻求温饱的重要渠道。改革开放前,每年温州农村以"离乡不背井"方式外出谋生的劳动力大约在 2 万人。改革开放后,农民有了更多的自主权利和流动自由,城乡壁垒和户籍管理制度亦大有松动,温州外出人数逐年增加。据统计资料,到 1993 年,温州外出人数已达到 52.86 万人。浙江是劳动力输出较多的省份之一,1993 年全省外

---

① 温州市统计局、国家统计局温州调查队主编:《温州市统计年鉴》,中国统计出版社 1981 年版。

② 张仁寿:《温州劳动力转移方式研究》,《中国农村观察》1996 年第 1 期。

出劳动力达 219 万人，占农村劳动力总数的 10.4%，而温州这一比例高达 17%，遥居全省地（市）之首；当年温州农村劳动力占全省的 14.8%，外出劳动力则占全省的 24%。从输出范围看，1992 年温州出外省的劳动力占外出劳动力的 65.4%，而浙江全省这一比例只有 23.3%，温州比全省平均值高出 42.1 个百分点。据国务院发展研究中心、农业部等部门对 10 个省、75 个村、1 万多个农户的抽样调查，农村剩余劳动力的流动范围是：县内流动占 30.7%，省内流动占 31%，省间流动占 36.2%。① 比较分析发现，温州外出劳动力具有所占比例大、流程远和省外输出为主的特点。用温州人自己的话来说，"只要有中国人的地方，就有温州人及其产品；没有人烟的地方，也有温州人留下的足迹"。

最后，是劳动力在区际的流转。劳动力在区际的流转，是特指供销员这样一个特殊的群体，他们以当地商品市场尤其是专业市场为活动舞台和"跳板"开展供销经营活动。改革开放初期，温州有 10 多万供销员在全国跑市场开展供销经营活动，他们走南闯北，承担着签订合同、采购原料、购买机器、引进人才、推销产品和传播信息的职能。他们是温州市场的主要构筑者，也是沟通当地市场与全国各地市场的桥梁和纽带。在 20 世纪 80 年代初期，为温州农村"小商品、大市场"格局的形成立下了汗马功劳。假如没有这支善于南征北战的供销员大军，温州农村的家庭工业和专业市场的规模和速度，不可能在短时间内得到迅速发展。

农民成了供销员，从劳动力产业转移角度来看，是由第一产业转移至第三产业部门，归属于庞大的民间商人群体。但他们与在温州当地活动的商人和在全国各地的经商者不同，他们的经营活动是流动的，不固定在某一个地方经商，而是在温州与全国各地之间穿梭往来。他们活跃于流通领域，像钟摆一样毫不停息地在地区之间不停地活动。1980 年前后，温州农村供销员队伍随商品经济发展而不断壮大，1984 年便有"十万供销大军"之称，到 1986 年供销员总数达到 14.7 万人，已占农村劳动力总数的 55%。不论在浙江农村还是全国

---

① 张仁寿：《温州劳动力转移方式研究》，《中国农村观察》1996 年第 1 期。

农村，这一比例都是绝无仅有的。

值得一提的是，自20世纪80年代中期以来，供销员的业务素质和经营能力明显提高了。1986—1994年，温州全市乡镇企业总产值从26.05亿元增长到326亿元，增加了11.5倍，商品市场成交额从13.19亿元增加到137亿元，增加了9.4倍，而供销员人数没有增加，仍是14万人左右。① 这说明供销员人均每年的业务额比之前有了很大增加，在很大程度上表明长期供销活动极大提高了这些供销员的业务能力。

（二）国内温州人劳动力结构的变化特点②

以20世纪80年代中期为转折点，劳动力结构发生了许多重要变化。

第一，从性别结构看，20世纪80年代以前，输出的劳动力绝大部分是有一技之长的男性青壮年；之后，女性所占比例逐渐上升，到1993年前后，温州的女性劳动力输出已经在40%左右。乐清市1993年外出的女性劳动力为53518人，占外出劳动力总数的38.4%，说明随着经济持续快速发展和人们观念的变化，女性劳动力走出家门从事商贸经营和劳务活动已经日益增多。

第二，从行业结构看，改革开放初期温州的外出劳动力主要从事的是手工业活动。据永嘉县统计，1985年外出劳动力的行业分布为：弹棉花的从业人口占48%，裁缝、木工、打铁、补鞋等行业的从业人口占24.3%，建筑行业的从业人口占6.1%，养蜂业从业人口占3.1%，商业人口占15.4%，其他各类从业人口占6.3%。③ 从外出劳动力从业行业可以看出，只要能挣钱养家糊口，他们基本什么工作都做。但随着经济社会的持续发展，温州人外出务工的观念也逐渐发生转变，外出劳动力人口中，经商或自主创业的人口逐渐增加，到20世纪80年代末，经商人口逐渐上升到第1位。据统计，到1993年，仅乐清市在全国各地从事服装贸易的就有10.58万人，包租柜台经营

---

① 温州市统计局、国家统计局温州调查队主编：《温州市统计年鉴》，中国统计出版社1995年版。
② 张仁寿：《温州劳动力转移方式研究》，《中国农村观察》1996年第1期。
③ 张宝琳：《永嘉县志》，温州维新书局1987年版。

电器的也达到了 2.08 万人，两者合计占乐清全市当年全部外出劳动力的 90% 左右。[①] 此外，温州向国内其他地区输出的劳动力中，工商兼营（例如，在国内办服装加工厂、家具厂、棉胎作坊等并在当地销售）、与外地人联营办厂、开发实业（如在富阳创办"温州商城"等）的也迅速增加，反映出温州输出劳动力中纯粹到外地打工的人员比例已经大大下降，而创业和经商的人口比例在迅速提高。

第三，从地区分布看，改革开放初期走出温州的温州人似散兵游勇，天涯海角"满天飞"，走遍全国各地大街小巷乃至穷乡僻壤，但目前的在外温州人则以城市为中心相对集聚，他们在各大城市都形成"根据地"，以致在全国各地形成了很多"温州市场""温州村""温州街"乃至"温州城"。统计数据显示，温州人在全国各省、市、区的人口通常在 1 万—3 万人。最多的是北京市，基本维持在 7 万人左右，高峰时曾多达 10 万人，仅丰台一地就有 3 万温州人，居住在 24 个自然村。

第四，从劳动力输出源看，山区农民超过平原地区。20 世纪 80 年代中期以后，温州农民逐渐转变"金窝银窝不如自家草窝"的旧观念，开始走出乡村，走出温州。永嘉岩头镇提供的"统计年报"颇能说明问题，该镇 36 个村庄，1993 年共有 11359 个男劳动力，其中外出人口就有 7436 人，占总人口的 46%。从整个温州农村来看，山区输出劳动力的比重远比平原地区大。

（三）从劳动力转移到十万供销员队伍

著名学者费孝通把改革开放初期的温州经济发展模式称为"小商品、大市场"，也有人将改革开放初期的温州经济发展经验看成是"一辆车子、两个轮子"。所谓"一辆车子"是指发展商品经济，"两个轮子"是指家庭工业和专业市场。正是"一辆车子"和"两个轮子"使早期温州经济找到了最低有效启动点，进而开创了千家万户搞家庭工业、千军万马发展个体私营经济的局面。还有人认为，改革开放初期的温州经济发展模式是以家庭经营为基础、家庭工业和联户工业为支柱、专业市场为依托、供销员为骨干的经济发展模式。不管人

---

① 乐清市统计局编：《乐清统计年鉴》，1996 年。

们如何总结温州经济发展模式的成功经验,都强调了市场销售在早期温州经济发展中的重要作用。实际上,早期温州模式和温州农村经济发展的主要意义和成功经验不在于工业生产,而在于激活了一个民间自发的、遍及全国的大市场,直接在生产者和消费者之间建立起流通网络,其中供销员在流通网络中起着重要的作用。

温州农村的供销员不隶属于某一个工厂,而是独立的、专门从事购销活动的社会集团;他们的收入不是拿某个企业发给他们的工资、奖金和出差补贴,而是拿商品销售的差价。因此,他们实际上是一批中间商。这批中间商在搞活流通方面具有自己的独特优势,能起到单个企业的供销员所起不到的作用。

第一,渠道多,联系面广。温州的购销员足迹遍及全国。都市通衢和穷乡僻壤都是他们的场地,机关、厂矿、学校,都是他们推销产品的市场。购销员为众多的家庭工厂提供服务,每次外出往往带有几十家家庭工厂、上百种小商品的样品,回来时带几十个业务合同,以供家庭工厂进行订单生产。正是通过这十万供销员的努力,形成了遍布全国城乡的流通网络。温州的家庭工业和专业市场也正是借助于这种流通网络,同全国范围内极其广阔的市场始终保持着密切的联系,从而实现了家庭经营条件下的规模经济,成就了"小商品、大市场"的经济发展格局。

第二,供销员是生产者和消费者之间的直接联系者,使流通领域具有层次少和环节少的特点。由于减少了流通层次和流通环节,避免了原材料和产品在流通过程中多次转手倒卖、价格一提再提、相互压价的现象,使家庭工厂原材料的进价大大降低,节约了产品成本,保证家庭企业的产品能以价廉的优势打开市场,这对于生产者和消费者是"双赢"局面。温州供销员的这种购销方式,是对多年来传统商品流通领域中"渠道少、层次多、环节多"的否定,提高了商品价值实现的效率。

第三,由于供销员是以中间商的身份加入流通领域,众多的厂家都通过他们与消费者发生联系,这可以大大减少总流通次数。例如,5个工厂要与10个消费单位直接联系自销产品,销售活动次数为 $5 \times 10 = 50$ 次,而以一个中间商为这5个工厂的代理商,则销售活动次数

为 $1 \times 10 = 10$ 次。流通次数的减少，意味着流通时间、流通费用等流通成本的降低。

第四，供销员的产前流通服务。供销员从外地带回生产合同，交给家庭工厂按合同生产，这样企业产品在未生产出来之前，就已经有了出货渠道，"未产有销"模式能促进生产流程到流通过程的有效衔接。这种产前的流通服务，使企业能真正做到以销定产，产销在同一时间里结合起来，避免了产品积压滞销，甚至也不需要仓库储存（这一点对发展商品经济有非常重要的意义），从而大大加速了资金周转效率，降低了流通费用，节约了生产和仓储成本，在相当程度上与日本丰田汽车的"just in time"经营理念不谋而合。例如，在永嘉桥头的纽扣产销基地，商业资本周转期仅有20天左右，对比某些企业，由于是先生产而后由供销员再推销产品（这种供销员为企业提供的是生产后的流通销售服务），即使是做了市场预测，但由于消费市场的不确定性，也很难防止市场预期和实际现时市场的差异性，因而产销之间往往很难实现无缝衔接，导致某些产品不可避免地出现积压滞销的情况。特别是国营企业仓库储存时间长，资金周转慢，流通费用高，还会导致部分产品霉烂变质。因此，为企业提供产前的流通服务是温州供销员的创造性举措，就某种程度而言，这种创造性举措使供销员在实际上成为温州农村商品生产的指挥者和组织者。

温州供销员的实践表明，搞活商品流通离不开中间商，中间商的作用是单个企业的供销员所无法替代的。随着生产社会化的发展，生产规模越来越大，社会分工越来越细，生产专业化程度也越来越高，商品的交换范围将日益扩大。面对这种复杂的商品交换关系，分散在千家万户单个企业的供销员形不成一支有效的力量，适应不了市场瞬息万变的需要。而中间商长期以购销活动为专门职业，有丰富的经商经验，了解市场行情，熟悉购销渠道。他们是架在生产者和消费者之间的桥梁，通过这个桥梁，能把千家万户的商品生产同千变万化的社会需求有效衔接起来，这是当时发展大规模商品经济的关键。孙越生在其所著的《东方现代化启动点——温州模式》一书中，把温州模式的商业和工业比喻为连理枝，概述了以商带工的特点，引用民间的说法，说他们"跑了千山万水，说了千言万语，历尽千辛万苦，想出千方百计，传递千万信息，开辟千万吨原料，推销千万种产品，签订千万张合同，组织千万家生产，开辟千万条财路，引发千万种发明，造就千万个人才"。这些"千万形象"的描述，准确地表达和说明了农村供销员在早期温州模式和温州经济发展中的重要作用。

（四）从十万供销员到百万温商

从人员分布来看，"百万温商大军"原籍地分布从人数上看依次为乐清、永嘉、瑞安、平阳、苍南、泰顺、文成、瓯海、鹿城、洞头、龙湾，其中有相当部分来自贫困县和贫困乡村。

1. 集聚数量

温州人外出现象在全国"民工潮"形成之前就率先趋热，很早就有"桥头生意郎，挑担走四方"的说法。据不完全统计，到1992年，温州人在国内从事各行业的企业家、个体工商户有70多万户，外出经营的温州人约100万（包括子女），约占当时温州全市总人口的五分之一。除琼、藏、宁、甘、皖、赣、粤、闽、青外，国内大部分省、市、自治区的首府所在地的温籍人员均在两万人以上。其中，北京、上海、广州、天津、杭州、武汉、成都、沈阳、西安、昆明等大城市的温州人均在4万人以上。温州市委政策研究室提供的一份调研材料显示，1993年，国内温州人的行业活动情况大致为：二分之一从事劳务活动、四分之一从事供销活动、四分之一承包柜台经商。

2. 集聚地点

温州人集聚形成温州店、温州村、温州商城和温州市场。在我国很多城市，都有因温州人聚集而形成的温州村、温州商城或批发市场。比较有影响的，例如北京的浙江村（温州村）、昆明的螺丝湾批发市场、西安的浙江服装城和康复路市场、武汉的汉正街（温州西装街）、天津的兴业鞋帽市场、重庆服装市场、上海滩温州商城等。1992年，在天津做生意和打工的温州人约为5万人，其经营的产品基本以服装、鞋、眼镜、小百货四类商品为主，且多数是前店后厂式的家庭作坊，而且都是在城郊接合部租用农民住房因地制宜发展起来的。据不完全统计，在1988—1992年大约5年的时间内，温州人在天津就已形成规模。到天津较早、积累较多的温州人，一年能赚80多万元，中等生意的可赚七八万元，合伙帮工的一年下来也能赚上万元,在津温州人平均每人每年收入两万多元。

3. 创业经营的发展历程

在外出经营的起始阶段,温州人往往单枪匹马摆地摊、打工或从事简单的服务业,如弹棉花、理发等,赚钱养家糊口。后来,他们逐渐开始当上小老板或承包柜台摊位经商,或自己开办工厂。其中,一批特别能经营的能人,逐步脱颖而出。他们凭借自己雄厚的经济实力、超凡的胆识和良好的社会关系,不断发展壮大自己的企业。当然也有一些经营户在市场竞争中被淘汰出局。如果说外出经商的温州人最初更多的是出于就业困难、为图生计或谋致富而做出的被动选择,那么,随着经济的不断发展,在外温州人已经逐渐发展成为有目标、有策略的主动性投资或主动性创业。一份 1992 年对六大城市的调查数据显示,当时 81% 的在外温州人经营户都表示将继续扩大生产或经营规模。这种"扩大再生产"意味着相当一部分在外温州人将在改善办公、经营、生活环境等方面进行投入,而这些投入中相当一部分必将涉足固定资本投资,其中少数有前瞻性的在外温州人已经注意树立良好的企业形象。同期的另一份抽样调查显示,当时 100 万在外温州人的资产总值已经超过 100 亿元;百万大军中,资产值在 500 万元以上的企业家就达到了 1.6 万人,形成了一个新的在外企业家人才群体。他们通过办市场和办工厂,不仅获得了巨大的财富,也解决了一大批温州人的就业问题,极大地推动了所在地经济社会的繁荣和发展。

4. 实现"四个提高"

提高了温州产品在全国市场的竞争力,国内温州人分布在全国各地,形成了一个得天独厚、"无孔不入"的营销网络;提高了温州总体经济实力,拓宽了温州与外地经济合作和交流的渠道;提高了温州人在全国的地位,许多外地人正是通过"百万大军"才开始认识和了解温州和温州人;提高了人民群众的富裕文明程度,加快了脱贫致富的步伐,国内温州人中不少来自贫困山区和海岛,他们出去一人,致富一家,带动一片,为经济欠发达地区开辟了一条劳动致富之路。

(五)"百万大军"形成的原因分析①

1. 比较利益驱动

人口等要素流动最普遍的原因就是比较优势的存在,即由生存条件差的地区流向生存条件较好的地区,由谋生比较困难的地区流向谋生比较容易的地区。长期以来,我国重城市、轻农村的经济政策使城乡存在较大经济差异,而农村联产承包制的实施极大地刺激了农业增长。1978年,国家开始提高对农产品的收购价格,使农民收入有较快提高,很快使我国城乡居民收入比由1978年的1:2.37下降为1984年的1:1.71。但1985年之后,我国城市经济发展速度加快,而由于生产资料涨价、工农业产品"剪刀差"扩大等原因,我国城乡收入差距进一步扩大。统计数据显示,1992年我国城乡居民收入比为1:2.33,1993年为1:2.5,1994年为1:2.56。② 城乡差距不仅回到1985年之前的水平,且有进一步扩大趋势。这就加速了相当部分人群特别是中青年和文化素质较高的劳动力的流动动机。这种心态一遇机会便转化为现实的流动行为。温州外出人口的主体是农民,不管是出外打工,还是出于温州商品和资金对外扩张的需要,他们外出的主要目的就是寻找致富门路,以求获得高于在温州本地的收入。抽样调查表明,这一时期62%外出发展的温州人都将外出发展的主要原因归结为外面市场大、容易赚钱;而次要原因则是认为外地政策优、服务意识好等。

温州经济实际是"温州人经济",也就是由一大批具有温州人特有的经济禀赋、能力、习性与精神的企业家和经营者创造出来的经济。从经济学的角度来说,这种以个人的独创力为本质的经济发展形式实际上是"创业型经济"。同那些以各种自然资源为主要因素并起决定作用的"物力型经济"相比,这种创业型经济又可称为"人力型经济"。在发达的市场经济体制下,人力、财力资本是可以跨越地区乃至国界流动的,这种人力型经济的流动性比物力型经济的流动性

---

① 林琼慧:《温州经济发展与"百万经商大军"》,《温州师范学院学报》1999年第1期。

② 《中国统计年鉴1995》。

更大。20世纪80年代前后,温州那些走南闯北的供销员是民间商人队伍的主角,当地开店摆摊的坐商大多从事小本经营,偶尔发生的大宗买卖往往也依赖于外出供销员所承揽的业务额,而供销员的业务额当时并不大。据一项典型调查显示,1985年前后,温州在外供销员中,年承接业务额在30万元以下的占72%,其中不足10万元的又占一半以上,年承接业务额在60万元以上的不足10%。由此推算,一个供销员一年能挣万元,当地坐商纯收入达5000元的,已可谓经营有方、财运亨通者。随着市场的进一步开拓和企业组织的变化,供销员和商人队伍也开始逐步分化重组。有的转变为有相对稳定的契约关系的中间商、包买商,有的成为城市商场柜台的承包者或转而在本地市场上经商,也有的退出流通领域,成为企业主或从事其他可获利的经营活动。当然,还有的继续从事供销活动,甚至也有一些农民成为新的供销员。其中不少本地坐商在经营方式上则从零售为主逐渐转为批发为主,营业额和收入水平也相应大幅增加。在桥头市场从业的3000多人中,年收入万元以上的温州商人有90%,在当地或在外地经营者中,当时个人财产几十万元的温州商人不在少数,其中有的已成为财产上百万元的富商大贾。

2. 完整、开放和富有活力的温州市场

首先是市场结构的初步完整性。温州市场的发展,既表现为各类商品市场的兴旺发达,又表现为各种生产要素市场的繁荣活跃。到1992年,温州市有各类商品市场480个,其中专业市场310个。早在家庭工业发展时期,温州就形成了全国闻名的十大专业市场,如桥头镇的纽扣市场、金乡镇的徽章市场、柳市镇的低压电器市场、萧江镇的塑料编织市场、虹桥镇的小商品市场等。1992年,年成交额在亿元以上的市场有10个,5000万元以上1亿元以下的市场12个,1000万元以上5000万元以下的35个。1992年在沿海、沿江、沿边75个城市评比中,贸易市场数、市场成交额、商品的注册商标数三项指标,温州均居第一。①

---

① 温州市统计局、国家统计局温州调查队主编:《温州市统计年鉴》,中国统计出版社1993年版。

其次是市场交换的全国性。温州商品市场不仅是区域之间的余缺调剂市场，更是远程贸易、面向全国的开放性大市场。温州市场不是交换半径几千米、几十千米的区域性小市场，而是交换半径一千千米、二千千米以上的全国性大市场。温州商品生产的原材料来自全国各地，市场信息来自全国各地乃至世界四面八方，生产的商品销往全国乃至世界各地。

最后是市场信息的及时性和灵敏性。温州传递信息采用现代通信手段和几千万人在全国各地流动相结合的办法，迅速及时地传递全国供求市场和价格信息。温州人在全国各地流动有百万人口，这些人随时随地向温州发来电报、电话，及时有效地传递各种商品信息。信息市场的发展，使温州人及时而又准确地把握住了市场的脉搏。

3. 倒逼出来的"外地闯市场"

以"金子之乡"苍南金乡为例[1]，1978年2月，迎接时任苍南县金乡镇委书记黄德余的"见面礼"是一张海报：要饭吃！要工作！当他端起碗吃饭时，竟有人冲进来抢他的饭碗。田少人多，一万余人的小镇，半数劳动力闲着没饭吃，全镇个人储蓄总额只有200元。每年4—6月青黄不接时，总有不少人外出讨饭。1992年，金乡真正成了"金子之乡"，这里兴起了商标市场。商标行业的设备技术居全国先进水平，国际上的最新产品，如激光商标、防火变色商标、烫印商标都在这里研制成功，并走俏全国市场。金乡商标的年产值超亿元，产品覆盖全国29个省市，商标在全国市场上占有率达60%，户均存款在10万元以上。像金乡人这样由"讨饭"出名到闯市场致富的，在温州具有普遍性。

4. 采购、摆摊批发和贩销一条龙的专业市场

以桥头纽扣市场为例。永嘉桥头镇的弹棉郎叶克林、叶克春，在做生意时见到一个纽扣摊生意颇好，便上前问个究竟，得知台州生产纽扣，但就是销不出去。第二天，两个人就结伴到路桥纽扣厂。厂里正处困境，见有人来要纽扣，马上低价卖出。叶克林、叶克春把纽扣拉回桥头不到一天，就把价值40元的纽扣销售一空，赚了几十元。

---

[1] 朱国贤等：《温州农民闯市场》，《瞭望周刊》1993年第46期。

消息一传出，下一趟就有十多人跟着去了。随后队伍一次次壮大，联系的纽扣厂也日益增多，桥头纽扣市场很快兴旺起来。高峰时，桥头纽扣市场供销员有一万多人，他们自然形成了各有分工又密切配合的三支队伍：专门外出采购队伍，共30多人；摆摊批发队伍，有2000多人；贩销队伍，有一万人。他们以批发价购买各类纽扣，配搭起来销往全国各地。

5. 多变灵活的经营机制[①]

改革开放以来，地级市中进入北京市场的外省人口，最多的当属温州。温州人一开始就看中了北京南郊大红门至南苑一代的风水宝地，他们在大红门至南苑一带十多个村庄中安营扎寨，安家落户。这一带的浙江人大大超过了当地人口，因此北京人都习惯称这里为"浙江村"。在这里，他们分别采取以下灵活多变的经营机制：一是迂回包抄夺取市场。北京一度曾有明文规定：国营大中型商场不得出租柜台给私营企业和个体户，但这条政策却不能将温州人拒之门外。他们"略施小计"就解开了这一限制性条件对他们的束缚。他们采取"曲线抢占市场"的策略，先与京郊一些乡镇小厂或作坊挂钩，给它们某些利益，便以各种"联营"或"合作"的方式打入一些集体企业已租下的柜台。二是以"价廉"为主的政策。在温州人强大的攻势面前，不少摊主亦乐于将柜台转租给温州个体户。在利益的引诱下，一些国营大商场也逐渐为温州人租柜台打开了绿灯。北京商业的商战防线，或者说是地方保护主义，都禁不住温州人凌厉的经营策略。从此，温州个体户在京城服装市场上，可以说是畅行无阻。三是农村包围城市的方针。除上述一些"温州村"外，其发展趋势又向南三环路进一步靠拢。东至分钟寺、东铁营、蒲黄榆，西到六里桥、太平桥、西局一带，凡是有私房的，几乎都租给了温州人，这使得温州人在京郊之外几乎已呈半月形包围了北京市场。走在这一带的大街小巷，会发现到处都有说温州话的温州人，他们在这里一边加工生产各类产品，一边通过各种渠道对外销售。

[①] 吴国洋：《温州个体工商户角逐京都市场》，《经济通讯》1999年第1期。

6. 重商和创业精神

在考究温州的地理环境、历史和文化传统的基础上，可以发现温州人有很强的致富欲望和创业精神。而这种经商品质在很大程度上是温州特定文化力作用的结果，包括经商传统理念的作用和影响、移民文化的作用和影响、区域文化的作用和影响（特别是永嘉学派事功主义思想的影响）、手工业和商贸业历史基础的作用和影响。

三 兴起（1995—2000年）：急剧扩张的国内温州人经济

（一）国内温州人经济简况

20世纪90年代中期，温州本地的原始积累已初步完成，资本开始出现向外扩张的需求。而国内温州人的经商模式已开始从个体商贩向商圈经营转换，温州店逐渐扩张成温州村、温州街、温州商贸城，"工厂+专业市场"的温州模式开始自温州本土向外克隆。在国内经商、投资和创业的温州人，逐步创造了蔚为壮观的"温州人经济"，其突出表现是投资规模不断扩大、经营领域范围不断拓展、经营方式不断创新。

（1）2000年年底各地温州商会的不完全统计和抽样调查显示[①]，走出温州的国内温州人有86%从事商业流通经营，拥有1.6万家国内流通企业，个体经营户数量约为37万户，实现年销售收入1400亿元，其中销售温州产品约900亿元。这表明，国内温州人构筑的销售网络仍然是温州产品的主要销售渠道，在温州产品争夺国内市场份额的竞争中继续发挥着主要作用。

（2）各地新增一批温州人创办的温州商贸城及各类专业批发市场，并有一批项目开工建设。据不完全统计，温州人在全国各地新建各类市场、商场80多个。温州产品的国内市场继续得到拓展。例如，各类低压电器的销售公司和个体经营户的销售额比上年增长34%，利润比上年增长5.6%。在天津、嘉兴、南京等地，温州人销售的产品在当地同类产品的市场占有率稳步提高，其中低压电器约占90%，建

---

① 温州市统计局、国家统计局温州调查队主编：《温州市统计年鉴》，中国统计出版社2001年版。

材陶瓷占 76%，灯具占 70%，眼镜占 50%，服装占 26%，鞋类占 24%。[①]

（3）大批长期在各类市场、大型商场从事商品批零的经营户，加入温州企业及国内知名企业连锁经营的销售链，加盟品牌经营。其中不仅有康奈、奥康、报喜鸟、庄吉等知名品牌，也有陆陆顺等后起之秀。数万人从事品牌代理商品连锁经营，标志着国内温州人的经营方式进入了一个新阶段。

（4）数十万在西部创业的温州人，充分发挥先行优势，迈好了参与西部大开发的第一步。温州人在西部地区新投资项目150多个，投资总额60多亿元。在西部的温州人已达到61万人，投资创办市场117个，工业企业1400多家，资产总值200多亿元。在内陆地区开发房地产业，显示后发性优势，开始涉足高新技术产业。各大城市温籍投资者和个体工商业户，出现向周边的中小城市和西部地区转移的新趋势。这是温州人以变应变，寻求发展新空间，进一步拓展市场的又一举措。

（5）温州的中国服装名城、中国鞋都、打火机产业基地、国际性的低压电器生产中心、眼镜王国、塑编之乡、泵业之乡等区域品牌的推出和形成，对国内企业家回乡投资产生了一定的拉动力。

（二）国内温州人经济群体的类型

1. 商贸型的温州人经济群体

国内温州人大都从事商贸业活动，以业主经营、承包经营、租赁经营等形式从事各类商业活动，在全国各地建立了"温州店""温州街"和"温州城"，活跃了当地经济。其经营地点向大中城市集聚，其经营位置向城市商业中心靠拢，如上海的北京路、南京的夫子庙、重庆的朝天门、成都的春熙路、武汉的汉正街等，都集聚了大量温商企业和商铺。据对成都繁华的步行街春熙路的实地调查，在六家大的眼镜公司中，有四家是由温州的老板开设的，店面年租金在80万—100万元；在重庆，温州人经营的通信产品占市场份额的75%以上；

---

① 温州市统计局、国家统计局温州调查队主编：《温州市统计年鉴》，中国统计出版社2001年版。

在武汉，温州人经营的灯饰产品商铺有350家，其经营额占武汉整个灯饰产品市场份额的70%以上，几乎垄断了整个市场。目前，温州各类大中型企业集团纷纷进驻全国大中城市，在全国各地的大中型城市中建立销售网络，设立销售处，它们和数十万多年闯荡市场的经销大军一起，使温州产品通过各地市场销往全国，将各类市场做成了温州产品销往全国的集散地。

2. 实业型的温州人经济群体

2001年在温州外的企业年产值超亿元的有近百家，主要集中在东南沿海地区，其中上海16家，包括凯泉、东方、森宝、华康、中科、中发、吴泰、泰胜等。中、西部城市的温州人创办的工业企业较少，总体规模不大，基本上以商贸业为主。国内温州人创办的工业企业中，发展比较成功的主要在上海市，如上海凯泉泵业集团，该公司1992年到上海搞联营，2000年时集团员工就已经达到3500人，年销售额达4万亿元，纳税达3800万元，成为中国泵业的龙头企业。

3. 创办市场型的温州人经济群体

运用温州广大商人的优势，创办市场，形成以温州商人为主体的商品集散中心，是在外温州人经济发展的典型特色。例如，当时的北京京温市场，年成交额63亿元，居北京综合性市场第二位，与大康鞋城、红门时代、新世纪、众人、龙湫、京都等市场，构成了北京市场的主体。创办市场是温州人的天赋所在，南京华东陶瓷市场，原先由外地人承包经营，以失败而告终，后来由温州泰顺人承包经营，生意日益兴隆。

4. 房地产开发型的温州人经济群体

温州人创办的房地产开发企业起步较晚，但发展很快，迅速向全国各大城市推进，主要是从事当地的旧城改造和商业街开发，潜力巨大的如南京的温州商业街、武汉东和房地产公司开发的温州工业园区等。近年来，温州人的房地产企业以庞大的炒楼大军、市场经营队伍为支撑，有较强的竞争优势。

5. 多元化经营型的温州人经济群体

温州人根据当地社会经济的特点，善于发现商机，开创自己的事业，如温州人在上海投资4亿元的建桥学院更是气度不凡，还有南京的年余冷冻食品、上海的房产营销中介行业等，都是当地同行业中的翘楚。此外，国内温州人开办的餐饮业、海鲜城、服务业更是遍布各地。而近年永嘉人在全国各地开办的大中小型超市几乎延伸到乡镇角落，从南到北、自东向西，全国各地都有永嘉超市的身影。

四 转型（2001年至今）：拓展和深化的国内温州人经济

由于改革开放前固有的体制限制和没有足够的土地来支撑其庞大的人口群，尤其是农民没有办法都在温州本土生存和发展，其中一部分只能迁离温州。能够决定迁离温州的农民，其所具有的企业家人力资本，其实就高于那些安于现状的人，已经决定了他们预期可以有更高的收益。而且一旦离开了温州，就会形成一个新的温州企业家网络节点，并保持了与温州的联系。走出去的企业家在异地所获得相对较高的商业收益，反过来又对在温州本土的农民、工人甚至干部产生冲击，继而又带动生成更多具有血缘、亲缘和乡缘等关系的、新的企业家来到他们所在的城市。但是，当一个地方的温州企业家数量增加到一定数量，所从事行业的利润率越来越低的时候，企业家们又开始分化。一部分企业家开始新的迁徙，到具有更高收益的城市，另一部分企业家开始转型到其他更具有利润空间和发展前景的行业，如向市场建设、房地产开发甚至国际贸易、娱乐餐饮、资本经营等行业转型，从而进一步拓展了国内温州人的经济活动领域。[①]

为了了解和掌握国内温州人经济活动情况，温州市统计局分别在2002年、2006年和2011年对国内温州人经济情况进行抽样调查，以下是对主要调查数据的简析。

（一）2002年国内温州人经济情况简析

1. 经济总量

2002年，国内温州人创造了563亿元的国内生产总值，相当于该年温州本地生产总值的60.4%（根据对50个城市统计推算）。国内温州人对当地的经济发展起到了不可估量的作用，并对温州经济产生积极影响。国内温州经济形成两个超千亿、两个超800亿、两个温州

[①] 张一力、陈翊：《网络与集群：温州企业家群体形成的机制分析》，《浙江社会科学》2012年第1期。

市场规模的经济流量；实现工业总产值超千亿元，累计投资额超千亿元；市场成交额超 800 亿元，经销温州产品超 800 亿元；商业贸易额达到 2400 亿元。这相当于在温州区域经济市场之外，再延伸出了两个温州区域市场。

2. 人口分布

2002 年，外出的国内温州人总数约为 154 万人，占温州全市户籍人口总数的 20.4%。他们外出主要流向地在经济发达地区的大城市，流入人口最多的前 10 个城市共有约 63 万人，占全部外出温州人总数的 41%。

3. 行业分布

外出的国内温州人主要以从事第三产业活动为主，其中，从事工业活动的约为 16 万人，从事贸易业经营活动的约为 102 万人，从事服务业活动的约为 36 万人。整体而言，第三产业的从业者大致占外出国内温州人总数的 90%。经过近 20 年的拼搏，国内温州人企业规模不断扩大，实力不断增强，形成了市外有"市"的经济发展格局，是全国独有的城市经济现象，即便在世界经济发展史上也不多见。至 2002 年，外出国内温州人在全国各地累计投资额达到 1050 亿元，创办工业企业 1.57 万家，其中规模以上工业 2300 余家，全年实现工业总产值 1100 亿元，相当于温州全市本地工业产值的一半多；温州人在全国各地创办的商品交易市场达到 100 多个，市场总摊位超过 5 万个，市场总面积近百万平方米，市场成交额达到 805 亿元。温州人经营的贸易业销售额达到 2400 亿元，相当于温州贸易业销售额的两倍。温州人经营的各类贸易业中，销售温州产品营业额达 830 亿元，占温州全市工业总产值的 41.4%。

在外温州人企业从事生产经营的行业主要以服装、鞋类、印刷、电器、灯具、汽摩配、眼镜、泵业、家具等行业为主，不仅与温州本地的产业和行业结构极其相似，而且从经营者看，也极具地域性特征，表明在外温州人经济是以温州区域经济为依托的，是温州区域经济的延伸，也表明了温州区域经济与全国经济的密切联系。

（二）2006年国内温州人经济调查情况简析

1. 经济总量

据统计，2006年温州人在全国各地累计投资额达3000亿元，创办工业企业3万余家，其中年产值超亿元的工业企业近500家，在全国各地（地级市以上）创办商品交易市场500余个，温州店、温州村、温州街、温州城比比皆是。2006年温州人通过营销网络销售产品达6650亿元，其中销售温州产品近2400亿元，占国内温州人销售总额的35%。

2. 国内温州人的数量和分布

在全国各地闯市场的温州人有175万人，足迹遍及全国，在170个城市成立了温州商会。在地域分布上，在外国内温州人主要集中在经济发达地区的大城市，其中5万以上温州人聚集的城市有上海、北京、杭州、武汉、南京、昆明等13个，共98万人，占外出温州人口总数的56%，其中上海约18万人，是温州人口最多的流入地。同时，近两年来温州人向中西部地区流动也明显增多，其中西安、南昌、成都、宜昌、长沙、呼和浩特等城市均在2万人以上。

3. 在外国内温州人行业分布

在国内各地发展的在外温州人从事销售贸易行业的占61.1%，从事文化、酒店等服务行业的占14.3%，从事工业生产的占10.3%，从事建筑业、房地产业、农业等其他行业的占14.3%。

（三）2011年在外温州人经济调查情况简析

1. 人口及地域分布

2011年全市在外温州人为233.54万人（含中国香港和澳门地区，未含中国台湾地区），占温州全市户籍人口总数的30%。据不完全调查统计，近十年温州本地现有工业企业和整体外迁企业对外累计投资额达1025.6亿元，相当于温州本地限额以上工业性投资的52%左右。

2. 温州人营销网络

温州人营销网络出现一些新变化，已从过去的主要依托在外温州人向多元化趋势发展。通过对比近两次温州人营销网络的调查显示，2006年温州企业在外营销网络有77%的网点是由在外温州人参与经营和管理的，而据2011年调查显示，在温州外营销网络中，温州人的参与比例呈下降趋势。以温州人参与比重最高的直营方式为例，被调查企业建立的1.9万个直营营销网点中，由温州人参与管理或经营的直营网点仅为4734个，占直营营销网点总数的49.8%；直营营销网点从业人员8.04万人，其中温州人占46.5%。

第二节 国内温州人经济发展现状和特征

温州全市陆域面积12065平方千米，海域面积11000平方千米，全市辖鹿城、龙湾和瓯海三个区，文成、苍南、平阳、泰顺、永嘉和洞头六个县，代管乐清、瑞安两个县级市。[①] 自古以来，温州市内山峰林立、水道纵横，交通不便，市内各个行政区划之间语言都存在一定差异，上村和下村的温州话存在较大差异的现象广泛存在。因此，虽然作为一个群体，温州人之间有强烈的认同度[②]，但市内各县市区之间的温州人也各有特色、自成网络，这不仅使区域内温州人的经济产业和经营领域表现出较大的差异性，也使走出去的温州人在地域分布、经济产业和经营行为上存在一定差异，表现出很强的内部区域和产业的关联性。

一 国内温州人经济发展的整体特点

（一）温商数量多，分布地域广

国内温商几乎遍及全国各地。"有市场的地方就有温州人，没有市场的地方一定会有温州人开拓市场"，这句话比较形象地说明了245万国内温州人遍及全国的基本情况。同样，海外温州人经济也有这样的特点，从分布情况来看，1949年，温州华侨还只是分布在亚洲、欧洲、北美洲的15个国家和地区，但目前全世界五大洲的131

[①] 2015年9月1日，经国务院批准，洞头县正式撤县设区，自此温州下辖四区、五县，代管两个县级市。

[②] 温州人之间有一句话很好地说明了温州人之间的认同度和紧密度：只要会说温州话，到哪里都饿不死，其意思是只要会说温州话，在有温州人的地方，就会得到温州人的认同和帮助。

个国家和地区都有温州人从事经济贸易活动的身影，温州人已经真正形成了足迹遍天下的态势。

大数据研究成果显示，截至 2015 年年底，温州在外省人口总计约为 120 万人，其中约有 57 万人分布在广东、江苏、上海、福建等东部沿海省市，另有约 21 万人分布在北京、山东、河北、天津等北方省市，其余主要分布在中部和西部各省的主要城市。在全国的省市自治区中，有 25 个拥有 1 万以上的温州人集聚，图 3-1 为除浙江省之外的其他省份温州人分布图（1 万人以上区域）。①

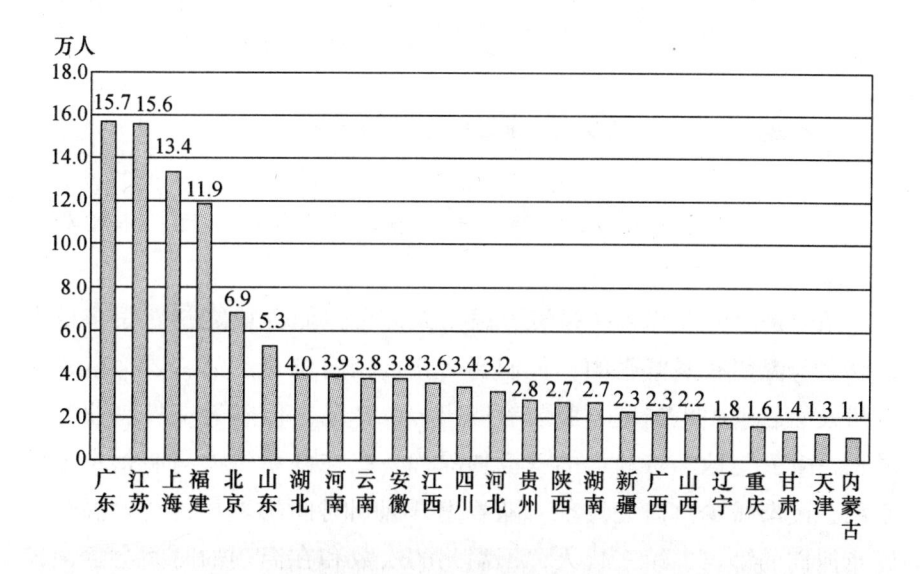

图 3-1　除浙江省之外的其他省份温州人分布（1 万人以上区域）

此外，浙江省内在外温州人共有 71.3 万，省内在外温州人主要流向杭州、金华、台州、宁波等地（见图 3-2）。其中，超过 1/3 的省内在外温州人聚集在杭州（26.7 万），其次是金华（10.8 万）、台州（9.3 万）、宁波（7.6 万），再次是嘉兴（4.6 万）、丽水（4.4 万）、绍兴（4.0 万），最后是湖州（1.8 万）、衢州（1.2 万）、舟山

---

① 倪考梦、张翔等：《基于移动大数据的温州人口分析报告》，《温州政研》2016 年第 2 期。

(0.9万)。由此可以推断,温州人选择外出城市时,主要综合考虑了两个因素:一是发达地区优先,二是周边地市优先。①

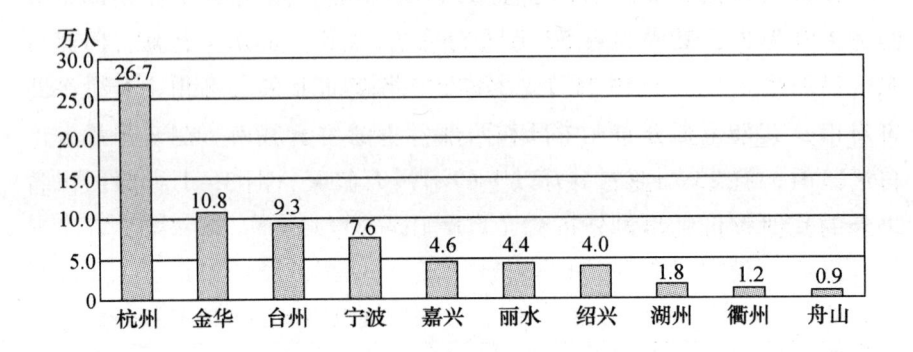

图3-2 浙江省内温州人分布

城市	人数(万人)
杭州	26.7
金华	10.8
台州	9.3
宁波	7.6
嘉兴	4.6
丽水	4.4
绍兴	4.0
湖州	1.8
衢州	1.2
舟山	0.9

(二)与温州(浙江)联系,开始多后逐渐减少,近几年增加较快,呈现"V"字形

无论是国内温州人还是海外温州人,在他们创业之初,很多情况下都是与温州联系紧密的,他们要么直接销售温州产品,要么就是在温州人的店铺中生产鞋、服装等温州传统产品。但随着在外创业时间增长,融入当地经济社会的程度加深,一些在外温州人与温州本地的联系会逐渐减少。研究发现,随着离开温州时间的增长,在外温州人以及他们的第二、第三代人,回温州的次数和在温州的时间会逐渐减少或缩短。但随着各地温州商会建设成效的提升,尤其是近年浙江和温州两级政府发出浙商、温商回归的呼唤,在外温商与温州本地的联系正在逐渐加深。近几年,由于回温工程的深入实施,各地在外温商商会不断组织在外温商回温开展投资考察,在外温商回温投资量大大增加。

(三)国内温州人企业数量多,规模小

同温州本土私营个体企业和企业主的特点一样,国内温州人企业

---

① 倪考梦、张翔等:《基于移动大数据的温州人口分析报告》,《温州政研》2016年第2期。

也是数量多和规模相对偏小，缺乏大企业和知名企业家。宁波帮有著名的大企业家，如包玉刚、邵逸夫等，潮汕帮也出现了诸如李嘉诚等重量级企业家。温州本土的民营企业平均规模就低于浙江省民营企业的平均规模。海外温州人近几年数量增加很快，规模也有较快发展。但侨界真正有实力和影响力的还是更早在国外生活和经营的广东、福建和香港等地籍人士。但通过近几年对异地温州商会的调研发现，与当地的其他企业相比，在外温商企业的发展速度更快，规模也在不断扩大，特别是在上海和广东等发达地区，在外温州人在很多行业已经建成大型企业集团，在外温州人的集团化和规模化程度正在不断加深。

（四）商贸产业多而科技产业少

国内温州人所从事的行业中，第三产业尤其是贸易行业多，而实业、实体经济偏少；海外温州人这方面的表现则更为突出。从2002年、2006年和2011年对国内温州人经济的调查结果来看，在外国内温州人以从事第三产业活动为主，其中从事商贸流通业的占绝大多数。而根据2005年温州市侨情调查统计，海外温州人从事商贸业和餐饮业的占海外温州人总量的48%，接近一半；从事加工制造业的，占海外温州人总量的20.4%。国内温商由于大多是从代理销售温州产品和品牌起步，比如服装、鞋业、打火机、低压电器、汽摩配等产品，从事的产业有一定的路径依赖。

（五）轻工产品多，高科技产品少

国内温州人从事的产业有路径依赖，由于大多从代理销售温州产品和品牌起步，他们经营的商品也大多与温州传统的轻工产品有关，如服装、鞋业、打火机、低压电器等，都与温州区域经济产业有很大的关联性。经过二三十年的发展，这种以温州传统轻工产品为主的产业经营方式和经营策略并没有发生根本转变。虽然近年在外温州人在汽摩配、机电等产品行业均有不俗表现，但整体而言，在外国内温州人所从事的产业依然以温州传统产业为主，从事高科技产品经营的仍然不多，在很大程度上表明了温州人经济需要转型升级的必要性和迫切性，也在一定程度上表明在外温州人依然具有广阔的产业发展空间和发展前景。

（六）组织数量多，实力逐渐强大

20世纪90年代以来，与蓬勃发展的温州民间商会和行业协会相呼应，全国各地的温州人开始自发组建自治性的社会团体——异地温州商会。自1995年第一家异地温州商会在昆明成立以来，全国各地经商办厂的温州人纷纷在大中城市组建异地商会。根据温州市国内经济合作办公室的统计，截至2013年年底，登记在册的异地温州商会（地市级以上）已有245个，在外温州人的组织化程度和实力都明显增强。这些民间组织活跃在中国所有省、市、自治区，成了温州商人在异乡合作创业以及与当地政府和民众沟通联络的"娘家"，极大增强在外温州人和温州本土之间的联系，增进了在外温州人，尤其是在外温二代、温三代对温州人的认同感。

在外国内温州人成立了那么多的商会、协会、联合会等，其真正的作用就是创立一个联系在外温州人和在外温州人经济的网络，将散落在各地的在外温州人资源予以有效整合，集聚温州人的资源和力量，实现在外温州人经济的抱团发展和规模效应。这样的制度设计，一方面是国内温州人发展到一定程度，内部需要这样的相互帮助和提高机制；另一方面是可以通过这样的组织制度设计，使在外温州人能更方便和更低廉地从当地政府手中拿到更多的经济发展资源，促进温州人经济发展。但与此同时，由于每个组织主要是由会长、主任等掌握资源，他们在商会活动中起主要作用，因此很多企业家，尤其是一些规模较大、发展较快企业的企业家，会争当商会会长等负责人，为协调矛盾，有些地方的商会建立了由大企业家轮番出任商会、协会组织负责人的制度。

（七）重视财富，轻文化，素质参差不齐，部分企业家素质有待提高

国内温州人，尤其是在外温州商人，创业初期往往是因为个人素质，不能进入体制内的机构，才转而在体制外寻求从事商业活动，还有很多温商是以农民身份直接转到工商业寻求发展，因此，相对而言，很多温州商人的个人文化素质并不高。他们中的大部分人的成功，在很大程度上是因为比较及时和顺利地融入了中国经济增长的高速轨道，顺应了改革开放的大好形势，把握了改革开放的政策契机。

所以，即使是其中的很多人能够发财致富，但其个人的科学素养、文化修养、价值观、世界观等，并没有与他们的财富增长实现同步提升。富起来的温州人给人的总体感觉还是过分追逐物质财富，缺乏人文和科学精神。无论是国内的温州企业家还是海外的温州人，在文化素养和综合素质方面，与长三角的苏商、山东的鲁商等还存在差距。

二 国内温州人经济的商业特征

温州人经济社会网络与产业集群形成和演化存在较强的路径依赖现象和区域特色，各县市区的在外温州人因而在区域和产业结构方面亦存在较大关联性。具体表现在以下几个方面。

一是在外温州人经济产业结构与本地优势产业有紧密的关联性。起初，很多在外温州人大多数是地方优势产业和产品的供销员，然后是代理、加盟或取得产品在外地的地区经营权等，再后来是其中一部分商人渐渐地从商贸业转向第二产业，继续与温州的优势产业发生着紧密的产业链上下游关系。例如，永嘉桥头纽扣产业集群就是在外永嘉人发现外地国有纽扣企业的边角废料，并将之带回桥头而发展起来的。一旦确定某个产品具有较大的需求而市场供给不足，这些早期外出的温州人回到温州后，就会通过订单带动自己家乡家庭工业和专业市场的发展，因为这里有他们熟悉的人群、闲暇的资金和足够的劳动力等。所以，一个新的产业启动以后，企业家人力资本便不断地在本地生长蔓延，最后促进生成企业家集群，大量相关的企业家集中聚集在相近的行业和地区，产业集群也由此开始形成。有了初步的产业集群之后，大量相关产业的企业家又开始向同一地区集聚，形成良性循环。而后，通过产业内升级或产业转移等方式，内外温商开始紧密互动，并通过本土温州人和在外温州人之间的有机联系，使在外温州人经济产业结构与温州本地区域之间形成较为直接的对应关系。

二是在外温州人的示范效应带动区域内相应地区相应产业蓬勃发展。永嘉花坦乡的超市商人集群就是这样的例子。永嘉花坦乡只有2.6万人口，其中70%的人在外地开超市，加上老人去照顾小孩，小孩在外地读书，目前留在乡里的人数只有几千人。花坦乡农民与附近的其他乡镇如枫林、渠口、古庙等一带的亲戚联合经营，从1992年开始，在全国开办的大大小小超市超过一万家。他们所开办的超市中，小的二三百平方米，大的近两万平方米。保守估计，平均一家以年销售额 300 万元计算，花坦乡在外温州人举办的超市年销售额总计在 300 亿元以上。花坦人兴办的超市相对集中在江苏、浙江、上海、安徽一带，在这些区域的城乡接合部，花坦人超市占有率在 85% 左右。最近几年，花坦人的超市开始向东北、西南、西北等地渗透，在这些地方的城乡接合部，目前花坦人超市市场占有率在 20%—30%，而且提升的速度正在加快。①

三是在外温州人分布呈现一定的区域特点。以文成为例，文成籍华侨华人分布在全球 4 大洲 53 个国家和地区。其中，以意大利（75.4%）、荷兰、法国、西班牙、德国欧洲 5 国为主，占文成华侨华人总数的 96%。他们主要以从事加工制造业（44.7%）、餐饮服务业（20.3%）、商贸业（6.6%）为主，其他少量从事科技教育、文化艺术、医疗卫生、金融保险、政治法律等行业。②

三　温州各县（市、区）在外温州人的商业特点③

温州各县（市、区）在外温州人的商业特点见表 3-1。

表 3-1　　　　各县（市、区）在外温州人的商业特点

乐清	瑞安	永嘉	洞头	文成	平阳	苍南	泰顺	鹿城	瓯海	龙湾
低压电器	汽摩配件、眼镜	品牌代理	家装	侨资、侨胞	手机、矿业机械	印刷、礼品	建材市场	经济发达城市	侨乡、地产、物流	不锈钢、阀门、商贸

（一）乐清：规模最大，商会会长最多，建成全国低压电器销售网络

乐清外出在国内务工经商的人数约有 40 万，是温州 11 个县（市、区）中外出人口规模最大的县级市。在外乐清人以从事电器、服装、灯具等行业为主，与乐清本地的产业结构十分相似。从所集聚的城市来看，在外乐清人也有明显的地域特征，他们中的 65% 左右集

---

① 张一力、陈翊：《网络与集群：温州企业家群体形成的机制分析》，《浙江社会科学》2012 年第 1 期。
② 文成县侨办：《文成侨情分析报告》，2012 年。
③ 部分数据资料来源于 2011 年温州市政务调研。

中在北京、河北、上海、江苏、陕西、山东、四川、山西、湖北等十个地区，其中尤以北京居多，约 10 万人。在外乐清商人不仅数量庞大，而且实力非凡。在全国地级市以上温州商会中，乐清人任商会会长的比例达到 40%，任商会理事、副会长的比例在 65% 以上。

乐清经济是"两头在外"（原辅材料在外，销售市场在外）的民营经济。改革开放初期，乐清"以商带工"，在外乐清人架通了乐清产品与各地市场的桥梁，而今已从创业初期的外出上门推销、摆地摊等营销方式发展到建立全国性的市场营销网络，形成乐清独特的战略资源。乐清企业则依靠在外乐清人构筑的市场网络，实行分级代理、特许专卖、连锁经营，从而把乐清产品源源不断地销向全国，牢牢把握住市场终端。借助乐清电子电气产业的基础，国内乐清人形成了庞大的低压电器销售网络。1995 年左右，乐清人开始掀起"集团热"，各大集团公司筛选利用遍布全国各地的乐清籍经营者作为企业在各地的代理商，由他们在当地注册成立低压电器销售公司，并确立集团公司与销售公司之间的契约关系，从而很快形成全国性的市场营销网络。据统计，乐清低压电器企业依托在外乐清人共设立了 3000 余家销售中心、分销公司和经销点。2012 年，在外乐清人在上海创办了 26 家上规模的电气、电缆企业，累计总投资额高达 35 亿元，年产值 200 多亿元。①

创办各类交易市场，并吸引个体乐清商人集中经商，也是在外乐清人经济发展的一大特色。如乐清人卢华飞在北京创办了亚洲规模最大的鞋类批发集散市场——中联华都红门鞋城，鞋城中集聚了大批乐清人。此外，还有西安从事电子电器交易的电子城、绍兴柯桥从事轻纺交易的乐清新村、北京从事鞋服装生意的京温服装批发市场等，都是乐清商人集中的市场。据统计，至 2011 年年底，乐清人在全国各地累计投资额在 1800 亿元以上，创办工业企业 3800 余家，创办商品交易市场 200 多个，实现年工业总产值近 1300 亿元，年市场成交额在 1500 亿元以上。

---

① 数据来源于乐清市国内经济合作办公室。

（二）瑞安：坐拥全国眼镜市场半壁江山，汽配城覆盖汽车工业集中地区

国内在外瑞安人约23万人，其中人数最多的前10个城市为北京、上海、杭州、南京、广州、成都、武汉、西安、天津、重庆，共集中了约13万瑞安人。国内瑞安籍商人所办企业多与瑞安几大主导产业相关，其中从事商贸流通（如汽摩配件、眼镜类、鞋服类、皮具类销售）的约16万人；从事房地产销售、专业市场、期货股票交易、酒店等服务业的约4万人；在工业领域的约2万人，主要为企业主、高管人员及营销人员。近年来，部分国内瑞安人也逐渐开始介入航空配件、IT行业、风力发电、有色金属冶炼加工等高技术产业。国内瑞安人每年所创造的产值已经接近于瑞安本地产值，年产值亿元以上的工业、贸易、服务类企业超过200家。较成功的瑞安商人主要有内蒙古陈千敢、厦门黄文煌、北京黄再华、桂林林元琳、上海柳志成、新疆郑茶妹、云南朱林敏、重庆陈成宽等。

国内瑞安商人主要有两大特色：一是几乎控制了中国眼镜销售行业，在全国开了3000多家眼镜连锁店，光瑞安马屿片区的销售大军就创造出了每年逾100亿元人民币的眼镜销售额，占据全国眼镜销售市场的半壁江山，瑞安商人王瑞政被称为"关东眼镜大王"。二是创办汽配城，"瑞"字头汽配城已覆盖了华东、华中、华南、东北等汽车工业相对发达的区域。

（三）永嘉：轻工类国际品牌代理专家，引领全国超市发展潮流

据不完全统计，目前国内在外经商的永嘉人达到40万人，主要分布在北京、上海、广州、内蒙古、江苏等地区，分别从事鞋服、泵阀、棉纺织、房地产、百货、矿产资源开发、电子、旅游、对外贸易等诸多行业，形成了颇具实力的经济规模。永嘉人在国内投资1亿元人民币以上的企业有2000多家，累计开设6000多个专卖店和各类商铺，年创造产值1500多亿元人民币。此外，永嘉还有5万多的华侨分布在世界各地，创办境外企业达1000余家，设立境外办事处90多个。

代理轻工类国际性品牌是永嘉人的特色本领，目前知名的国际性轻工品牌中国总代理有80%左右掌握在永嘉人手中，光围绕国际品牌

运作的桥头人就有好几千，每年创造的价值在400亿元左右。如永嘉人滕敏2009年一次性投资数亿元，签下了100多个欧洲品牌的中国代理权。依托在外永嘉人构筑遍布全国的营销网络，目前有300多家国际知名品牌由永嘉人代理，销售总额逾200亿元人民币。仅桥头人在广州做品牌代理的就达2000多人，年销售额超过100亿元，拥有金利来、夏利豪、花花公子、梦特娇、华伦天奴、姬龙雪等世界知名品牌及一大批国内品牌的代理资格，基本垄断了皮具世界著名品牌的代理权。来自超市之乡的花坦人将销售的触角伸向了全国各地，一半以上花坦人外出从事超市业经营，产业带动就业人员达10万多人，年营业额超过100亿元。

（四）洞头：以从事家装相关行业为主

国内洞头籍在外温商有3万多人，相当于洞头全区总人口的1/4。洞头在外温商中，省内集聚地主要是杭州、台州等地，省外集聚地主要有上海、北京、山东、辽宁、湖南等地，亦有少量洞头人分布在美国、欧洲等地。洞头人在国内经营电器开关、铝合金门窗、灯饰、家具、汽配的比较多，从事这些行业的占到全部外出人口的80%以上。

（五）文成：华侨多、侨汇多，在义乌经商的多

文成共有21.7万人在国内经商，这一数量超过文成当地常住人口（"六普"数据为21.21万）。其中在国外的有10.7万，华侨华人数量居浙江省第二、温州市第一。文成籍华侨中的96%以上集中在欧洲，其中，居住在意大利米兰的就有近3万人，是在外文成人最集中的区域。文成人在国外主要从事服装加工、餐饮服务和商贸三大传统行业。统计数据显示，文成每年的侨汇达到40亿元人民币，和全县的生产总值基本相当。此外，文成华侨捐赠的积极性也很高。据统计，2007—2010年，文成华侨捐赠县内资金分别为630万元、840万元、1200万元、1100万元。

在国内经商的文成人则主要集中在浙江省内，占国内在外文成人的80%以上，国内在外文成人集聚地以义乌、杭州、丽水为主，在义乌小商品市场从事批发交易的文成人有近5万人，是温州在义乌经营者里最庞大的县域群体。文成人国内投资规模在750亿元以上，实体企业1200家左右，年利润约70亿元。

（六）平阳：开矿山、包工程，掌握全国手机配件行业

国内在外平阳商人近 20 万人，占平阳全县总人口的 23%，分布在全国各地，其中东部地区近 10 万人，西部地区 6 万人，中部地区约 4 万人。国内在外平阳人主要以承包工程、开店、劳务、营销为主。国内在外平阳人创办的企业（包括工程承包项目）近 3000 家，个体工商户约 7500 户，累计投资 120 亿元人民币左右，年产值近 200 亿元。

手机配件产业是国内平阳人经营的特色产业，共有 5 万多平阳人在全国各地从事相关行业经营贸易活动，其中很大一部分集中在深圳从事手机配件生产。据粗略估计，掌握在平阳商人手里的手机配件市场份额占全国市场份额的一半以上。

（七）泰顺：建材市场的商人集群

泰顺外出人口近 14 万人，足迹遍及全国各地，主要从事创办各类专业市场以及房地产、煤矿、铸钢、服装等行业。国内在外泰顺商人最大的特点就是集中从事建材产业。泰顺县位于温州西南部，自古以来就有"九山半水半分地"之称。由于可利用的资源缺少，当地非常贫困，20 世纪 80 年代末 90 年代初，大批泰顺农民开始走出大山闯荡天下。经过十几年的发展，泰顺人在兴建和经营装饰建材市场、房地产开发、建材贸易等领域取得了非凡的成就。从业人员达 9 万人之多，占泰顺县总人口的 1/4。在全国各地投资兴建的建材市场、装饰城、商贸城等专业市场有 100 多个，总投资 200 多亿元人民币，年销售额在 150 亿元以上，为国家上税将近 20 亿元。这个数字是泰顺当地年财政收入的十几倍。据统计，泰顺人在上海的从业人员已有 2 万多人，成立了上海泰顺商会。泰顺经营户遍布江苏各个建材市场。在江苏建材行业中，已经占据了 40% 以上的市场份额。自 1995 年泰顺人许斌在江苏投资兴建"常州东南陶瓷商城"起至今，泰顺人在长三角地区投资兴建的建材市场、装饰城、商贸城等项目已有 600 多个。仅在江苏投资的项目就有 300 多个，泰顺籍的陶瓷建材经营户遍布江苏各个建材市场，占据江苏建材行业 40% 以上的市场份额。在杭州泰顺人也建成了 10 个市场，年纳税额近亿元，其中张凤叶创办的"杭州恒大建材市场"是华东地区最大陶瓷建材市场。据初步估算，泰顺

至少有1000人成功创业，成为较有实力的企业家，开办的泰顺籍企业1000家以上，亿元以上富翁超百人。

（八）苍南：台胞多，礼品、家具、海产等专业市场经营专家

在外国内经商的苍南人约有30万人，创办企业近6万家，前十位的流入地为北京、天津、山东、江苏、上海、福建、广东、浙江、四川、重庆。在外苍南人所从事的产业主要涉及礼品、海产品、滋补品、印刷、编织、煤矿开采等领域。另外，在中国台湾的苍南籍同胞有1.5万人，这是开展温台合作的重要基础。

国内苍南籍商人最大的特色是开办礼品城、家具城、海产城、滋补品市场等专业市场，如上海松江礼品城、江苏常熟家具城等。另外，由于苍南人的集聚，在一些地方形成了具有苍南特色的商圈，如四川的"蛮话街"、大连的"海大王"等。上海城隍庙滋补品市场的经营者，90%左右来自苍南。

（九）鹿城：大多在经济发达城市

鹿城约有6万人在国内经商创业，在外鹿城人创办企业1万多个，投资规模2000万元以上的企业有2100多家。在外鹿城人所从事的产业涉及贸易业、现代服务业、基础设施建设等多个领域。在外鹿城人分布城市虽然较广，但有实力的主要集中在北京、上海、深圳、广州等经济发达城市和省会城市。在外鹿城人中，影响力较大的商会会长、董事长、杰出代表约100人。

（十）龙湾：从事产业与龙湾本地产业关联密切

在外龙湾人约有18万人在国内经商，他们创办各类企业3万多家，自主创业主体有2万多个，总投资资金在1500亿元以上。龙湾外出商人可以归纳为三大类：一是以北京、广州等大城市为代表的，建市场、做商贸为主的群体；二是以上海、江苏、浙江、福建等地为代表的，从事制造业的群体，并形成了上海阀门、广东洁具、丽水合成革、松阳不锈钢等在外龙湾人的专业生产基地；三是在二、三线城市，主要从事房地产开发的群体。

龙湾人国内投资的项目与本地的产业关联度高，国内从事合成革、阀门、洁具、紧固件、鞋服、不锈钢等龙湾支柱行业实体生产和专业市场经营的比例较高。据龙湾区经合办的抽样调查显示，70%以

上的龙湾国内商人有回乡创业的意愿。

（十一）瓯海：知名侨乡，地产、商贸物流经营领域的翘楚

瓯海的丽岙、仙岩是著名侨乡，有海外华侨、华人4万余人，他们以旅居欧洲为主。此外，还有约10万瓯海人在全国各地经商。瓯海籍温商多从事酒店、物流、商贸、机械制造等多种行业，在外瓯海人的大型项目投资主要涉及地产、商贸物流和资源类投资，是所在地这些行业的翘楚。

第三节　国内温州人经济社会资本网络的形成

温州人以其独特的智慧和创新精神，在国内市场上拼搏创业，取得了骄人业绩。受区域独特历史文化的影响，不同于其他区域性商帮群体，温州人的历史文化传统和创新精神，使温州人经济在国内市场竞争中逐渐形成了独具温州色彩的鲜明特色和竞争优势。温州人强烈的乡情乡谊和信任精神以及温州人独特的语言体系，使在外温州人很容易形成以温州人为主体的社会资本网络，也使得温商回归成为温州人经济发展的重要动力和文化特色。异地温州商会在国内温州人社会网络的形成中发挥了重要作用。

一　国内温州人社会资本网络的形成

改革开放以来的30多年间，国内温州人企业快速发展，温州人之间、温州人与所在地的联系也有了很大的提升，无论是国内还是海外，在所在地从事经济和社会活动之时，由于温州人的热情、慷慨、执着和友好，在外温州人已经与所在地的高校、科研机构、中介机构以及众多的政府官员、专家学者和企业之间建立起了良好的社会关系，深深地融入了所在地的经济社会网络之中，从而在全国乃至世界各地形成了温州人经济发展的社会资本网络。这些网络触角深深地扎进了所在地的角角落落，成为在外温州人经济转型升级和再创业集聚资源的资源节点，为在外温州人经济产业转型升级和再创业提供人才资源、金融资本、市场渠道和创新资源，成为推动温商创新创业的正能量，能够提升在外温州人集聚各种创新创业要素、促进自身发展的

能力。

在外温州人凝结形成的社会资本网络可为在外温州人集聚全球创新创业要素资源，助力在外温州人经济发展。温州人创业过程中所形成的遍及全国乃至遍及全球的温州人网络，能够带来各种创新创业资源，如信息、产品、资金、技术、教育、文化、人才、政府关系、对外合作关系等。这些要素资源均可以通过温州人网络反馈给温商，支持温州人在温州区域内、在浙江乃至在全国和全世界范围内的创新创业。这也是许多国内温州人已经率先实现转型升级的重要原因。如转向中高压电器产品一直是温州低压电器产业集群努力的方向，但受到人才、资源条件的限制，温州区域内的低压电器产业一直处于摸索的过程中，但最终率先实现突破的却是上海的乐清籍电器公司。其主要原因就是温州人企业在上海可以集聚相关专业的高端人才和管理人才。

国内温州人自身所具备的大量的资金实力、巨大的企业数量、广泛的产业分布、独特的创业模式、浓烈的家乡情节等，是促进区域内外温州人经济发展、凝结形成温州人经济的重要基础，也是促进在外温州人经济反哺、回归温州区域经济的重要基础。对于温州区域经济发展而言，或者说对整个温州人经济发展而言，在外温州人经济的发展所形成的社会资本网络对区域内外温州人经济都有重要的促进作用。开放时代应该是开放型的经济发展模式，在经济全球化和世界一体化的今天，温州人经济发展的视角不应该还固守在温州区域范围之内，温州人经济的发展在谋求区域内经济发展的同时，还应该积极地面对世界经济发展的历史潮流和趋势，鼓励温州人走出温州、走向世界，在全国乃至世界各地创新创业，建立和形成全国乃至世界温州人经济和社会资本网络。

二　异地温州商会兴起与国内温州人社会资本网络

新的经济模式需要更高级的组织形式与之相适应。20世纪90年代中期之后，温州异地商会的大量涌现及其在当地经济社会中的显著作用，在一定程度上契合了温州人经济进一步提升的内在需要。为了借助温州人的整体力量和优势，有效组织推动自身业务发展，在20世纪90年代初期，在外温州人就开始由过去的松散型关系转向建立社团组织，谋求抱团发展。昆明、四川、宁夏、西安、天津、武汉、厦门、义乌、上海等地的温商率先开始筹建温州商会。截至2000年，在外温州人在全国各地新建商会7个，新建商贸联谊会、企业家协会各1个，异地温州商会总数已达到34个，并有18个城市建立了温州商会筹备组（见表3-2）。[1] 异地温州商会的兴起进一步发展和强化了国内温州人经济的社会资本网络。

表3-2　　　　　　1995—2000年异地温州商会成立情况

商会名称	地点（城市）	创办时间（年）
昆明温州总商会	昆明	1995
西安温州商会	西安	1995
新疆温州商会	乌鲁木齐	1996
四川温州商会	成都	1997
武汉温州商会	武汉	1997
厦门温州商会	厦门	1997
天津温州商会	天津	1997
宁夏温州商会	银川	1997
石家庄市浙南商会	石家庄	1998
怀化市温州商会	怀化	1998
乌鲁木齐温州商会	乌鲁木齐	1998
广元温州商会	广元	1998
安徽黄山温州商会	安徽黄山	1998
内蒙古温州商会	呼和浩特	1999
内蒙古包头温州商会	包头	1999
鄂尔多斯温州商会	鄂尔多斯	1999
哈尔滨温州商会	哈尔滨	1999
沈阳温州商会	沈阳	1999
大同温州商会	大同	1999

---

[1] 温州市统计局、国家统计局温州调查队主编：《温州市统计年鉴》，中国统计出版社2001年版。

续表

商会名称	地点（城市）	创办时间（年）
郑州温州商会	郑州	1999
嘉兴温州商会	嘉兴	1999
辽宁本溪温州商会	本溪	2000
鞍山温州商会	鞍山	2000
唐山温州商会	唐山	2000
杭州温州商会	杭州	2000
安徽芜湖温州商会	芜湖	2000
喀什温州商会	喀什	2000
辽宁抚顺温州商会	抚顺	2000
泸州温州商会	泸州	2000
重庆温州商会	重庆	2000
山东德州温州商会	德州	2000
河北唐山温州商会	唐山	2000
山东淄博温州商会	淄博	2000

资料来源：温州市国内经济合作办公室。

为了加强商会之间的交流，温州人每年召开全国性的温州商会年会（以下简称商会年会）。温州商会年会是由温州市人民政府主办、相关异地温州商会轮流承办的全国性最高层次的温州区域商会合作交流的盛会，已先后在昆明、广州、合肥、哈尔滨、大连、温州等城市举办了十届（见表3-3）。目前，参加温州商会年会的区域性温州商会已经从第一届的30多家发展到今天的245家，获得了非常好的社会反响，也使国内温州人社会资本网络得到进一步拓展和强化。

表3-3　　　　历届全国异地温州商会年会情况一览

届数	一	二	三	四	五	六	七	八	九	十
年份	1998	2002	2004	2006	2007	2008	2009	2010	2012	2013
主题			相互交流、共同合作、务实创新	交流、创新、发展	和谐发展	交流、合作、共赢	交流、合作、共赢	交流、合作、共赢	情系温州、商行天下	情系温州、商行天下

续表

届数	一	二	三	四	五	六	七	八	九	十
举办城市	昆明	哈尔滨	广州	石家庄	乌鲁木齐	合肥	大连	贵州	温州	温州

资料来源：经笔者对各届异地商会年会的官方报道整理而得。

2011年9月1日，自首期全国各地温州商会会长（秘书长）研习班在太原开班后，温州商会会长（秘书长）培训班先后在郑州和杭州等地开班；2014年上半年，第6期温州商会会长（秘书长）培训班在温州市委党校举办研习班。研习班由温州市经合办主办，地方温州商会承办，每年两期。主要参加对象是温州商会会长（秘书长）。研习内容包括授课培训、座谈交流、参观考察三项。举办研习班的目的就是深化异地温州商会规范化建设，强化商会的责任意识，凝聚温商力量，促进温商回归，推动内外温州人经济互动发展，进一步提升和发挥国内温州人社会资本网络的作用。

（一）政府对异地温州商会的政策支持

2000年5月，温州市委市政府下发了《关于加强对外地温州商会工作指导的若干意见》，就如何加强对外地温州商会的联络、服务和指导工作，提出了系统的要求，对引导外地温州商会坚持为会员服务、为两地经济发展服务，创造性地开展工作，提出了指导性意见，要求全市各级党委、政府把外地温州商会和国内温州人工作作为一项新的重要工作提到议事日程上来。同年7月，温州市政府办公室还下发了《关于加强国内温州商会规范化建设有关问题的通知》，对国内的各地温州商会工作起到了十分重要的指导作用。

（二）异地温州商会发展的典型案例

案例　第一家异地温州商会：昆明温州总商会[①]

1995年8月28日，在一批来自温州的投资创业者的努力下，在

[①] 部分数据资料来自昆明温州商会的网站报道，http://www.kmwzgcc.com/about/ShowClass.asp?ClassID=1。

云南省和温州市两地政府的大力支持下，经昆明市民政局正式批准，昆明温州总商会正式成立。昆明温州总商会是全国最早成立的异地商会组织，也是云南省最大的、具有独立法人资格的非营利性民间社团组织。

在20世纪80年代初，就有大批温州人来到云南，他们或务工，或经商，或开工厂，或办市场。到了20世纪90年代，到云南淘金的温州人形成了十多万人的庞大规模，其中，仅在昆明市就有4万多温州人。但大部分温商彼此没有往来，在经商过程中受到排挤也没有地方诉苦，他们渴望有个为他们撑腰的组织，一个彼此联系沟通乡情的平台，一个维护自身权利的机构。

1994年下半年，温州市一位经委副主任和温州工业总公司的总经理等到云南考察调研。在座谈会上，金锦胜（昆明温州总商会第一任会长）等温州商人把在外经商的酸甜苦辣细说了一遍，并向温州有关部门领导提出了一个酝酿已久的想法，他们提议成立一个能保护温州在外经营者合法权益的社团组织。这一想法引起在座温州商人的共鸣，也得到了有关部门领导的赞赏和支持。

有了"娘家"的支持，他们觉得心里有了底气。经过多次探讨协商，决定筹建温州商会，由几位平常乐于助人且办事干练的企业界人士来筹备商会的成立工作。因为没有可以借鉴的经验，筹备工作花了将近一年时间。当时遇到的困难是：商会机构如何设置？章程如何约定？资金如何筹集？而更大的困难则是社团组织得到合法审批。由于当时社团登记条例的明确规定，不宜成立异地商会和同乡会性质的民间社团。云南省政府和昆明市政府面对这一新兴事物，当然也是照章办事，不予支持。关于商会申请成立的报告在温州、昆明两地间来回审批多次。具体到商会注册的问题，多个部门你推给我，我推给你，甚至有部门说他们是拉帮结派，搞温州帮，反对成立温州商会。筹备组成员通过一次次上门请求以及及时和家乡的温州市政府进行沟通，寻求帮助。终于在1995年8月28日，400名在云南投资的温州商人在云南昆明，共同见证了中国第一个异地民间商会的诞生——昆明（云南）温州总商会宣告正式成立。

商会成立伊始，主要是为会员做一些服务工作，例如，温州人经营中的办证、治安、纠纷调解等事宜，凡商会能做的事都积极去做。此后，昆明温州总商会先后成立了异地计生办公室和昆明经济仲裁联络委员会温州商会联络处。这两个机构的成立，有效地维护了在滇温州人的合法权益，也极大地方便了在外温州商人的计生工作。2000年10月，昆明温州总商会成立了党支部，这也是在外温州商会的第一个党支部。

商会还积极为昆明、温州两地的经济发展牵线搭桥。例如，组织到昆明各地区考察投资项目，开发商场；创造条件直接参与在昆明举办的世博会。在昆明经商的温州人遭遇困难时，商会都会及时出面帮助解决。比如，一次螺蛳湾商铺发生火灾，商会出钱、出力帮助解决困难。几位永嘉籍的温州人去泰国开矿，因遭水灾投资失败；他们虽然不是商会的会员，但商会得知后，仍为他们提供食、宿，给他们买票回家。像这类琐事不胜枚举。昆明温州总商会成立后的第二年，由会长金锦胜亲自带队访问温州、乐清等地老家，受到了温州市和乐清市政府的高规格接待。

昆明温州总商会成立之后，著名经济学家吴敬琏将其誉为"真正的民间商会"。此后十多年时间里，全国各地的温州人都纷纷组建当地的"娘家"。异地温州商会，以其"民间性""自治性"的特色在全国商会中独树一帜。在昆明温州总商会成立之后，广州、武汉、沈阳、成都、上海、黑龙江、内蒙古等地的温州商会相继成立。它们在筹备时有的筹备组成员专程赴昆明（云南）温州总商会取经。1999年5月，第一届全国各地温州商会年会在昆明召开，时任温州市市长钱兴中等领导亲临会议。这次会议提出了"服务会员、服务两地经贸合作、服务家乡现代化建设"的商会工作精神，温州商会由此进入了蓬勃发展的时期。

目前，昆明温州总商会已发展成为拥有会员7000多名，理事以上成员1900余名，副会长以上成员125名，下辖矿业、商业地产、服装纺织、塑编包装、鞋业箱包、汽摩配、家居装饰、印刷、五金机电、美容美发器材用品、超市零售、通信器材12个行业分会以及曲靖、红河、德宏等13个地、州、市温州籍兄弟商会的一个综合性大型社团。

经过多年发展，商会在滇浙两省及昆明、温州各级党政部门的关心支持下，在全体会员的共同努力和团结协作下，先后被两地政府多次嘉奖，并被温州市人民政府授予"文明温州商会"荣誉称号、评为"温州市创业创新工作联络处"。商会的许多会员企业多次获得省、市、区乃至国家级"优秀企业""文明企业""先进企业""重合同守信誉企业"等荣誉。商会党委首创工会、妇联、共青团大党建格局，昆明温州总商会的品牌得到了云南省委、省政府及各州市、各部门的广泛认同。商会多位会员在云南各地担任人大代表、政协委员，他们通过参政议政，为促进地方经济社会发展贡献着自己的力量。

三 国内温州人社会资本网络的意义和作用

在促进在外温州人经济发展的同时，有必要加强和提升区域温州人经济与在外温州人经济的社会资本网络链接，不断提升在外温州人的温州区域认同感，鼓励在外温州人利用在外形成的社会资本网络为温州区域发展献计、献策、献力，使在外温州人凝结形成的社会资本网络能够为温州区域经济社会发展所用，成为促进温州区域经济社会发展的助力，这才是鼓励温州人走出温州、走向世界，促进温州人经济在国内乃至世界范围内创新创业发展、凝结形成温州人经济和社会资本网络的意义所在。鉴于此，既要有效利用区域温州经济发展的现有基础，不断打造温州区域软硬环境，为在外温州人及其留守亲属提供良好的公共服务，留住在外温州人的"乡情"和"乡愁"，还要有效利用区域温州人经济发展的优势，为在外温州人在外经济发展和创新创业提供强大的背景支持和社会保障，使他们能够大胆在外创业创新而无后顾之忧。

在温州区域经济发展方面，应该注重区域温州人经济的内涵式发展和温州人生活幸福感的提升，而不必再一味强调经济总量和经济发展速度的提升，要有效利用在外温州人经济发展已经初步形成的社会资本网络为区域温州人经济的内涵式发展和转型升级提供智力、人才、技术、资金和市场支持，促进温州区域经济的优化发展。而在区域外温州人经济发展方面，温州人应该有效利用在外温州人已经初步形成的社会资本网络达到促进在外温州人经济总量扩张和内涵式发展的双重目标：一方面，要用好在外温州人的社会资本网络，帮助和促进更多的温州人经济走出去，扩大温州人经济总量，实现在外温州人经济的持续扩张；另一方面，要有效利用在外温州人社会资本网络，在促进在外温州人经济持续扩张的同时，有效利用温州人社会资本网络，帮助和促进在外温州人经济中那些已经有所成就的"老"温州人经济加快转型升级步伐，还要利用温州人社会资本网络帮助和促进"新"在外温州人经济在起步阶段就实现内涵式发展，防止在外温州人经济再次陷入"低、小、散"的陷阱，使温州人经济尽快走在世界经济发展的前沿，形成温州人经济发展的高端社会资本网络。

在促进温州人经济在世界范围内创新发展的同时，鼓励温商回归是当前温州本地政府的政策策略，也是温州人经济发展的应有之义，更是国内温州人社会资本网络对温州区域经济发展的意义和作用之关键所在。就一般意义而言，每一个在外温州人均可以带动周边的温州人和温商回归，还可以有效凝结其身边的社会资本网络来促进温州区域经济发展。所以，对于具有强烈创业精神的温商，我们应该珍惜国内温州人的社会资本网络所能凝结和提供的社会资源，有效利用它们，使其成为进一步推动温州人创业和温州区域经济发展的宝贵的精神力量。要有效利用国内温州人的社会资本网络，就必须打造和完善温州区域经济发展的软硬环境。如果要使每一个温商愿意凝结和提供他们自己所拥有的社会资本网络为区域温州经济社会发展所用，则必然要使他们认可区域温州的投资创业环境，使他们的内心对区域温州具有强烈的自我认同，形成促进温州区域经济发展的责任感和自豪感。

据不完全统计，2013年，在异地温州商会的组织下，"抱团"来温州的投资考察团有400多批、10000多人次。2013年，全年新引进项目467个，总投资额达1027.38亿元，实际到位资金315.25亿元，其中温商回归新项目达392个，总投资额达624.47亿元，实际到位资金220.35亿元，创下温商资本回归的历史之最。温商回归项目的特点是实体项目多、投资强度大、产业领域广，具体涉及装备制造、汽车、新材料、循环经济、电子信息、现代农业、城市综合体和新型金融项目等，招商结构明显得到优化，证明国内温州人经济与区域温州人经济之间确实存在紧密的互动与内在联系，表明温州人经济概念的现实实践性。

本章小结

温州人经济网络的形成实际上就是温州经济和温州模式的一个缩影，同时也是温州企业家社会资本和物质财富不断生成的过程。温州特定的地理自然环境及内部资源禀赋条件所形成的区域温州经济与社会结构以及温州经济先发优势所带来的生产经营成本增加等，决定了区域温州人经济必然会发生对外转移。流淌着温州文化基因的在外温州人群体在迁移、谋生以及商业活动中，或以商业，或以亲情血缘，或以乡情文化在所在聚集地相互联系，自组织起遍布世界各地的在外温州人社会资本网络。本章主要从商业视角分析了温州劳动力转移的方式和结构变化，探讨了在外国内温州人经济发展的现状和特点。

温州人以供销员角色在流通网络中传递信息资源，构建起"小商品、大市场"，通过"以商带工"激活了一个辐射全国的大市场，并逐步带动区域温州人经济发展，建立起温州本土的产业聚集根据地。与一般地区的民工潮不同，在外温州人掀起的是一股万众创业的大潮，并诞生了遍布海内外的百万温商大军。从这个意义来说，温州经济实际是"温州人经济"，也就是由一大批具有温州人特有的经济禀赋、能力、习性与精神的企业家和经营者创造出来的经济。

温州人热情、慷慨、执着和友好，在与所在地高校、科研机构、中介机构以及众多政府官员、专家学者、社会人士的交往中，但凡与温州人交往的这些人士均会与温州人建立起一种良好的社会关系。这使得无论在国内还是在海外，在外温州人都已经把触角扎进了那些能够凝结创业创新资源的网络节点，深深地融入所在地的社会资本网络之中。

随着温商资本的增长和市场对外扩张，在外温商自发组织起来形成异地商会，在全国各种贴着地域标签的商会中，温州商会无疑是最为活跃的自发性组织之一。这些在外温州商会将发散的温商进行集聚，并将其周边资源予以整合，以获得较多的外部经济社会发展资源。异地温州商会（侨团）是温州人经济网络的节点，是温州人之间沟通交流的纽带，它把温州人和温州人经济紧密地联系在一起，其中成功的榜样会激发温州本土的人力资源活力，使深受重商文化（或者瓯文化）熏陶的温州人更为积极投入庞大的在外温商网络之中，也使在外温商的商业网络节点不断延伸与发展，形成了庞大和广泛的温州企业家社会资本网络，从而服务于区域内、外温州人经济发展。

第四章　海外温州人经济的兴起：基于佛罗伦萨的实证考察

海外温州人经济是温州人经济发展的重要特色和重要组成部分。由于地处沿海，寻求海外发展是温州早期经济发展的一个重要特色，早在十二三世纪，温州就开始与南洋等地通商，清光绪二年，温州被辟为对外通商口岸，温州人从此开始走向世界，在世界范围内从事经济贸易活动，也为温州留下了丰富的侨民资源。据统计，到20世纪80年代，温州的6万多侨民就遍布世界40多个国家，侨民每年带回来的侨汇收入约占整个浙江省侨汇收入的3/10。① 可见，海外温州人经济发展有其历史传统。进入21世纪以来，随着改革开放的深入发展和世界经济一体化进程的加快，温州人走向世界创业创新的步伐也在加快，海外温州人经济发展已经进入高速发展的快车道。

第一节　海外温州人移民概况

温州是全国重点侨乡之一，早在1000多年前的北宋咸平元年（998），温州人周伫就随商舶远航到高丽经商，并最终定居高丽，成为有文字记载的温州人移居海外的第一人。据不完全统计，2012年，温州的华侨华人、港澳同胞规模已经超过43万人，分布在世界131个国家和地区，国内归侨侨眷接近43万人，有280多个海外温籍侨团分布在世界50多个国家和地区（《温州年鉴2013》）；最新数据显示，到2015年，海外温州人已大约有68.8万人。温州籍华侨华人在

---

① 胡兆量：《温州模式的特征与地理背景》，《经济地理》1987年第1期。

海外呈现"全球分布,地区集聚"的空间分布特点,具体分布大致如下:法国10万人,美国10万人,意大利8万人,荷兰3.5万人,西班牙1.5万人,奥地利、德国各1万人,东欧1.5万人,北欧0.5万人,巴西、阿根廷各0.5万人,新加坡1.5万人,中国香港、中国澳门1.5万人,其他国家和地区3万余人。据2008年的统计资料,温州各县(市、区)旅居海外的华侨华人人数见表4-1。①

表4-1　　　　温州各县(市、区)旅外华侨华人统计

县(市、区)	人数(万人)	县(市、区)	人数(万人)
合计	43.043	永嘉县	4.39
鹿城区	6.87	平阳县	1.12
瓯海区	6.06	苍南县	0.48
龙湾区	0.35	文成县	10.73
瑞安市	9.98	泰顺县	0.016
乐清市	3.01	洞头县	0.037

法国是温州人移民最早也是比较青睐的国家。温州人移民法国的历史可以追溯到19世纪后期。当时,在巴黎、鹿特丹、维也纳等欧洲大城市,逐渐出现了一些以贩卖小商品为生的温州人和青田人,他们成为早期欧洲大陆上引人注目的中国移民。② 第一次世界大战期间,法国从中国招募了14万战地劳工,其中有不少人来自温州。③ 战争结束后,有一部分温州人和青田人决定留在法国,他们逐渐在巴黎市里昂火车站周围形成了法国第一个华人社团。④ 虽然这些移民留下的后代较少,但他们为后来温州人移民欧洲的经济活动奠定了一定的社会

---

① http://xxgk.wenzhou.gov.cn/xxgk/jcms_files/jcms1/web38/site/art/2008/3/19/art3066_5947.html.

② 李明欢:《欧洲华侨华人史》,中国华侨出版社2002年版,第95—96页。

③ Live Yu-Sion, "The Chinese Community in France: Immigration, Economic Activity, Cultural Organization and Representations", in Gregor Benton and Frank N. Pieke, eds., *Chinese in Western Europe*, Palgrave Macmillan UK, 1998, pp. 96-124.

④ 章志诚:《温州华侨史》,今日中国出版社1999年版。

基础。① 温州人具有极强的凝聚力，血亲、姻亲、同族、同乡和朋友之间能帮就帮，先行的出国者就带出一批批后继者，形成不断扩大的移民链。

第一次世界大战结束到第二次世界大战爆发前，温州地区的农民、手工业者纷纷移民到欧洲国家（以法国为主），并出现了移民潮。资料显示，1929—1936 年，仅瑞安丽岙镇移民海外的就多达 292 人，其中移民法国的有 271 人；1927—1936 年，文成县移居到欧洲的多达 306 人，占该县新中国成立前 30 年移居欧洲华侨总数的 79.3%，其中，移居法国的为 156 人。② 这一期间，移民到欧洲的温州人往往把法国巴黎作为中转站和信息站，他们或者在巴黎定居谋生，或者辗转到欧洲其他国家立足，巴黎事实上成为温州人在欧洲的聚集中心。定居巴黎以后，这些温州人主要以贩卖小商品为生。

虽然早有向海外移民的历史，但一直到改革开放之前，温州人移民海外的人数依然不多，真正向海外移民的大潮出现在改革开放之后，温州人大量涌向西欧各国。法国依然是温州人最喜欢的移民地之一，而且法国的大部分温籍华侨华人是这段时期从中国移民过去的。以瑞安为例，1995 年的调查显示，瑞安市华侨在世界各国共有 23492 人，其中，在荷兰的有 3426 人，在意大利的有 6202 人，在美国的有 1475 人，而在法国多达 9881 人，占 42.1%。③

意大利也是海外温州人集聚比较多的国家。根据相关统计，2000 年，居住在意大利的温州人约有 7 万人，其中新移民占多数。到 2005 年，海外温州人的数量进一步增加，约有 42.5 万温籍海外侨胞、港澳同胞生活在世界各地，其中意大利的温籍侨胞已经发展到 11.82 万人。④ 到目前为止，保守估计，在意大利的温籍侨胞人数在 10 万以上。

在米兰的华人有 2 万人左右，其中有 80% 是温州商人。保罗·萨比区是米兰有名的"唐人街"，大约有 500 家华人店铺在此经营批发

---

① 钱江、纪宗安：《世界华侨华人研究》，暨南大学出版社 2009 年版，第 214 页。
② 章志诚：《温州华侨史》，今日中国出版社 1999 年版，第 65—71 页。
③ 同上书，第 105—106 页。
④ 任柏强等：《移民与区域发展》，人民日报出版社 2008 年版，第 97 页。

业务，其中温籍商人占九成以上。从 1997 年开始，罗马已经有十多条街的大部分店面被温州人买下。罗马火车站附近的维多利奥广场，聚集着 500 多个中国人开的服装批发店，其中 90% 以上的店主是温州人。温州外贸服装大部分以维多利奥广场为中转站，通过这里批发给欧洲其他国家的批发商或零售商。

距离意大利文艺复兴名城佛罗伦萨仅十多千米的普拉托，更是海外温州人集聚的重镇，成为海外温州人创业发展和集聚发展的重要缩影。20 世纪 80 年代，普拉托的工业区聚集的都是意大利的纺织批发企业，但现在已经有 95% 的企业被华人并购，其中大部分是温州人。2012 年国内中央电视台热播的《温州一家人》也正是以温州人在普拉托的创业经营活动为题材，一经播出就在国内引起很大反响。目前，温州人基本上垄断了普拉托的服装行业。可以说，也是温州人把普拉托变成了欧洲著名的纺织品集散地。温州人对普拉托的政治、经济、文化等方面有非常明显的影响，目前温州话甚至已经成为普拉托地区的通用语。

第二节　海外温州人经济发展概览：基于佛罗伦萨温商的考察

佛罗伦萨市是意大利中部的一个城市，是意大利托斯卡纳区首府，面积有 102.41 平方千米。佛罗伦萨是文艺复兴的诞生地，拥有众多的历史建筑和藏品丰富的博物馆。世界历史上许多著名的艺术大师如但丁、达·芬奇、米开朗基罗等诞生、活动于此。佛罗伦萨市政府统计办公室在 2011 年 5 月公布的一项调查分析报告显示，截至 2011 年 4 月底，有当地居民户口的为 372826 人，其中外国人为 51007 人。而据中国驻意大利佛罗伦萨领事馆透露，在佛罗伦萨约有 1 万华人，其中绝大部分为浙江温州人。但由于部分是黑工，不在统计范畴内，实际数量可能超万人。

自 20 世纪 80 年代，温州人开始通过各种渠道移民佛罗伦萨。根据意大利的就业政策，外籍移民通常在就业方面受到较多限制，因此移民佛罗伦萨的温州人通常将个体经营视为解决就业问题的较好途径。他们一般先在亲朋好友工厂里打工，之后逐渐创办自己的企业。经过多年打拼，目前多数温州人已成功地在佛罗伦萨立足，成为当地皮具产业集群的主力军，为整个欧洲的皮包市场甚至全球大部分一线皮包品牌市场进行生产。在佛罗伦萨 Osmannoro 地区，就集聚着 1000 多家温州人经营的微型皮包生产企业。

一　佛罗伦萨温商制包企业概况

佛罗伦萨是全球重要的皮包产地，这里集聚着众多的温商制包企业。温州人凭着吃苦耐劳的精神成为佛罗伦萨制包行业的主力军。按照制包企业创新设计和生产产品的自主性程度，可以大致将佛罗伦萨的温商制包企业分为三类：创新设计型、代工生产型和自主生产型。

（一）创新设计型温商企业

海外温州人中的创新设计型企业较少，佛罗伦萨当地的温商制包企业中，只有一家属于创新设计型。该企业的拥有者 H 先生原先在国内做皮包进出口生意，2009 年他收购了意大利的某皮包知名品牌（这个品牌已有 40 多年历史），从皮包销售行业转入皮包设计生产领域。H 先生的企业里设有设计、投资、会计等部门，约有 60 位员工。企业主要经营业务是皮包的设计，其设计部门里拥有 5 位专业皮包设计师，4 位是意大利人，其中 3 位具有博士学位，另一位则是 Gucci 的创始人之一，是著名 Gucci 竹节包的设计者。该企业的设计团队每年能够申请到 10 多个皮包设计专利。设计之后，该企业的皮包生产业务则全部委托给佛罗伦萨的意大利企业。该品牌皮包走的是高端精品路线，目前正在与 Gucci、Chanel 等世界一线皮包品牌进行竞争。该品牌在佛罗伦萨市中心的专卖店里，售价高达几千欧元。其目前的主要市场除了意大利，还有美国、日本、中国台湾等地。2012 年，该企业开始进军中国内地市场。

（二）代工生产型温商企业

海外温州人企业中的代工生产型企业规模明显大于创新设计型企业和自主生产型企业。代工生产型企业须在厂房面积、工人人数、设备先进性、做包工艺等方面通过品牌皮包企业的考核，才有资格为其进行代加工或代生产。因为只为固定的几个品牌皮包企业服务，不必考虑客户寻找它们的交易成本和销售渠道，这类企业在地理上距离佛罗伦萨市中心较远。由于地理上分散，这类企业的数量难以精确统计，但数量较多。以其中一家企业为例，该企业2003年成立之初只有20来个工人，发展到2013年已经拥有60来个工人。企业的管理层里还有几位意大利员工。企业目前拥有1200平方米的厂房和价值50万欧元的做包设备，一天最多可生产250个皮包。这在佛罗伦萨已经算是规模较大的制包企业了。该企业并无自己的皮包品牌，主要为Chanel、Bvlgarl、Celine等若干个品牌进行贴牌加工或生产。企业生产的原材料均由订货商提供，销售也完全由订货商承包。企业近几年的营业额均在200万欧元以上。

（三）自主生产型温商企业

佛罗伦萨的温商自主生产型企业类似于家庭作坊，数量最多，多集中在佛罗伦萨的Osmannoro地区，其订货商主要为欧洲中低档皮包市场的批发商。其中，Osmannoro地区的3600工厂最为有名，3600工厂因占地3600平方米而取名，是温州人在佛罗伦萨最早开始生产皮包的地方，已有十多年历史。该工厂有5栋厂房，每栋厂房有数十户企业，总共有150余家。佛罗伦萨的温商自主型生产企业的情况非常相似：每家企业的面积在30平方米到100平方米不等，从业人员（加上企业主本人）最少的只有两人，最多的也不超过10人，因此多属于微型企业。这类企业集样品选择、原材料订购、生产和销售于一体。企业主一般是通过逛街，看中某名牌包的款式，回来模仿制作成样包供客户选择，当有订单时，再采购原材料批量生产；或者是根据客户所提供的皮包样式，按照他们所要求的皮质、颜色、数量等进行生产。这类企业最大的特点就是都以家庭为单位组织生产。企业均以夫妻为主，并充分调动家庭成员参加生产经营来降低成本。通常在生产旺季时，企业主未成年的孩子都要搭手帮忙。在那些没有额外雇用工人的企业里，企业主的孩子往往承担着主要劳动力的作用。

这三类企业在企业运营过程中的设计、生产和销售等环节的大致差异如表4-2所示。

表4－2　　　　　　　三类温商制包企业的经营模式比较

环节	分类	创新设计型	代工生产型	自主生产型
设计	产品式样设计	自行设计，有专利	不需要，订货商提供	订货商提供，或模仿某名牌皮包制作样品供订货商选择
设计	申请专利	有	无	无
设计	设计人员	有，5人	无	无
设计	模具制造	委托高档模具制造商制造，成本高	订货商提供	委托普通模具制造商制造，成本较低
生产	原材料来源	自行采购或定做	订货商提供	自行采购
生产	设备投入	高	中	低
生产	生产外包还是自行生产	外包给其他企业	自行生产	自行生产
生产	工人数量	5人左右（仅根据设计师要求制作样品）	40—60人	2—9人
生产	生产能力		按订单数量，每天大约做200个包	生产能力受样式、皮质等差别的影响较大
销售	营销策略	有	不需要	无
销售	交易对象	全球高档皮包市场的批发商	全球品牌皮包制造商	整个欧洲中、低档皮包市场的批发商
销售	营业额	高	较高	与前两类企业相比，较低

资料来源：根据企业调研和相关文献整理而成。

另外需要说明的是，在佛罗伦萨，除了制包行业里的温商企业，还有部分是从事皮包或皮鞋批发生意的温商企业。这些批发商绝大多数都是从自主生产型温商企业的企业主改行而来。他们大多是在20世纪80年代末90年代初来到意大利，属于改革开放后较早到意大利的一批温州移民。他们基本上是先通过经营自主生产型温商企业获得第一桶金，再改行做皮包或皮鞋批发生意。

从地理位置上看，在意大利佛罗伦萨的自主生产型温商企业和从事流通批发的温商企业都集中在市郊 Osmannoro 地区，二者聚集区相距较近，但从事流通批发类的温商企业更靠外围，接近佛罗伦萨与冈比市的交界处，在这个位置其物流运输更为便利。

二 佛罗伦萨温商企业群体特征分析

为研究海外温州人企业家群体情况，课题组以制包行业里的自主生产型温商企业为调研的主要对象，借以考察海外温州人企业家的大致特征。之所以选择这一对象作为典型案例，其原因有三：第一，制包行业是温商在佛罗伦萨的主导性行业，已经初步形成产业集群。佛罗伦萨是欧洲皮革皮具生产中心，引领着全球皮包时尚潮流。不仅有 Gucci、LV、Prada、Chanel、Miumiu 等诸多一线品牌皮包在此生产，欧洲各国的皮包经销商也都到此批发中低档皮包。第二，自主生产型温商企业数量众多，且多集中在佛罗伦萨的 Osmannoro 地区。对于这些企业，采取问卷抽样调查是可行的。但对于规模较大的企业，尤其为一线或二线皮包品牌做代工的企业，厂址多分散在佛罗伦萨郊区，不利于把握样本总体和抽样。第三，自主生产型温商企业是温商在佛罗伦萨立足的基础。绝大多数温州人在佛罗伦萨创业都是从经营自主生产型制包企业起步，而后才转向代工生产企业或批发销售行业。此外，课题组访谈发现，一些在意大利的温州人，尤其是在佛罗伦萨的温州人在经营酒吧、开服装店等失利后，会再转向经营自主生产型温商企业，进而实现扭亏为盈。

课题组在对佛罗伦萨的温商企业调研时，主要通过问卷调查收集温商企业数据，并结合采用个案访谈法和参与观察法。整个调研分为两个阶段：第一阶段主要是采用问卷调查法了解温商企业的经营情况以及集群内的企业状况和温州移民在佛罗伦萨的生活状况。第二阶段则采用问卷调查法和个案访谈法，分析温商在佛罗伦萨的社会网络和创业网络，即利用个案访谈法了解被调查者的创业过程及他们在佛罗伦萨的社会关系。调查样本则是从第一阶段调研中接受调研的温商中随机挑选，同时还挑选了该产业集群的几位上游皮料供应商和下游批发商。在初期调研中，课题组发现自主生产型温商企业中每家情况都非常相似，所以采用整群抽样法，抽取位于 Via de'Cattani 182 的两栋厂房和附近的数栋厂房，挨家挨户对这些栋厂房的企业进行问卷调查。样本数量是根据 $n = [p(1-p)Z^2]/e^2$ 计算的，最终确定大约抽样65家。最后，课题组总共走访了200多家企业，最终第一阶段的调查得到67份问卷，第二阶段的调查得到23个样本。在深度访谈中几位温商的原话可以作为案例证据。这几位温商简单介绍具体见表4-3。

表4-3　　　　　　接受深度访谈的6位温商概况

编号	年龄	性别	来意时间	学历/取得国家	来意前从事工作	目前从事行业
A	46	男	1998	初中/中国	建筑工人	自主生产型企业主
B	32	男	2004	大学/中国	银行职员	自主生产型企业主
C	33	男	2001	初中/中国	无正式工作	自主生产型企业主
D	35	男	1988	初中/意大利	学生	代工生产型企业主
E	35	男	1986	初中/意大利	学生	皮鞋批发商
F	32	女	1998	高中/中国	店员	皮包批发商

（一）佛罗伦萨温商学历层次较低

学历层次低是目前佛罗伦萨温商的一个显著特征。接受调研的67位温籍人士中，大部分都是初中或小学学历，其中，小学学历的占27.9%，初中学历的占61.3%（见图4-1）。

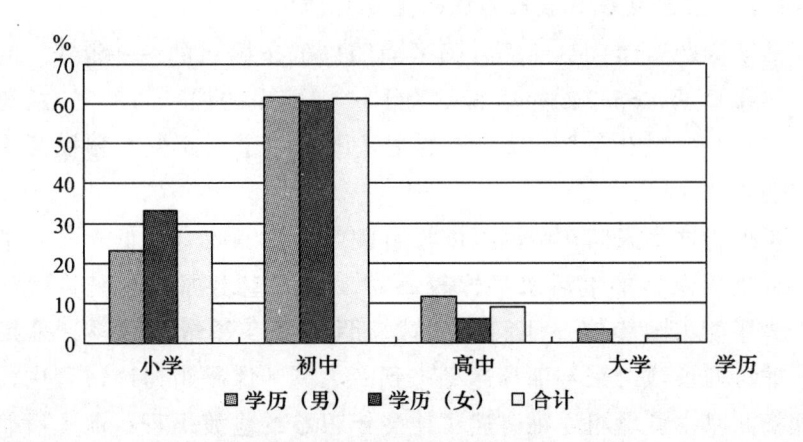

图4-1　佛罗伦萨温籍人士学历情况分布

通过访谈得知，成人后来到意大利的，都是奔着欧洲国家的高收入来的，不可能再继续学习。只有少数人为了今后的发展会抽出时间去参加意大利语学习班。小时候就随父母出国的，一般也只在意大利上到初中或高中便正式参加工作了。如温商缪某，11岁来到意大利，当时父母办厂没多久，家里还比较困难，他便辍学在厂里帮父母做点手工工作，直到13岁才重新上学，后来只勉强上到初中。温商张某，高中毕业后便开始工作，因国内工作每月仅300元人民币，于是偷渡来到意大利亲戚工厂里打工，当时年仅20岁。

（二）出国前在国内多无正式工作

出国前在国内一般无正式工作也是佛罗伦萨温商的另一个典型特征。从访谈中得知，仅几位高中以上学历的温商，出国前在国内有正式工作单位，如温商B是国内一家银行的职员，但多数受访对象在国内并没有正式工作或压根没工作。他们大多原来是生活在教育资源贫乏的农村或山区，男性主要靠务农或外出打工赚钱养家，女性则多是在家中照看孩子和老人。

通常来说，我们称人类活动领域内能力最强的人为广义的精英，他们在公共或私有领域中占有重要的战略地位；相反的则是非精英群体。从这两个特征来看，佛罗伦萨的温商在出国前，一般在国内都属于非精英群体。

（三）出国赚钱是温商移民的主要目的

佛罗伦萨温商一般都具有强烈而明确的出国目的——赚钱。问卷统计结果显示，65.2%的温商是为了"赚更多的钱"，10.6%的温商是为了"更好的生活"，22.7%的则是因为与亲人团聚才移民意大利的（见图4-2）。

正因为这些温商在中国国内没有固定工作，收入偏低，社会地位不高，当听说国外生活水平比较高时，就渴望出国以改变其生活状态。为了能出国赚钱，他们经亲戚、朋友或乡邻帮忙联系，采用偷渡、非法滞留或劳工签证等途径来到意大利。课题组访谈过程中，一位温商张某向课题组详细讲述了他当年艰难的偷渡历程：他先后偷渡三次，从不同路线入境，但前两次均以失败告终，第三次终于如愿以偿到达意大利。他偷渡意大利的过程前前后后历经了十个多月。他说，

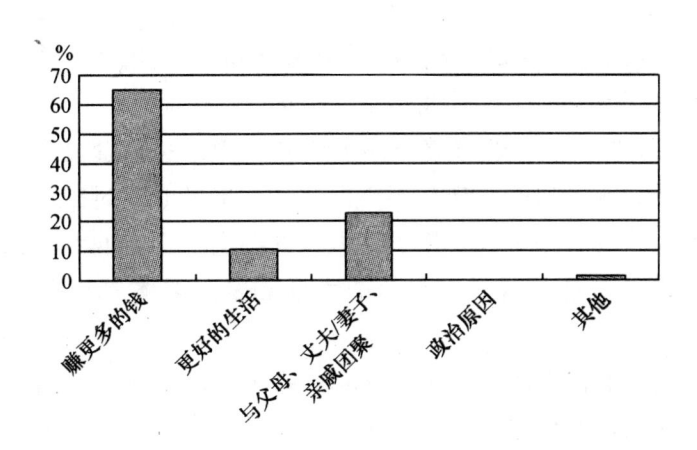

图 4-2　佛罗伦萨的温商移民意大利的目的概况

当时到达意大利的第一感觉就是"终于来到这个天堂了!"当然此后艰苦的工作环境也曾让他萌生回国的想法,但为了赚钱,还是咬紧牙关坚持了下来,并最终获得了一定发展。表 4-4 是温商受访对象对其移民意大利目的的具体表述(D、E 是小时候因为要和父母团聚才出国的,所以没有列在表中)。

表 4-4　温商具备强烈而明确的赚钱目的是其出国动力的案例证据

编号	案例证据	出国目的分析
A	都说国外好赚钱,所以 1998 年的时候我与妻子两人偷渡一起来到意大利。两个人一共花了 26 万元人民币才偷渡出来,整整工作了一年才把偷渡的费用还清	赚钱
B	在意大利的姐姐说我一年收入才 3.4 万元人民币,赚钱太少,还是在意大利赚钱多。因为劳工签证麻烦,所以办了留学签证出来。刚开始在一所大学里读书,后来觉得学费太高,而且大学毕业也未必能赚到大钱,还是不读了,做生意算了	赚钱
C	学历太低,在国内找不到像样的工作。再说周围的人都出国赚钱去了,我也就跟着出来了	赚钱
F	高中毕业也没什么好工作。家里经济条件不太好,所以家里让我出国赚钱	赚钱

（四）佛罗伦萨的温商基本适应海外生活

佛罗伦萨温商的主要企业集中在 Osmannoro 地区。在 Via giuseppe di vitorio 的工厂附近，遍布着温州人经营的中国进口食品商店、小吃店、复印店、服装店等。还有不少温州人、老外开车过来卖菜、卖水果。来此买菜的，除了在附近工厂做包的温商，还有西北处做批发生意的温商们。在这个区域，温商的生活必需品基本都可以得到有效解决。

生活上，他们多居住在 Osmannoro 地区附近或邻近的冈比市（那里房租相比较佛罗伦萨要低一些）。这也正符合了托马斯·谢林所提出的社会领域中的地方互动模型，即城市中的人口流动模型，人们喜欢选择与自己肤色一样的人作为邻居。

调查发现，仅有3.2%的受访对象表示有点不习惯佛罗伦萨的生活，其余受访对象均表示已经习惯了在佛罗伦萨的生活（见图4-3）。在佛罗伦萨，温商一般以中餐为主，中餐所需要的大米、蔬菜等均能买到。中国传统的粽子、汤圆等在这里也应有尽有。当问及生活习惯的原因，69.8%的受访温商表示是因为已适应这样的生活习惯，60.3%的温商表示是因为这里有很多亲朋好友，不少在佛罗伦萨的温商的整个家族都已经移民到佛罗伦萨。而问卷备选项中的另外两个原因，即"因为有较多的娱乐活动"与"和当地意大利人相处较好"，只有不到5%的温商认可。

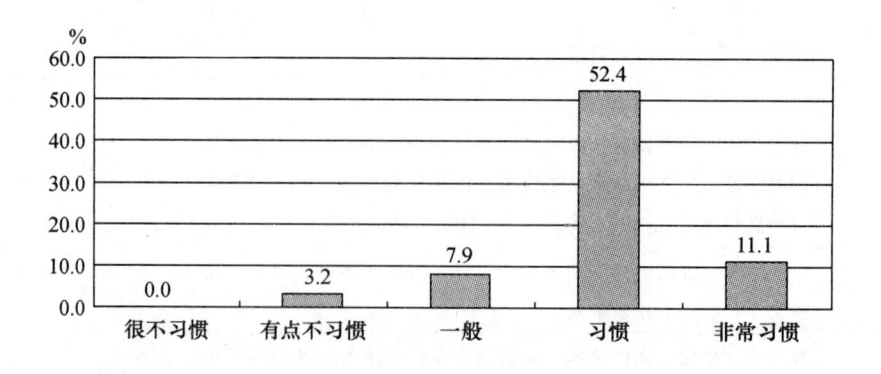

图4-3　佛罗伦萨的温商对在佛罗伦萨生活的习惯程度

（五）各类企业温商参与当地社会活动的活跃程度不同

作为移民，如果不学习和适应所在地主流社会的一些主流价值观和生活方式，必然会面临许多融入困境。当在佛罗伦萨的温商们的经济活动取得成功时，为有效融入当地社会，他们开始寻求政治活动的突破。1992年6月，佛罗伦萨华人华侨联谊会成立，这是佛罗伦萨最早的华人社团。该社团目前已有150位会员。2011年5月，佛罗伦萨华人华侨妇女联合会成立。佛罗伦萨华人华侨联谊会和佛罗伦萨华人华侨妇女联合会是目前佛罗伦萨主要的华人社团。这些社团是温商群体的一个缩影，也是沾亲带故慢慢壮大的，新会员一般通过朋友或亲戚关系加入。社团在加强与当地政府的联系、团结当地华人华侨、增进意中两国人民友谊等方面发挥了重要作用。2012年2月，中国侨联派出"亲情中华"慰问演出团到意大利开展慰问演出，当时意大利华人华侨联合总会和冈比市政府联合主办了在佛罗伦萨的演出活动。2011年11月，佛罗伦萨发生因种族歧视导致枪杀黑人的事件，一时震惊海内外。事件发生后，华人华侨联谊会成员在驻意领事馆的倡导下，积极向被杀黑人亲属捐款。这些温商也正是借着华人社团这个平台逐步融入意大利主流社会，并与国内主流社会保持着紧密的联系。

但调查同样发现，佛罗伦萨华人社团中的会员和频频活跃在联谊会各种活动场合的温商，多数是创新设计型和代工生产型企业，基本没有自主生产型企业。可见与创新设计型和代工生产型温商企业相比，自主生产型温商企业及其工人的生活是相对封闭的。因为他们来意大利后，除少数自主生产型温商是年少时随父母出国，能有时间和机会在意大利学校学习之外，大部分人出国后一直在工作。对于他们来说，每天的生活就是两点一线，即白天在工厂工作，晚上回家休息，只在周日才有半天时间可以外出。因此，他们根本没有时间和精力去学习意大利语，也没有太多机会与意大利人接触，更没有时间去参加各种联谊或政治活动。因此，即便在意大利工作生活多年，他们也只会说一点点意大利语，比如皮包的颜色、数量等。图4-4是对佛罗伦萨温籍人士意大利语语言能力情况的数据统计，从中可以看出只会说一点意大利语和一点意大利语也不会说的占到了被调查对象的72.38%；至于写和读意大利语的能力，受访对象中89.7%的人表示一点也读不懂意大利语，90.7%的人表示一点也不会写意大利语。这说明多数在佛罗伦萨的温商的意大利语交流能力都非常有限，自然也就很难利用意大利语和本土意大利人之间进行沟通，更难以出席意大利人举办的各种联谊活动。

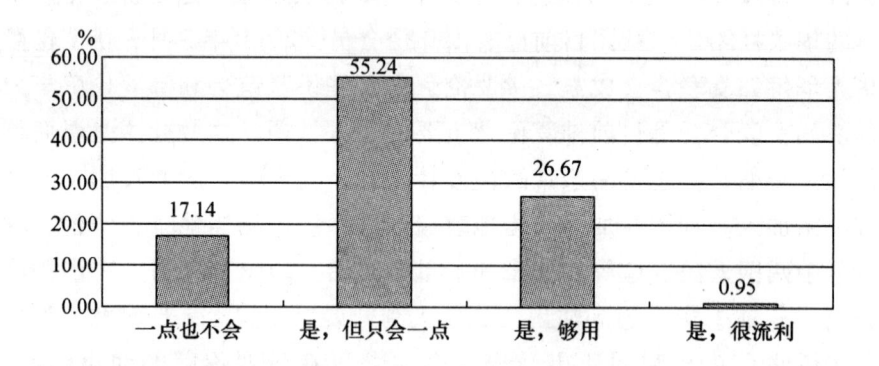

图4-4 佛罗伦萨温籍人士的意大利语语言能力（说）

另外，对自主生产型温商企业的调研显示，几乎所有自主生产型温商都表示对这些社团并不感兴趣。工作压力比较大，并无多余精力去参加社团和联谊活动，是他们对这些社团不感兴趣的主要原因。在他们看来，即便有空余时间，也宁愿将此时间用来做包赚钱。对于他们来说，"时间就是金钱"。还有部分自主生产型温商企业认为这些社团是有钱人的社团，经常要捐钱，凭他们目前的收入还没能力参加。

由此可见，创新设计型企业、代工生产型企业的温商参加社会活动的活跃性要远远大于自主生产型企业的温商。创新设计型企业、代工生产型企业的温商比较开放，他们迫切希望融入意大利社会，社交范围比较广泛；自主生产型企业的温商比较封闭，工作时间和语言能力束缚了他们融入意大利社会的意愿，与温州人社交网络外的圈子接触比较少。

三 佛罗伦萨温商企业经营情况

（一）企业规模

佛罗伦萨的自主生产型温商企业都非常相似，每家企业的经营面积都在30平方米至100平方米不等。自主生产型企业的最大特点就是都以家庭为单位组织生产。自主生产型企业的生产经营者主要以夫妻为主，并充分调动家庭成员参加生产经营来降低成本。企业从业人员（加上企业主本人）最少的只有两人，最多的也不超过10人（见图4-5）。因此从规模上看，自主生产型温商企业事实上都属于微型企业。

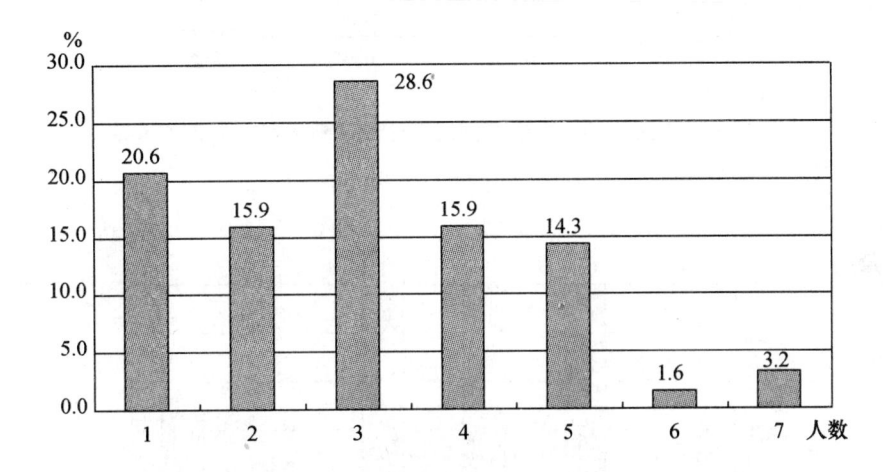

图4-5 佛罗伦萨自主生产型温商企业员工数（不包括企业主）概况

注：因为四舍五入，百分比之和不等于100%。

（二）工作时间

从调研可以看出，大多数在佛罗伦萨的温商，尤其是自主生产型企业的温商，其生活还是非常艰苦的。访谈和问卷数据统计显示，自主生产型企业中的温商和工人们基本都处于高负荷运转的工作状态。从图4-6可以看出，自主生产型温商企业的老板和员工中，6.5%一周7天时间都在工作，64.5%一周工作6天半，27.4%一周工作6天（统计中去除没有回答此题的样本）。统计数据还显示，自主生产型温商企业的老板和员工每天工作时间也很长，他们中的86.7%每天至少工作12个小时（见图4-7），一般早上在10—11点到达工厂，直至晚上12点，甚至凌晨两三点才离开工厂。正如一位自主生产型温商所说："睡觉对于我们来说都是一种奢望。"

160 温州人经济研究

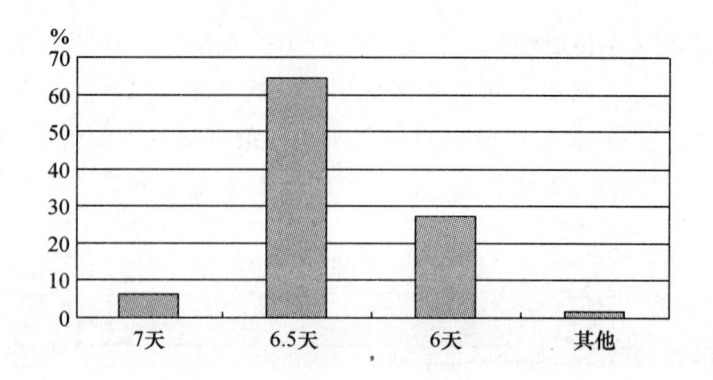

图4-6 佛罗伦萨自主生产型温商企业从业人员一周工作天数

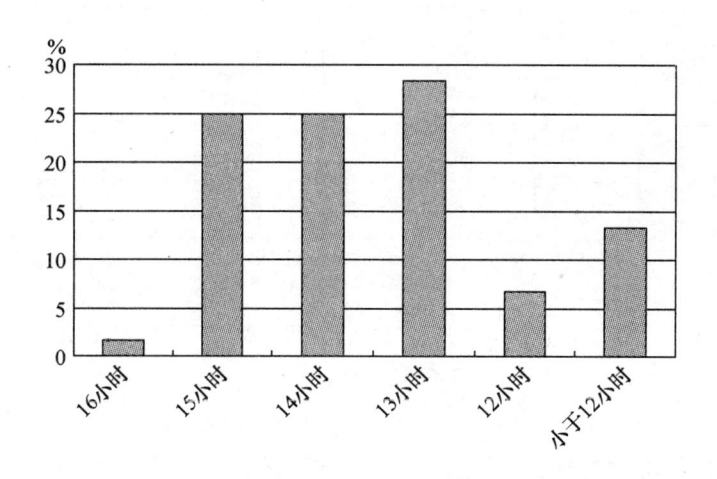

图4-7 佛罗伦萨自主生产型温商企业从业人员一天工作时间概况

(三) 工作环境

实地走访发现,佛罗伦萨自主生产型温商企业的制包厂房一般空气都比较混浊,掺杂着皮革和胶水的气味,缝纫机、模具机、打孔机等的声音此起彼伏。但在工厂里工作的大部分人都表示已经适应了这样的工作环境,没有感觉空气质量和工作环境不理想。因此在对工作环境的调查中,仅9.1%的受访对象认为工厂内的空气质量不好。佛罗伦萨的温商企业从业人员对工厂内空气质量评价情况如图4-8所示。

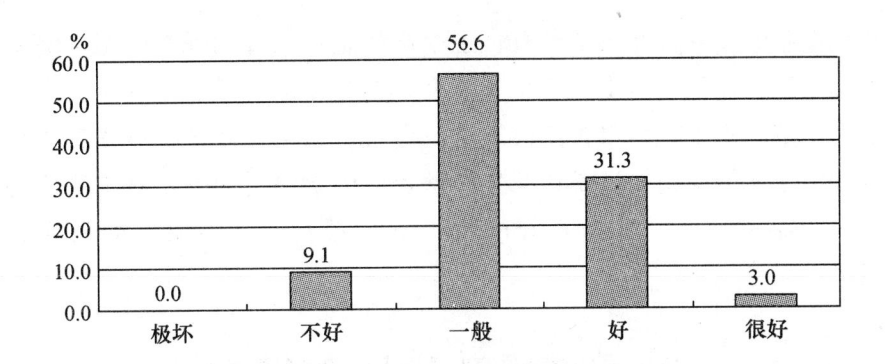

图 4-8　佛罗伦萨自主生产型温商企业从业人员对工厂空气质量感知情况

　　对于在佛罗伦萨的温商来说，厂房就是他们的大半个家。他们一般早、中、晚三餐都在工厂里解决。家中有小孩的，就在缝纫机边放张小床，边工作边看着小孩。八九岁的小孩放学回来，一般都要帮大人做点简单的手工活，如剪线头、穿拉链头，许多十岁出头的孩子都已经会做踩缝纫机等复杂工序。有些自主生产型温商企业没有雇用工人，其家中未满18周岁的孩子一般都辍学在家，成为家庭企业里的主要劳动力。课题组在调研过程中，还访谈了十多位15—20岁的在佛罗伦萨的温州年轻人。他们有的在国内小学还没毕业，有的则是初中毕业后就到了意大利。到意大利后因语言问题，他们一般无法在意大利学校继续完成学业，只好辍学在父母所开的厂里做工。而对于他们父母来说，有了这些孩子的帮忙，能够降低生产经营成本，分担家庭负担，因而也就默许了他们的辍学。这些年轻人对于目前的生活状态都比较无奈，一方面，他们不懂意大利语，在意大利生活就只能生活在佛罗伦萨的温州人这个狭小的交际圈子里；另一方面，如果回国，没有学历也就意味着没有工作。所以，虽然他们对目前的生活状态比较无奈，但没有选择，只能在父母的厂子里继续工作。将来，他们有可能会接替父母的衣钵，继续经营家庭的自主生产型制包企业。

　　与生产型温商相比，在佛罗伦萨做批发的温商相对来说工作要轻松一些，他们一般每天工作十个小时左右，工作环境比生产型企业的厂房也要好很多，他们的孩子一般也不用帮家里做工。此外，代工生产型企业的温商现在虽然没有自主生产型企业的温商那么劳累,但是在他们的企业从自主生产型企业转型升级之前,一般也都曾经历了自主生产型温商企业的艰苦阶段。调研发现,就整体而言,不管是创新设计型企业的温商,还是代工生产型企业的温商,抑或是自主生产型企业的温商,他们都有良好的吃苦耐劳精神,具体案例证据详见表4-5。

表4-5　佛罗伦萨的温商具有吃苦耐劳精神的典型案例

编号	案例证据	分析
A	刚来意大利时,我在朋友的厂子里工作,每天才3—4小时的睡觉时间。现在虽然一天工作15个小时,但比起以前已经好多了,而且现在是在为自己工作	工作时间长,且已习惯
B	我们一天工作15个小时,一直不停地工作,除了吃饭和睡觉。而意大利人修个马桶都要一天,一会儿喝咖啡一会儿又要干其他的。我们干一天活能抵他们好几天。……孩子没人照顾,都送回国让老人照顾	工作时间长;没人帮忙照顾孩子
C	反正都习惯了。工作时间长,那都是为自己干,无所谓的	工作时间长,且已习惯
D	现在我不用亲自做包。工人们一天要工作12小时	工作时间长
E	现在一周只能休息半天。如果休息时间能多点就好了	工作时间长
F	刚开始办厂,客户少。资金非常紧张,经常是今天包卖了几个才有钱去买米买菜。……老人都在国内,没人帮我们照顾孩子。记得以前做包的时候,女儿还很小。有次女儿不见了,我和几个工人在工厂里外找她,怎么也找不到她,真是吓死我了。后来发现她一个人窝在角落里睡着了	工作时间长;没人帮忙照顾孩子

(四) 供应商

佛罗伦萨的温商企业中,代工生产型企业因为是代其他企业生产加工产品,其做包的原材料和配件都是由订货商提供,一般不用考虑采购和同供应商的关系。而自主生产型温商企业则需要自行采购原材料和各类配件。一般来说,它们生产加工皮包所需要的皮料、里布及拉链等配件均来自在意大利的供应商(佛罗伦萨自主生产型温商企业的供应商分布如图4-9所示)。这些供应商虽然都来自意大利,但并不全是意大利人,有些供应商是在意大利的温州人。

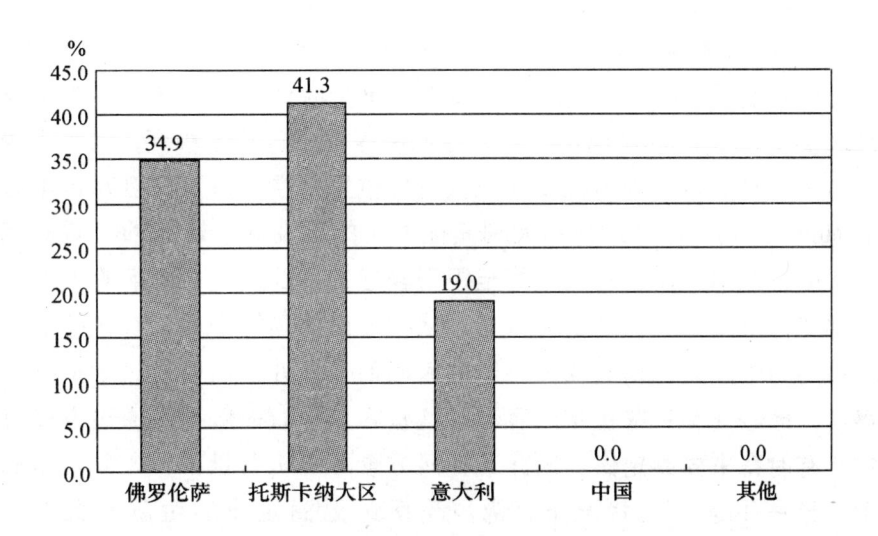

```
%
45.0 ┤
40.0 ┤        41.3
35.0 ┤ 34.9
30.0 ┤
25.0 ┤
20.0 ┤              19.0
15.0 ┤
10.0 ┤
 5.0 ┤                    0.0   0.0
 0.0 ┴─────────────────────────────
      佛罗伦萨 托斯卡纳大区 意大利 中国  其他
```

图4-9 佛罗伦萨自主生产型温商企业的供应商来源

佛罗伦萨附近的Sanda Croce,是一个非常著名的真皮生产和批发地区。佛罗伦萨附近的Vicenza、Modena等地也盛产优质真皮。这些地区的意大利商人,还会把装着真皮的卡车开到Osmannoro地区的工厂门口进行销售。因此,温商们即便不方便自己开车过去买,也能在工厂门口买到心仪的皮料。

意大利这些地区的真皮皮质特别好,其他地区无法比拟。现在中国国内虽然也有不少厂家生产真皮,价格也比较便宜,但没人将其出口到意大利,其原因就在于中国的真皮皮质无法与意大利生产的真皮皮质相媲美。现在也有不少温州人将中国的假皮皮包进口到意大利出售,不过在佛罗伦萨的温商皮包企业主们都认为,虽然中国的假皮皮包价格很低,但许多欧洲人都倾向于购买真皮皮包,因此中国的假皮皮包不会对他们的皮包生产造成竞争威胁。

除从事皮包生产之外,少数在佛罗伦萨的温州人也从事皮料经营贸易。在Osmannoro地区,就有好几家温州人经营的皮料批发店和皮包零件批发店,它们为温商企业的经营提供了很大便利。温州人批发的皮料有产自意大利的，也有从国内江苏、浙江等地进口的假皮。在佛罗伦萨生产假皮皮包的自主生产型企业基本都是从这些温州人经营的皮料批发店里批发原材料。

（五）订货商

自主生产型温商企业的订货商来自整个欧洲地区，其中多为批发商。仅41.3%的受访温商表示，他们的客户中包括零售商，其余则表示与之交易的客户均为批发商。从地理位置来看，订货商有来自附近的 Metro 区域，也有来自意大利其他城市的批发商，还有的订货商来自法国、德国、荷兰等国，甚至距离较远的俄罗斯、立陶宛等国都有向佛罗伦萨的温商生产企业订货。从批发商的国籍来看，有包括温州人在内的中国人，也有欧洲各个国家的商人。许多温商经过十多年的经营，已经拥有一些稳定的客户。这些客户平时一般都是通过电话订货，有时寄来样品定做。因此，在西方金融危机背景下，尤其是希腊国内经济不景气的状况下，佛罗伦萨的温商企业的生意所受影响有限。

第三节 海外温州人创业网络与产业集群发展：以佛罗伦萨为例

意大利佛罗伦萨市是欧洲皮革皮具生产中心，这里不仅是 Gucci、Prada、Chanel、Celine、Miumiu 等诸多全球一线品牌皮包的生产基地，还是整个欧洲中低端皮包市场的供应源头。目前，佛罗伦萨已形成成熟的皮具产业集群。

据一位在20世纪70年代初期到佛罗伦萨的侨民回忆，当时在佛罗伦萨的温州人不足200人。在佛罗伦萨边上的 San Donnino 地区，有几十家意大利人经营家庭作坊式制包企业。温州人便从这些企业进货，在市中心开店零售皮包。而后，温州人模仿这些意大利传统皮包家庭作坊，开始涉足皮包生产。据悉到1983年，佛罗伦萨还仅有6家温商经营的做包企业，而到1990年就已经发展到400多家。这些企业均分布在 San Donnino 地区。温州移民数量伴随着温商企业数量的增加而增加,以致当地6000人口中,温州人占了一半。与此同时,当地的意大利人认为华人破坏了他们原本宁静的生活,抢走了他们的工作,开始出现一些反华事件。因此,1994—1995年,温商皮包企业陆续从San Donnino搬到了现在的Osmannoro地区。目前整个Osmannoro地区集聚着1000多家温州人经营的微型皮包自主生产型企业,而目前当地意大利人经营的这类企业已寥寥无几。

一 佛罗伦萨温商创业网络的形成

(一)佛罗伦萨温商社会网络的形成

同其他海外温商一样,在佛罗伦萨的温商社会关系网络也是由血缘和地缘关系编织而成的。最早移民佛罗伦萨的华人现在已无从考证。从课题组调研的数据来看,接受调研的温商都属于第一代移民。从样本统计数据来看,目前在佛罗伦萨的温商95%来自温州瑞安(主要是湖岭镇、高楼镇)和文成(玉湖镇)。他们中最早的于1985年到意大利谋求发展,最晚的则于2007年到意大利创业,其中大部分是在1999—2005年来到意大利。

除了少部分人是因为要与在意大利的父母团聚而到佛罗伦萨的,其他受访对象都是经亲戚、朋友或乡邻帮忙联系,采用偷渡、非法滞留或劳工签证等途径来到意大利的。当一个家族中有一个人成功移民,他就先将自己的妻子或丈夫、孩子带到意大利,再慢慢将其他亲戚或朋友分批、分时带到意大利。如此随着时间推移,这种"滚雪球"式的移民方式使得同一个乡镇的很多人都移民到了佛罗伦萨。访谈发现,受访对象中已经有很多温商的整个家族都搬到佛罗伦萨创业发展。佛罗伦萨的温商社会网络形成的典型案例见表4-6。

表4-6　　　　　温商社会网络形成的案例证据

编号	案例证据	来意途径分析
A	我跟我老婆都是通过朋友介绍偷渡出来的,来了就在他的厂子里做包	偷渡
B	我和我大姐都是我二姐帮忙带出来的	先留学签证,后转工作居留

续表

编号	案例证据	来意途径分析
C	我是通过家里亲戚关系，偷渡出来的。来了就在他的厂子里做包	偷渡
D	我是小时候跟父母团聚过来的。现在我们家的亲戚都在这里了	与父母团聚
E	我爸爸的姑妈早年在意大利。我爸爸是1981年偷渡到意大利的，妈妈和哥哥是1983年来的。我觉得我爸爸特别了不起，因为我们家族里90%的亲戚是他带出来的	与父母团聚
F	我有两个姑妈在法国，我先是通过旅游出境，留在法国。1998年意大利有大赦，就借了一个朋友的护照来到意大利，投奔另一个姑妈。我老公则是通过他姐姐来这里的。2007年，我把弟弟也接到意大利，在我们的厂里做包	非法滞留

可见，佛罗伦萨的温州人所形成的社会关系网络，是一个以温州人为节点，以亲朋好友关系为链接而形成的关系网络。这个关系网络是温州人移民海外的典型关系基础。靠偷渡、非法滞留或劳工签证等途径到佛罗伦萨的温州人，都是通过亲戚朋友关系联系的，他们刚到佛罗伦萨时，一般就借宿在亲戚朋友家里。也正是因为有这样的海外关系，才会有如此多的温州人敢于来到一个完全陌生的国度重新开始生活。已经在佛罗伦萨的温商也热衷于将还在国内的亲朋好友带到国外。即使他们不需要多余劳动力，有些温商也愿意通过向意大利政府提交劳工申请，把国内的亲朋好友带出来。这样做的原因，一是碍于国内亲朋好友的面子；二是有利可图，因为按照当地的行情，带一个人出国，对方一般需支付1万—1.5万欧元不等的费用，而他们办理整套手续一般只需要花费几千欧元。

(二) 佛罗伦萨的温商由社会网络向创业网络的演变历程

正如Serrie(1998)所指出的，由于缺乏学历和技术，移民摆脱贫穷的最好办法就是创业。创业网络一般定义成新创企业成长过程中所构建或参与的网络，以区别于一般企业所处的网络。从现有文献的阐述中可以发现，从网络功能角度来看，学者们并没有严格区分社会网络和创业网络的概念范畴。还有一些学者使用创业社会网络这样的概念（彭华涛和谢科范，2005）。这里，我们把创业网络看作一个有助于创业的社会网络。温商在佛罗伦萨所形成的创业网络，是内外多种因素作用的结果。

1. 企业家精神是佛罗伦萨温州人创业网络形成的动力

温州人常说"工"字不出头，要出头就必须当老板。在温州人看来，当老板是有财富的象征，也是最能获得财富的通道，而且还是身份地位的表现；一辈子当不了老板的人，会被人看不起。况且，他们出国的主要目的就是赚钱，而只有当老板才能赚大钱，当回国的时候在亲朋好友面前也会风光一些。因此，自己当老板是外出海外的温州人的现实选择，也是必然选择。课题组调研中遇一企业才开张几个月，老板原来在意大利人工厂里工作，一天工作8小时，月工资1600欧元，这在当地算相当不错的工资了（意大利当地工人的工资一般在1000—1200欧元）。但他觉得替人打工不是长久之计，还是选择自己开厂当老板，虽然这样比较辛苦而且要承受诸多风险。

先打工后当老板是海外温州人最基本的创业模式和路径选择。在接受课题组调研的温商中，94%刚到佛罗伦萨时是在亲属或他人的工厂里当学徒做工，积累了一定资本和做包技能后就自立门户创业，其余6%则是年少时随父母到达意大利。从访谈和统计数据上看，他们一般要在其他人的工厂里打工2—4年，才开始注册成立自己的企业。从前文的分析可知，虽然海外温州人由工人升级为老板，其工作条件并没有发生太大改变，依然要长时间、高强度地工作，但许多海外温州人并没有放弃创业的努力，他们也不觉得他们自己的生活很艰苦，都表示已经适应和习惯了所从事的工作环境和工作强度。厂房里的噪声和气味在他们看来是非常正常的。从某种意义上来说，温商的吃苦耐劳精神来源于他们对当前生活状态的乐观和对未来幸福生活的向往。从心理角度来看，他们觉得自己当老板即便工作时间再长，也是在为自己工作，不像替别人打工时，工作时间长短并没有与工资挂钩，所创造的财富大部分都被老板赚去了。在他们看来，自己当老板工作时间长就意味着订单多，赚钱自然也多；如果工作时间没有超过12小时，他们反而觉得不安。他们还觉得自己当老板创业，比起替别人打工来说，生活状态已经改善了很多：一是工作时间比较自由，不受人支配；二是对于年轻夫妇来说，自己当老板还能边干活边照看孩子，如果替别人打工，就不能将孩子带到厂房里了。

2. 佛罗伦萨温州人社会关系网络为其创业提供了重要资源

沾亲带故形成的佛罗伦萨温州人社会关系网络是温州人来意大利创业的社会关系基础，正是这种沾亲带故的社会关系网络为佛罗伦萨的温州人创业提供了生存和发展的重要资源。

首先是资金支持。对于新创企业的海外温州人来说，通过银行贷款等正式网络联系获得创业资金支持是比较困难的，创业者与亲戚、朋友以及家庭成员之间的非正式网络联系是海外温州人新创企业融资的主要渠道。在佛罗伦萨经营皮包制品的温州人之中，除了少数是接替其父母经营企业，大部分都是白手起家。他们初来意大利时，身无分文，只能靠打工赚钱，差不多要花一年的时间才能还清出国的费用，然后才开始有自己的积蓄。到自行办厂时，如果存款不够，就向国内或意大利的亲朋好友借钱，以租用厂房、购置设备。接受访谈的67家自主生产型温州人企业中，仅两家表示曾获得过意大利银行的贷款。其余都表示如果在经营过程中需要资金，他们更倾向于向这里的亲朋好友借钱。因为他们中的大部分人都只会说很少的意大利语，而且读写能力不强，很难了解银行的贷款政策，也不知道该如何向银行递交贷款申请。

其次是技能支持。社会网络能够促进企业内、成员间的交流沟通，促进知识共享。前面提到，多数在佛罗伦萨的温州人到意大利之前大部分在国内都是没有工作的，即使有工作也不是从事做包行业的。到意大利之后，由于没有一技之长，他们一般只能在亲戚或朋友的工厂里做包，也正因为如此，使他们从做简单的手工开始，慢慢学会踩缝纫机等多道做包技能。

最后是劳动力支持。佛罗伦萨的温商企业赚钱的主要手段是降低劳动力成本和延长工作时间。在意大利，意大利人创办的企业一般都严格按照一周5天、一天8小时的工作制度，因此，温州人企业里低工资、长时间、高强度的工作条件是不可能聘用到意大利本地人的。而从另一角度来看，初到意大利的温州人因为不会说意大利语，也只能在温商企业里工作。两相结合，正好使温商企业和初到意大利谋求发展的人之间达成供需对接，既解决了在佛罗伦萨的温州人企业的用工要求，为起步创业阶段的温商企业发展提供了廉价的劳动力支持，降低了企业生产经营成本，提高了企业产品的价格竞争力，又解决了初到意大利的温州人的就业和生存问题。可见，佛罗伦萨的温州人之间形成的社会关系网络正好为佛罗伦萨的温州人企业提供了生存与发展的可能。

海外温州人社会网络的形成对温州人经济的创业还有诸多好处。如前文所提的3600工厂被关闭后，由于附近没有足够的空余厂房可以供温州人企业租用，许多温州人企业便借用其他工厂里亲戚或朋友的场地及设备进行生产。温州人社会网络还可以在一定程度上为温州人企业提供客户资源。对初期办厂创业的温州人企业来说，亟须解决的问题就是客户和订单。这时候，那些会说意大利语的温州人企业主会主动联系在他人开设的工厂里打工期间认识的客户，而另一些温州人企业主则会通过寻求亲属帮忙结识客户（如表4-7中的温商B）。

以上可见，海外温州人的社会关系网络可以在资金、做包技能、客户等方面为海外温州人创业提供外部条件支持。社会网络影响海外温州人创业的典型案例见表4-7。

表4-7　海外温州人社会网络影响海外温州人创业的典型案例

编号	案例证据	创业网络的影响
A	出国前我是在建筑工地工作的，老婆没工作，压根没做过包，都是来这以后学的做包技术。办厂的资金有部分是自己的存款，其余则是向这里的亲朋好友借的	提供资金和技术
B	因为是零起点，所以办厂初期完全靠姐姐的帮忙，做包都是姐姐教的。姐姐办厂多年，拥有较多客户，订单做不完，就转让我做一些，慢慢地就转移了一些客户给我	提供资金、技术和客户（订单）
C	出国前没做过包，来了这里以后才学的。办厂的资金有部分是自己的存款，其余则是向这里的亲朋好友借的。我本来是在3600工厂的，现在搬到这个工厂，借用朋友的设备和场地来做包	提供资金和技术，提供帮助（场地）

续表

编号	案例证据	创业网络的影响
D	我父母早年在这里做包,我也是从小在厂里做工学会的。现在我接替他们来经营这个工厂。来我这里的工人也都是在工作中跟着师傅慢慢学会的	提供资金、技术和客户
E	2001年,我爸爸将厂子分给我们兄弟俩。说实话,父母在我开厂过程中真的是帮了不少忙,不管是资金还是技术。后来搞批发,哥哥还有其他亲戚在资金上对我支持很大	提供资金、技术和客户
F	我老公1997年出国后在他姐姐的厂子里做包。我们2001年结婚的时候得到亲朋好友送的红包,这是我们办厂的最大本钱。还缺一些,是向老公的姐姐借的。2011年,我们改行搞批发,就把厂转让给了我弟弟(折算成资金给他,但他到现在还没还)	提供资金、技术、场地

3. 佛罗伦萨良好的集群环境为温州人创业提供了外部机会

企业在地理上的集聚为皮具产业集群的发展带来诸多方便。首先是客户的来源。如前面提到的3600工厂,是温州人在佛罗伦萨最早的一个做包工厂,约有20年的历史。很多皮包批发商和零售商都知道这个工厂。而附近有些新开张的工厂,知名度相对较低,仅有批发商到这些新开张的工厂进货。可见,地理位置对于海外温州人的创业是非常重要的。在课题组的调研过程中,很多温商都认为办厂的地点对他们的生意影响比较大,都表示他们在创办工厂时一般都会选择Osmannoro地区。其次是原材料的获取。Osmannoro地区有几家温州人开的皮革批发店,也有温州人开的皮包零件批发店,这为刚开始在这一地区创业办工厂的温州人提供了很大便利。同时,还有不少意大利人把装着真皮的卡车开到厂区门口销售真皮材料,所以即便不会说意大利语,初期创业的温州人也能很方便地买到意大利产的优质真皮材料。

身处"意大利制造"产品工业区还为在佛罗伦萨创业的温州人带来不可忽视的竞争优势。首先,意大利拥有诸多时尚名牌,如Prada、Vercace、Armani、D&G、Gucci、Moschino、Salvatore Ferragamo等。哪里有时尚创新,哪里就会产生新的流行趋势。意大利的皮包时尚品牌创新风尚,使佛罗伦萨的温州人有比较多的机会可以掌握发达国家最挑剔的消费者们的审美趋向变化动向。许多在佛罗伦萨自主经营的温州人都表示,他们平时逛街时,通常会购买一些皮包作为自己的样品款式供订货商选择,或者会在专柜仔细观察价格昂贵的名牌包设计款式,而后模仿制造。其次,佛罗伦萨是意大利托斯卡纳大区的首府,托斯卡纳拥有很多产业集群,集群内企业间的密切关系和所积累的技能,为在佛罗伦萨创业的温州人提供了这个地区竞争优势所依赖的基础。一个产业一旦在某地建立并可以持续巩固的原因通常是该产业具有寻找其源自本地技术发展和地理相近的优越性。专业技术技能的提高,与持续增长的拥有专业技能的人口数量相联系,也可以刺激企业产生创新,这种创新不仅反映在所生产商品的质量和数量上,也反映在生产过程中的机器性能的提高上。这也是新创企业的基础,不管是主导当地经济主要产业的企业还是提供设备与原材料的辅助产业里的企业。所有这些活动都可以为当地企业系统提供成本优势。最后,佛罗伦萨附近的 Sanda Croce,是一个非常著名的真皮生产和批发地区。该地区的真皮皮质特别好,是意大利其他地区所无法比拟的。除此以外,还有佛罗伦萨附近的 Vicenza、Modena 等地也可以提供优质真皮。这些都为在佛罗伦萨创业的温州人企业提供了竞争优势。产业集群影响佛罗伦萨温州人创业的案例证据具体见表 4-8。

表 4-8 产业集群影响佛罗伦萨温州人创业的案例证据

编号	案 例 证 据	集群的影响
A	包的款式都是我们平时逛街去看去选的。我们买回包作为样品供客户选择。Sanda Croce 生产的是世界上最好的真皮。中国进口的皮都是假皮,虽然价格比我们的低很多,但对我们的生意没影响	提供包的设计样式、优质真皮
B	我们的真皮很多从 Vicenza 进的。老外有时候会把皮运到我们门口卖,很方便。中国生产的皮远不及意大利这里生产的真皮的质量	提供优质真皮
C	我们原来做假皮皮包,但竞争不过中国进口的那些假皮皮包,那些包价格太低了,我就改做真皮皮包,一直到现在。我现在这款包,前几年卖 15 欧元一个,后来别人模仿着也做这款包,现在只能卖 12 欧元了	提供细分市场

续表

编号	案例证据	集群的影响
D	我们的做包技术主要是从老外工厂学的，这些技术在国内恐怕是学不到的	提供技术
E	我刚开工厂做代工时，因为给名牌皮包代工，有些技术不达标，我就到老外的工厂里学习	提供技术
F	一次有老外过来买包，问为什么你们不做钱包呢？这话提醒了我，但这里没有做钱包的设备。于是我们把 Sanda Croce 的皮运到海宁，在那边生产出钱包后运回这里卖。目前，钱包的销售额占了50%左右（不直接从中国进口皮包，是因为这里的皮质好）	提供商业信息

从以上分析可以看出，在温州人的企业家精神动力、佛罗伦萨温州人社会关系网络的资源供给以及佛罗伦萨良好的集群环境所提供的外部机会等内外因素的共同作用下，佛罗伦萨的温州人社会网络逐渐演变为他们的创业网络。佛罗伦萨的温州人创业网络形成的概念模型如图4－10所示。

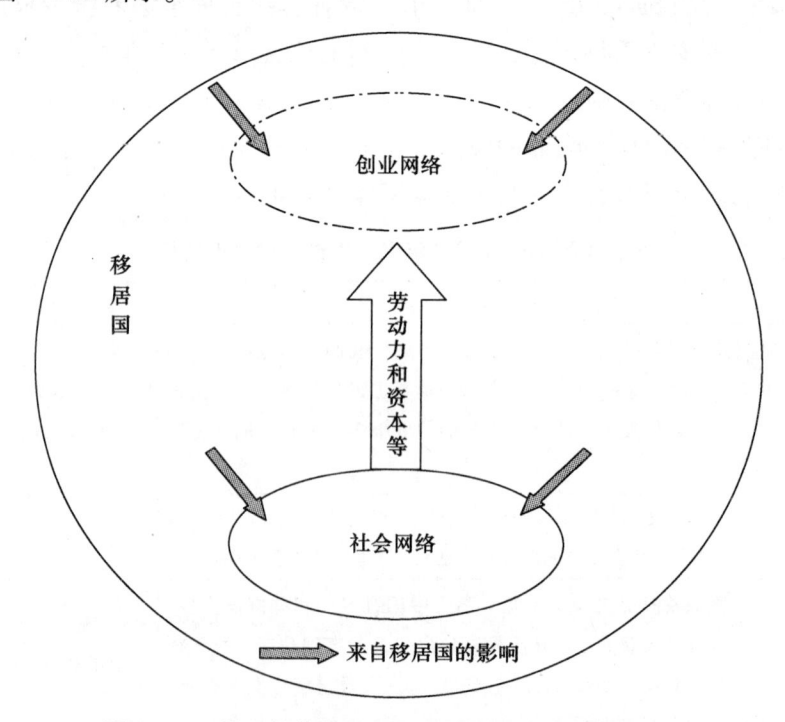

图4－10 佛罗伦萨的温州人创业网络形成的概念模型

(三) 佛罗伦萨温州人创业网络对当地华人皮具产业集群形成的作用

1. 佛罗伦萨温州人创业网络孕育潜在的产业进入者

从客观上看，这些新到佛罗伦萨的温州移民为当地皮具产业集群提供了廉价的劳动力，从而使温州人企业获得竞争优势。因为在佛罗伦萨温州人企业相对较差的工作条件是无法吸引当地意大利人来工作的，所以这些温州人企业只能也必须依靠雇用后来的温州移民降低其生产成本。韦伯在《工业区位论》里演绎发现了两种一般的区域成本因素：运输成本和劳动成本。在韦伯看来，劳动成本是产业集群形成的一个重要原因。韦伯的研究结论在很大程度上和佛罗伦萨的温州人产业集群的形成是相契合的。

从主观上看，在佛罗伦萨的温州移民具有两个明显特征：首先，他们如果是成年后出国，则具有非常强烈而明确的出国目的——赚钱。为了实现这个目的，他们千方百计地来到工资水平相对要高很多的意大利。他们当中除了少部分人是通过团聚签证出国的，大部分人都是在佛罗伦萨的亲朋好友的帮忙和牵线下，通过劳工签证、非法滞留或者偷渡到意大利的。其次，他们没有一技之长，也不会意大利语，来到意大利后除了在温商制包企业里做包，基本找不到其他工作。在佛罗伦萨的温商普遍学历层次比较低，接受调研的温商及其配偶中（受访对象中部分人拒绝透露学历，回答此问题的共有117位），大部分温商及其配偶为初中或小学学历，其中，小学学历占27.9%，初中学历占61.3%。他们出国前在国内大多没有正式工作，尤其是妇女出国前基本都是在家做家务，因此他们大部分人不具备特定的工作技能，到佛罗伦萨后，他们是很难到意大利人的企业里去工作的，一般只能通过在佛罗伦萨的社会网络关系，在亲戚、朋友或老乡的工厂里做包。

皮具产业的技术含量一般比较低，而移民佛罗伦萨的温州人只要肯吃苦耐劳，都能胜任皮包制作工作。虽然他们来意大利之前一般都没有做包经验，但他们可以先从简单的剪线头、装拉锁做起，然后学会裁皮料、踩缝纫机，通常都能很快适应这份工作。因此，经过一段时间的工作，他们不仅能掌握做包的基本流程和技术，还能了解如何开办一家制包工厂,并结识一些客户。对于他们来说,在温商企业里打工只是一个过渡时期,只要具备一定条件,就会择机自主创业。

可见,在佛罗伦萨的温州人社会网络帮助新移民的温州人来到佛罗伦萨,并安排他们留在当地温州人皮包企业里工作,使这些新移民在工作中获得了产业知识和技能,积累了产业经验,为其日后的复制型创业打下了基础。由此,在佛罗伦萨的社会网络孕育了整个产业集群的潜在创业者。

2. 佛罗伦萨温州人创业网络帮助温州人进入当地产业集群

通过劳工签证、偷渡等方式到达意大利的温州移民,大多数会因此而背负一笔债务。他们到达意大利后,一般需要少则一年多则三年的辛苦工作才能还清这笔费用。然而,他们却能在短时间内创办自己的企业。如图4-11所示,通过对23个样本的统计,大多数温商在到达意大利后的二至五年内自行办厂做包。样本19和样本20的创业年份与到意大利的年份相差了十年以上,这是因为他们到意大利时才十岁出头。

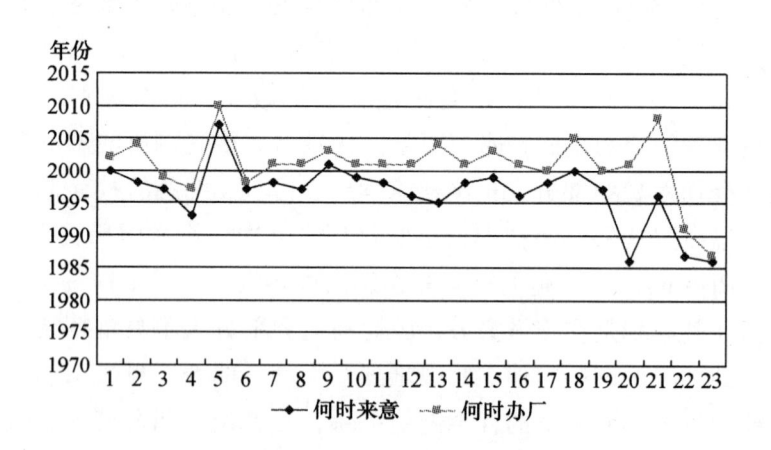

图 4-11 温商来意时间与创业时间的差异

佛罗伦萨温州人移民之所以能够在较短的时间内实现自主创业、进入当地皮包产业集群,主要是因为在佛罗伦萨的温州人社会关系网络为他们的创业提供了生存和发展的重要资源。这在前面已经阐述过。图4-12是根据课题组第二阶段调查中的受访温州人所得资源绘制的。其中，实线表示社会网络对温商企业资金方面的帮助，点画线表示知识、技术方面的帮助，虚线则表示其他方面的帮助，双点画线表示多种帮助。如图中的节点7，在办厂初期，他的主要客户就是他的朋友，大部分订单都是这位朋友提供给他的。节点5，在办厂初期，由于缺少客户，一部分订单是由其姐姐，即节点22转让给他的；节点5生产过程中碰到的技术问题也是从节点22和其他亲戚处得到解决的。节点5、节点22和节点5-22-R1还合租了一个约200平方米的厂房，亲戚们在一起经营不但可以互相照应，而且可以节约成本，单独经营的厂房租金则高出不少。

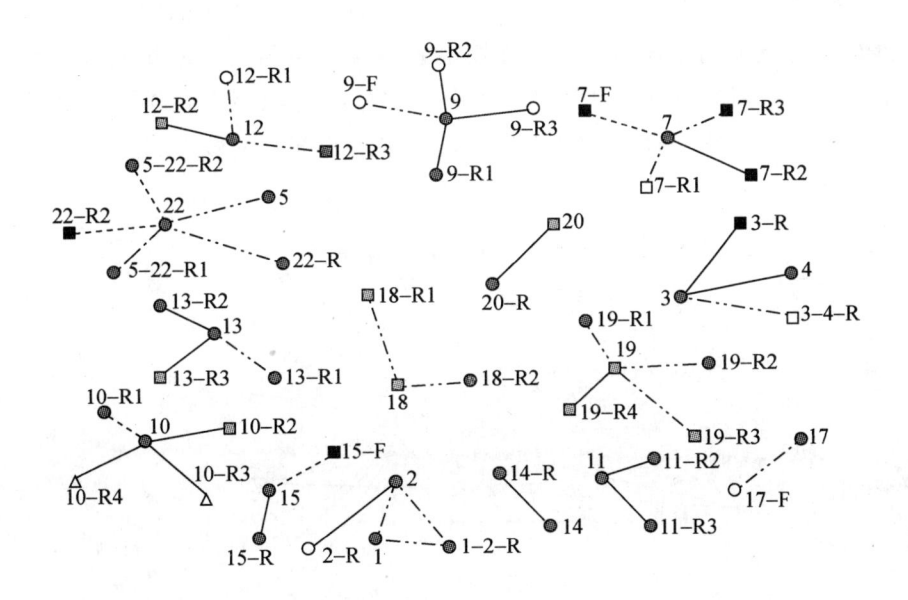

图4-12　在佛罗伦萨的温商创业网络对创办企业的作用

注：圆形表示制包企业；方形表示批发商；三角形表示其他生意。形状内部为▨表示佛罗伦萨（除Metro外）；形状内部为▬表示Metro；形状内部为空心表示意大利（除佛罗伦萨外）；形状内部为实心表示欧洲（除意大利外）。

可见，在佛罗伦萨的温州人社会网络通过提供资金、知识等资源，帮助新创企业进入该产业集群，并提高他们的存活率。

176 温州人经济研究

3. 佛罗伦萨温州人创业网络构成产业集群内网络组织部分的核心

随着在佛罗伦萨的温州人社会网络的逐渐壮大，集群内的温州人企业数目也在迅速增加，产业集群规模亦随之逐渐扩大。与此同时，佛罗伦萨的温州人皮具产业集群的上下游产业链得到不断完善，从而形成当地华人产业集群。

图4-13是根据课题组第二阶段的调研结果绘制的佛罗伦萨集群内的温州人网络组织图。在这个网络的外围，节点标号带C的表示温州人企业的下游客户，这些客户已经遍布欧洲各国，有些便是佛罗伦萨温州人的亲戚朋友；在网络中央，节点21、节点23和节点24是佛罗伦萨的温州人皮料批发商，节点Santa Croce、Prato、Vicenza和Padova则表示这些地区的意大利皮料批发商（因为受访温州人无法提供具体的意大利企业名称，因此用地名节点表示与受访温州人企业有交易往来的所有意大利批发商）。中间部分则是温州人在佛罗伦萨的社会网络，而这个社会网络正是集群网络组织部分的核心。

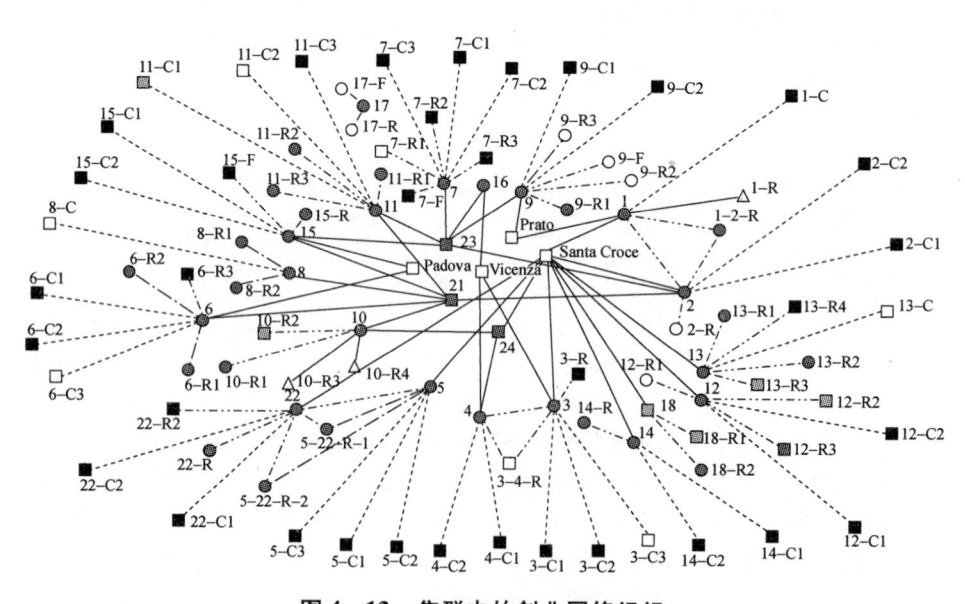

图4-13 集群内的创业网络组织

注：圆形表示制包企业；方形表示批发商；三角形表示其他生意。形状内部为▓表示佛罗伦萨（除Metro外）；形状内部为▆表示Metro；形状内部为空心表示意大利（除佛罗伦萨外）；形状内部为实心表示欧洲（除意大利外）。

综上可见，在产业集群发展初期，佛罗伦萨温州人社会网络为该集群吸引了大量劳动力，同时培育这些劳动力成为新的产业进入者。新的产业进入者在社会网络所提供的资源和帮助下，不断地进入产业集群，从而保持了产业集群的迅速发展和旺盛的生命力。随着产业集群的不断发展和成熟，佛罗伦萨温州人的创业网络也在继续壮大，成为产业集群内网络组织部分的核心。

二 佛罗伦萨温商皮具产业集群形成与发展的其他影响因素

（一）非精英群体移民降低劳动力成本

20世纪八九十年代，为了应对全球化带来的最初的挑战，意大利也对工业区进行了调整，整个意大利工业区随之得到了新的发展。然而，意大利企业特别是东北部和中部地区的意大利企业，越来越难以找到受过高中或大学教育的意大利年轻人来从事本地企业所需要的那些行业工作（比如从事分包工作的技工要求有手工技能），意大利的年轻人也不愿意从事不具有灵活性、工作时间长的工作。这就为天生不怕吃苦的温州移民创造了就业条件。这也可能是早期移民到意大利的温州人能在当地立足的客观条件。

佛罗伦萨温州人的皮具产业集群属于劳动密集型产业集群，这种产业集群的特征正与非精英群体的低学历特征相吻合。每天单调地重复缝纫、打孔、穿拉链或涂胶水等纯属体力劳动的工作，不需要高学历的劳动工人。当然，高学历的人也不愿意从事这种体力工作。在这些皮具制造企业中，制包工人每月的收入一般在1000多欧元，这在当地属于中下等水平，但对于在中国国内的低收入或无收入的非精英群体来说却是高收入，因而也就对他们产生了极大的诱惑力。凭着单纯的体力劳动便能达到甚至高于国内白领收入水平的工作，自然也就吸引了温州非精英群体的移民。当温州人在意大利创立制包企业后，其吃苦耐劳的精神在企业发展过程中更是发挥了强大作用。在意大利企业严格遵守一周5天、一天8小时工作制的背景下，温州人企业一周6天甚至6天半、一天超过12小时的工作强度，极大提高了温州人企业的生产效率和竞争力。虽然温州人企业里的工人平均工资（约1500欧元/月）要高于当地意大利工人（约1200欧元/月），但如果考虑工作时间的因素，那么温州工人的每小时平均工资是大大低于意大利工人的。因此，温州人企业大大降低了产品的劳动成本，也正是靠着低成本的劳动力使温州人企业在集群内获得了竞争优势。

（二）自主生产型制包企业的低门槛性消除了温州人在佛罗伦萨创业的壁垒

前文分析过佛罗伦萨存在三种类型的制包企业：第一类，即创新设计型企业，需要大量运营资金，且技术含量很高；第二类，即代工生产型企业，须在厂房面积、工人人数、设备先进性、做包工艺等方面通过品牌皮包企业的考核，才有资格为其进行加工或代生产。因此，这两类企业的进入门槛较高。而做贸易批发生意则需要较多资金，也不容易进入。但第三类，即自主生产型企业的进入门槛则较低：第一，创业资金量需求不高。对于在佛罗伦萨创业的温州人来说，夫妻两人租一个 30 平方米的厂房、购置两台缝纫机和皮革等原材料，就能开始投入生产。第二，生产工序和技术要求较低。对于创业型自主生产皮包的企业来说，包的式样不需要自己设计，通过逛街选购皮包就可以进行仿制（意大利缺少严格的知识产权管理制度及知识产权监管和责任追究制度也在很大程度上为温州人创业提供了便利），或者由客户提供样品也可以开工进行生产。做包的基本过程包括打样、裁剪和缝纫，比起皮鞋、服装等工序要简单很多。目前做包企业里的企业主及其工人，在出国前绝大部分都没有在做包行业里工作过，都是出国后学会的。可见，做包的技术含量较低，很容易学习。因此，作为非精英群体的温州人移民到佛罗伦萨后，容易通过经营第三类企业进入制包行业。当企业主资金实力达到一定程度后，再考虑向第二类企业或批发商转变也更为容易。

三 温州人社会网络对当地华人皮具产业集群影响分析

温州人社会网络虽然能够给在佛罗伦萨的华人皮具产业集群提供发展支持，但其所有的一些固有缺陷也决定了在佛罗伦萨的温州人社会网络和创业网络存在诸多问题，这些问题给佛罗伦萨的华人皮具产业集群发展带来诸多潜在的风险和挑战。

（一）佛罗伦萨的温州人企业缺乏创新

佛罗伦萨皮具产业集群是基于低成本的产业集群（low – cost – based cluster），而非基于创新的产业集群（innovation – based cluster）

（王缉慈，2010），这类集群参与市场竞争的基础就是低成本而非创新。产业集群中的温州人企业并没有自行设计皮包款式，而是主要依靠模仿、复制市场上流行的皮包款式。一方面，是因为他们自身素质和企业规模决定了他们缺乏设计和自主创新能力。从前面的分析可知，他们都属于低学历的非精英群体，自身的知识能力有限，而企业规模和发展程度也决定了他们不可能依靠雇用高素质人员来实现设计和创新。另一方面，是因为他们缺乏创新动力。佛罗伦萨的温州人企业在地理上集聚，他们的社会网络促进了集群内的知识传播与溢出，市场信息很容易在他们之间传播，产品设计款式也容易仿制或直接来自客户，因此容易使他们滋生"搭便车"的行为。当某一温州人企业的皮包比较畅销时，很快就会有多家企业相继模仿，这也严重打击了他们的创新动力。这些因素的共同作用导致集群内的温州人企业普遍缺乏创新精神，而以模仿为主。

（二）集群内存在企业间的过度竞争现象

从佛罗伦萨的皮具产业集群内部看，整个产业集群整体功能定位的一致性导致集群整体的功能趋同。地理空间邻近的集群内的温州人企业面临着类似的外部环境，有着一样的区位优势、原料来源，信息重复度较高，连市场也较为趋同，因此集群内的企业相似度极高。

从温州人企业的创业路径看，因为他们基本处于同一个社会网络，并在这个社会网络的帮助下进入该产业集群，基本上都是经过"先替某温商皮包企业打工→创办自己的皮包企业"的创业路径。相同的创业路径和产业知识也使得每个企业极度相似。

集群内温州人企业的同质化，引发了企业之间的"过度竞争"。在课题组的调研中，很多温州人企业都认为近几年生意越来越难做，主要是因为企业间的价格战大大降低了他们的利润。当然，一些精明的订货商也会拿着样本挨个询问多家温州人企业，挑选报价低的温州人企业开展交易。有一个受访温州人企业生产的某款单肩包两年前能卖 15 欧元/个，后因多家企业模仿，如今类似同款单肩包只能卖到 12 欧元/个。据另一位温商 H 描述，Metro 的一个温州人批发商将 H 新出的皮包样品摆于店中，被一外国采购商看中，但这位批发商却没有向 H 发出订单，而是将订单给了他自己的某一位亲戚，结果引发了 H

和该批发商之间的矛盾。

（三）佛罗伦萨温州人社会网络提供劳动力的功能在减弱

佛罗伦萨温州人企业里的工人基本都是来自中国大陆的温州人，大部分都是经由温州人的社会网络才移民到意大利的，即佛罗伦萨的温州人社会网络为他们的企业提供了廉价劳动力。这也正是佛罗伦萨温州人企业主要的竞争优势所在。但是随着中国大陆经济的持续发展和人民币国际汇率的持续升值，意中工资之间的差距日益缩小，还由于温州人中可以或者愿意移民意大利的外出人口数量也在逐渐递减，到意大利做工的温州人数量正在逐渐减少。目前，佛罗伦萨的温州人企业明显感受到不仅工资成本在升高，而且工人越来越难招，尤其是在生产旺季的时候更是难以招到工人。可见，佛罗伦萨的温州人企业正在逐步丧失其廉价劳动力的成本优势。

另外，从全球价值链角度来看，佛罗伦萨温州人皮具产业集群处于附加值最低的生产环节，靠着移民工人高强度、长时间的劳动来降低成本，从而获得竞争优势。但这种优势是很不稳定的，一旦外部环境发生变化，生产环节可能发生战略转移。金融危机后，一些意大利公司已开始转向罗马尼亚寻求更低的劳动力来加工他们的皮包，这已经在事实上对在佛罗伦萨的温州人企业形成挑战。

（四）海外温州人企业受当地社会的排斥导致经济损失

海外温州人社会网络是一种建立在血缘、亲缘、地缘等关系基础之上的社会网络。这种社会网络虽然帮助他们来到意大利生活、工作和创业，却使得他们的生活和工作圈子相对比较封闭。前文也提到，大部分温州人企业的企业主和工人们都住在 Osmannoro 地区附近。这里因为是温州人集聚区，即使他们不会意大利语，生活和工作也是没有问题的。加之繁忙的工作使他们一般只能在这个区域范围内活动，也使他们没有时间和精力去学习意大利语，和意大利人交往。主客观因素都使他们缺乏融入当地社会的意愿和可能。

移民如果不能很好地融入当地社会，就可能引来当地主流社会的排斥。这种排斥不仅表现在因为生活习惯不同、语言不通导致的文化方面的冲突，还表现在温州人经济收入与当地原住居民之间的经济利益冲突。课题组在调研中发现，受访温州人几乎没有在意大利购置房产，主要是因为他们担心购置房产后，警察会来工厂查账，检查他们的收入是否合法并能够支付如此一笔购房费用。还有不少温州人所购名车会被警察强行拉走，就是因为警察认为其收入不具备购买名车的能力。更有甚者，有一温州人在佛罗伦萨举办婚礼，因为租用了十辆法拉利，当晚便有警察来查账。课题组在佛罗伦萨调研期间，就发生多起当地警察查封温州人工厂事件。

温州人工厂通常会因为电线老化、雇用无合法居留身份的工人等原因而遭当地警察查封。工厂一旦被查封，一般需要长则半年短则两个月的整顿时间才能复工，这往往给温州人企业带来巨大经济损失。如 3600 工厂，2011 年年底被当地警察查封，至 2012 年 7 月课题组成员离开佛罗伦萨时，依然处于装修状态。另一处工厂"1600"（因占地面积为 1600 平方米而得名，也是一个比较旧的工厂），于 2012 年 6 月遭当地警察查封。工厂查封后，工厂内的温州人已经缴纳的租金付诸东流不说，短时间未能找到新的工厂而耽误已接受的订单，也给他们带来巨大损失。有的温州人只好支付高额租金，借用其他人的工厂和设备继续生产，或冒着被警察发现的风险，偷偷溜回被查封的厂房里开工生产。

四　佛罗伦萨温州人企业的未来走向分析

从对在佛罗伦萨生活的满意度来看，在佛罗伦萨的温州人普遍觉得不太满意。主要是觉得在佛罗伦萨的生活比较单调，没有太多娱乐活动。尤其在自主生产型企业的温商中，超过一半的受访者并不满意自己目前的生活状况，有些甚至认为已经适应了在佛罗伦萨的单调生活，无所谓满意不满意。

调研发现，创新设计型企业、代工生产型企业的温商均表示已在佛罗伦萨购置房产，打算在佛罗伦萨长居，他们的孩子大多已经加入意大利籍。现在中国国内充满了投资发展机会，代工生产型温商凭借多年在外积累的雄厚资本，很多正在积极谋求到国内寻找投资机会。2012 年年初召开的"首届世界浙商大会"上，浙江省委、省政府发出号召，鼓励海内外浙商在更广阔领域推动浙江参与全球经济的竞争与合作，推动海外浙商和侨胞实现"闯天下"与"强浙江"的有机统一，实现"海外浙江人经济"和浙江本土经济的互动双赢，并为此推出一系列吸引侨胞回国投资的优惠政策。因此，不少在佛罗伦萨的温商开始穿梭于中意之间，如有的回国注册公司，将意大利的葡萄酒进口到中国出售，有的在佛罗伦萨的温商考虑到将来中意之间的贸易往来，还特地将孩子送回中国学习中文。

从对意大利的归属感来看，与创新设计型企业和代工生产型企业的温商相比，自主生产型企业的温商对意大利的归属感要低很多。如前文所分析，自主生产型企业的温商生活水平、参加社会活动的活跃性都远远低于创新设计型企业和代工生产型企业的温商。较低的生活质量和社会活动参与度在不同程度上影响了自主生产型企业的温商对意大利的归属感。虽然他们没有雄厚的资本可以带回中国国内投资，但"叶落归根"的思想在自主生产型企业温商身上的表现特别明显。为避免意大利警察找麻烦，他们即便有资金可以在佛罗伦萨购置房产，也宁愿选择租房居住，却将钱带回国内购置房产；当被问及年老时候是否回国时，57.1%的自主生产型企业的温商都明确表示一定回国（见图4-14）。他们认为，在佛罗伦萨做包挣钱只是一个阶段性的工作，虽然在佛罗伦萨生活多年，目前也已经适应了在意大利的生活，但还是感觉没有融入意大利社会，而且当初来此的主要目的就是赚钱，所以当觉得钱赚得差不多了，他们就回国养老。课题组在访谈中，就遇到几位自主生产型企业的温商，他们的父母早年在佛罗伦萨办厂，现在将工厂交由他们打理，而老人家自己则回国养老。从要回

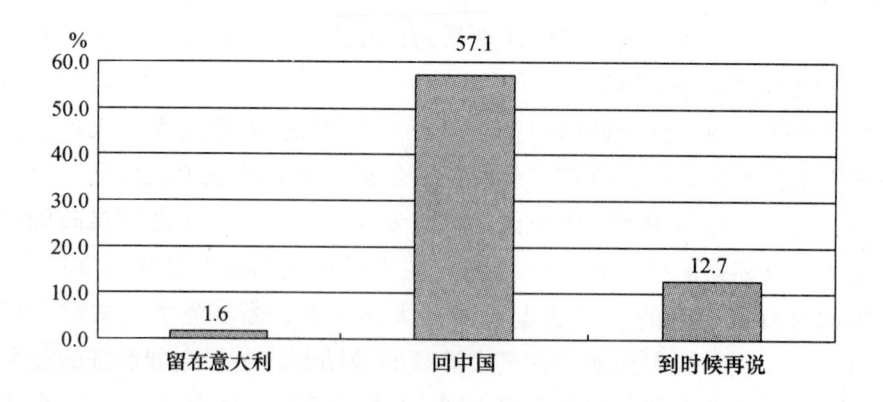

图4-14 佛罗伦萨的温州人年老时回国的意愿概况

国养老这一情况可以看出，对祖国、对温州的认同和依恋深深植根于海外温州人的血脉之中，也在很大程度上证明了海外温州人经济发展对温州区域发展的积极意义，表明温州人经济概念的现实性和理论价值。

佛罗伦萨温州人对意大利归属感低的一个重要原因，是他们在佛罗伦萨的工作和生活缺乏安全感。对像意大利这样的移民国来说，移民与其内部不同族群之间会对工作岗位、住房、私有财产和公共福利等形成竞争，但整体而言，移民在工作岗位、住房、私有财产和公共福利方面所获得的利益不如移民国的原住居民。面对欧洲近几年的低迷经济形势，温州人移民的年收入在持续减少，再加上当地警察会因为各种原因查封工厂，给他们造成经济损失，这更让他们觉得在佛罗伦萨的工作没有安全保障。在佛罗伦萨，类似摩托车抢劫、入室抢劫等犯罪行为还时有发生。温州人在佛罗伦萨属于高收入群体，经常成为匪徒抢劫的对象。在 Osmannoro 地区生活着不少经济状况比较差的摩洛哥移民，他们平时没有正式工作，自主生产型温州人企业的温商和工人便成了他们抢劫的对象。

当被问及"是否希望孩子以后也做一样的工作"时，没有一个受访的温州人希望他们的孩子将来和他们做一样的工作。他们普遍认为做包挣钱太辛苦，因而希望自己的孩子以后能从事其他行业的工作。有一个受访温商甚至决定要在近三年内带孩子回国发展，他说，在佛罗伦萨的工作太辛苦，不仅不能照顾国内的父母，而且整天在工厂内做包，没能给孩子提供一个良好的学习环境，继续下去孩子很可能也会成为做包机器，因此与其辛苦工作攒钱给孩子，不如带孩子回国，使孩子有一个好的学习和成长环境。

可见，自主生产型企业的第一代移民温州人会逐渐回国，而在意大利出生并接受良好教育的第二代温州移民可能会从事其他行业。同时，随着中国经济的发展，输入意大利的劳动力会逐渐减少，对自主生产型温州人企业的影响较大。因此，在佛罗伦萨的自主生产型温州人企业数量可能会逐渐减少，佛罗伦萨的华人皮具产业集群未来也有可能会萎缩。

本章小结

区域温州人经济、国内温州人经济、海外温州人经济是温州人经济的三支联系紧密、互相促进的支柱，三者一起构成了温州人经济的逻辑整体。本章主要以意大利佛罗伦萨的温州人经济为例，研究海外温商的创业成长经历，分析其未来发展趋势。意大利是海外温州人聚集较多的国家之一。在距离佛罗伦萨仅10多千米的普拉托，更是海外温州人创业的典型代表。普拉托工业区聚集了大量的纺织批发企业，现在已有95%的企业被华人并购，且大部分都是温州人。温州人基本上垄断了这里的服装业和皮包制造业，甚至把普拉托变成了欧洲著名的纺织品和皮包集散地。

在佛罗伦萨Osmannoro地区聚集着1000多家温州人经营的微型皮包生产企业。本章第二节主要研究这部分温州人企业的创业过程和表现特征。20世纪80年代开始，一批温州人通过各种渠道移民佛罗伦萨，由于受到就业等各种因素的限制，他们一般先在亲朋好友的工厂里打工，在经历各种艰辛和积累工作经验后创立自己的企业，淋漓尽致地展示了温州人特有的文化基因和创业精神。在佛罗伦萨的温州人，大部分学历较低，怀着赚钱的目的移民到意大利这个陌生的国度。在这里，温州人吃苦耐劳，经过多年打拼，多数已都能成功地在佛罗伦萨立足，并成为当地皮具产业集群的主力军。

随着海外温州人经济活动的成功，他们开始寻求更多权益，包括政治、财务和社区生活等。抱团成为他们选择的一种必然途径，同其他海外温州人一样，在佛罗伦萨的温州人社会关系网络也是由血缘和地缘编织而成。从开始零散的自由组织到成立最早的华人社团——佛罗伦萨华人华侨联谊会（1992年），温州人成立的这些社会组织成为他们重要的社会关系网络节点，但不同创业阶段的温商群体，在社会关系网络中的参与度和地位并不相同。海外温州人社会关系网络为海外温州人的创业创新提供了重要的生存和发展资源。

首先是资金方面。创业者与亲戚、朋友以及家庭成员之间的非正式的网络联系是新创企业融资的主要渠道。其次是技能方面。社会网络能够促进企业内、成员间的沟通，促进知识共享。最后是在社会生活方面。虽然艰苦，但温州人企业为众多新移民生活提供了最初的落脚点。此外，海外温州人的社会网络还可以为在外温州人提供一定的政治保障。

海外温州人网络还是形成当地皮包产业集群的主要社会资本。佛罗伦萨温州人社会网络为该集群吸引了大量劳动力，同时培育这些劳动力成为产业集群的新的产业进入者。新的产业进入者在海外温州人社会网络所提供的资源和帮助下，不断地进入产业集群，从而保持了产业集群的迅速发展和旺盛生命力。随着产业集群的成熟，在佛罗伦萨的温州人创业网络继续壮大，成为产业集群内网络组织部分的核心。但这种社会网络中也存在着低端锁定、同质化竞争等弊端，未来的海外温州人网络应该开放性地积极融入当地社会，努力获取高端技术、人才等创新资源，为海外温州人的转型提供资源支持。

同时应当看到，因为时间和资源的限制，本章主要对佛罗伦萨温州人企业中的自主生产型企业进行了深入的研究，对同样在佛罗伦萨的代工生产型温州人企业和创新设计型温州人企业的关注不够，更没有对世界范围内的海外温州人经济发展情况做全景式考察，因此，研究的代表性存在很大不足，只能是"管中窥豹式"的考察和结论。此外，在佛罗伦萨的温州人企业中，代工生产型企业已经有了良好发展，创新设计型企业亦已初步显现（虽然仅有一家），说明虽然佛罗伦萨自主生产型温州人企业有可能会走向萎缩，但他们同样具备转型升级的空间和可能性。

第五章　温州人经济新范式：内外温州人经济互动

区域温州人经济、国内温州人经济、海外温州人经济构成温州人经济的三个重要组成部分。三者之间只有相互影响、相互促进、融合发展，才能在世界范围内真正使温州人的经济成为一个不可分割的系统整体。也只有在此意义上，温州人经济概念才真正具备其现实和理论意义。那么，内外温州人经济之间的互动与融合是否可能？内外温州人经济之间的互动是否存在？如果有，内外温州人经济之间的互动存在哪些现实模式？内外温州人经济之间的互动还存在哪些缺陷和不足？提升和增进内外温州人经济互动的路径是什么？如何才能实现内外温州人经济之间的互动促进与融合发展？这些是本章着重探讨的问题。

第一节　内外温州人经济互动的理论基础与实践模式

从理论研究的发展来看，贸易理论和区位理论非常接近，构成了一个硬币的两面，长期以来被看作经济学的两个分支。直到20世纪90年代，经济学家才开始研究贸易理论的空间维度。尤其是克鲁格曼（1991）的研究将国际经济理论和区域经济理论结合在一起，建构了一个包含贸易理论、经济地理理论和城市经济理论的产业区位理论框架。这些理论为解释区域间的经济关系、产业关联等现象提供了理论框架。

一 内外温州人经济互动的理论基础

从现有研究理论发展来看,经济一体化对地区专业化和产业活动区位的影响可以归结为三种类型。第一种类型是传统贸易理论。用国家(或地区)之间的要素禀赋差异和生产率(或技术)差异形成生产成本的比较优势来解释专业化的模式。第二种类型是新贸易理论。强调企业之间的相互作用在产品市场上形成递增收益,并用国家(或地区)商品市场的容易接近程度来解释专业化模式和产业活动的区位(Krugman,1981;Helpman and Krugman,1985)。第三种类型是新经济地理理论。新经济地理理论认为,大市场的优势是内生的,专业化模式是经济活动空间集聚的结果(Krugman,1991;Krugman and venables,1995;Venables,1996)。在对产业空间结构的不同解释中,这三种理论方法都将专业化水平的提高看作贸易自由化和经济一体化的结果。不同的是,传统的贸易理论是基于生产率和地区要素禀赋差异来解释地区专业化的;而新贸易理论和新经济地理理论则强调生产的收益递增、集聚经济和累积过程对经济活动在某一国家或地区集中的解释。

在传统贸易理论(H-O-S)中,赫克歇尔和俄林分别对各国比较利益产生的原因进行了研究,认为各国产品的相对生产成本不同,从而会产生贸易,其原因是各国的要素禀赋不同,而不同产品的生产所要求的要素比例又不一样,因此,一个国家会集中生产和出口那些密集使用该国最丰裕生产要素的商品。萨缪尔森在他们研究的基础上指出,在一定条件下,各国的要素价格通过贸易确实会出现均等化的结果。地区间贸易条件和价格相互依存,商品的供求将决定商品的价格,要素的供求决定要素的价格,不同地区的供求决定了贸易的流向;地区间贸易与要素价格相互依存,商品的流动通过改变要素的供求导致不同地区要素价格的变化,从而导致要素价格均衡化。

在新贸易理论中,赫尔普曼和克鲁格曼大量利用产业组织理论和市场结构理论来解释国际贸易,用不完全竞争、规模递增、产品的差异性等概念和思想来构筑新的贸易理论模型。新的分析框架将各种新的贸易理论进行综合,提炼出共同的精髓。赫尔普曼和克鲁格曼认为,传统的国际贸易理论是建立在完全竞争和规模报酬不变的假定之上的，因此，在完全竞争和规模报酬不变的情况下，传统的理论完全适用。但是，对于要素禀赋相似的国家之间的贸易，用国家之间的差异作为解释国际贸易的唯一理由就越来越站不住脚。因此，规模经济成为引起专业化和国际贸易的重要原因。

新经济地理学的贡献在于建立一个分析空间经济的经济系统框架，它包括一般均衡、规模报酬递增、运输成本以及生产要素和消费者的地区转移四个要素（Krugman，2004）。它运用简练而严谨的数学模型，推导出各因素对经济行为区位选择和经济活动空间结构的影响，从而把以规模经济为核心的经济地理学第一次纳入主流经济学中。在新经济地理学的视野中，贸易的本质是区位问题，生产的分布决定出口，需求的分布决定进口，而供给和需求在不同地域范围内的均衡决定了贸易的规模和流向。地区自然位置、历史因素等先天禀赋因素（first nature），市场规模、产业关联等后天因素（second nature）的共同作用是生产区位选择的决定因素，前者决定了生产的初始区位，后者则会通过聚集力和分散力对生产的初始定位发挥巩固（自我强化和循环积累效应）或逆转（市场拥挤效应）作用，使产业从聚集走向分散。

在新型国际分工的背景下，开始运用产业内分工理论对产业区位和产业发展进行研究。从全球价值链理论来看，Gereffi 等（2003，2005）认为发展中国家的供应商进入发达国家市场更多地依赖于参与发达国家企业主导的全球生产网络，嵌入全球价值链获得更多的学习潜力，从而获得转型升级的机会；Humphrey 和 Schmitz（2000，2002）通过对产业集群升级的不同方式的研究，指出嵌入全球价值链使得制造企业在产品生产过程中能够得到更多的学习机会（前提是这些制造企业可以在人力和设备方面进行相应的投资）。然而，发展中国家的企业在价值链上得到学习和技术提升的机会的同时，也受制于低附加值的生产活动，因而企业往往在全球价值链中被"俘获"和"压榨"（刘志彪，2011），甚至长期被"锁定"于低端环节。低端"锁定"的原因在于随着技术和分工组织的日益模块化，生产制造环节的技术日益标准化，大多数最终产品制造企业并不需要掌握核心技术，也无须生产关键零部件，仅从事外围零部件生产和成品组装即可；而且，模块化使加工组装企业与上下游环节之间的信息交流变少，减少了获得技术溢出的机会，不利于其开展产品研发；同时，价值链分工使得加工组装企业无缘接触终端消费市场，无法了解消费者偏好，难以创出自有品牌。低端"锁定"的另一个机制是较低且相对稳定的利润易使企业丧失创新的动力和能力。由于不从事研发和营销，制造商承担的市场风险很小，利润虽然微薄却相对稳定，企业既缺乏强大的资金实力投入研发设计、人力资本积累和品牌营销，也将逐渐丧失创新的热情和动力。因此，在全球价值链分工中扮演加工制造角色的企业不仅欠缺价值链攀升的机会和能力，而且可能会逐渐丧失这种意愿，自甘被固化在价值链的低端，不愿去冒升级转型的风险。

不过，常常被人们忽略的另一个重要事实是，大多数外向型企业除了嵌入全球价值链，其实是在多种价值链环境中进行运作和经营的。已经有不少学者开始关注 GVC 以外的国家和区域的价值链。刘志彪等（2009）提出，加快构建以内需为基础的国家价值链（National Value Chain，NVC）体系和治理结构。康志勇（2009）从国内制度层面的因素出发，认为我国地方产业集群的出路在于基于国内市场空间的国家价值链（NVC）的培育。巫强等（2012）也认为，构建国家价值链、提高价值链终端的竞争程度，有助于突破本土装备制造业的市场空间障碍；从长期发展看，新构建的国家价值链在成长壮大后必然突破国内市场的地域范围，向国际拓展，最终演变为新的全球价值链。Navas – Aleman（2011）运用价值链的研究方法表明，国内价值链和区域价值链将为企业升级提供更多的机会，即为附加值更高的、报酬更好的和难以复制的经济活动（如设计、营销和品牌建设）提供发展空间。还进一步指出，不仅那些拥有容量大和发展成熟的国内市场的大国有机会通过国内价值链实现升级，甚至小国也可以利用国内和周边区域的市场进行升级。由此可见，构建国家价值链可成为沿海地区包括分析温州产业和企业转型升级的重要途径之一。

综合上述理论，从纵向的角度，内外温州人经济互动模式可以划分为以下三个阶段：一是传统贸易理论下的"家庭工业、专业市场＋供销员"模式；二是新贸易和新经济地理理论下的"产业集群＋产业转型或转移"模式；三是构建国家价值链下的"产业集群升级＋产品内分工"模式。

二 传统贸易理论下的"家庭工业、专业市场＋供销员"模式

1986年，费孝通在《温州行》中写道："温州变化的基本经验是什么？有的同志总结了两条：一是在生产领域发展了家庭工业，二是在流通领域开辟了专业市场。"如果从全国范围来看，从内外温州发展的角度来看，家庭工业、专业市场，再加上其中从事生产经营的供销员队伍，是改革开放初期温州农村经济格局的三大要素。它的基本特点就是"以商带工"，通过这种模式进行产业分工，实现内外温州人经济互动，推进温州经济迅速发展。

温州经济增长的崛起反映了区域经济发展中"比较优势"的客观存在。就全国不同区域的发展而言，温州的资源禀赋、区位条件和原有经济基础都没有什么比较优势可言。但是，后来温州的农村经济发展，以小商品生产为主要目标，以社会化市场化购销为核心，采取家庭工业为主要形式，以发展专业市场和建设小城镇为枢纽，充分依托地域性或专业性合作经济组织，灵活运用计划经济下资金、技术和劳务产品的市场化手段，来搞活和发展农村经济的一种机制，这就是当时区域经济发展中最大的比较优势。当时经济的高速增长主要依靠的是率先推进的市场化改革所带来的民营企业的迅速崛起和发展壮大。作为我国市场化改革的先行者和民营经济率先发达的区域典型，温州的优势集中在内外温州人和经济体制创新这样两个相辅相成的方面。内外温州人的优势表现为价值观念的优势，资源组织能力方面的优势，以及依靠率先推进的市场化、民营化改革赢得的"先发优势"等。

从商业和工业发展的先后顺序来看，温州民营经济发展先从商业开始，然后迅速转入家庭工业，开拓了一条具有温州特色的以商业带动工业之路。这与苏南经济的发展之路相反。苏南模式是先办工厂，再建市场，以工业来带动商业。因此，温州一些大工业企业的老板，首先是一个成功的商人，以商人的头脑办工业，自然是非常重视和熟悉市场行情，精于销售，这是温州经济迅猛发展的重要原因之一。

从产业分工的角度看，首先从生产环节开始，从原材料、中间品

扩展到交易环节，进而扩展成产业分工网络，生产商一直是整个产业分工网络的中心。生产商作为一个整体，既是生产和交易关系的起点，也是从原材料、中间产品到最终产品各环节分工的终点，厂商的产量决定批发商乃至分销商所有交易的总量。如图5-1所示，批发商从生产商整体获得货源，若干分销商从某一个批发商获得货源并销往下一级市场。具体至家庭工厂，家庭手工副业的分工从家庭内部扩展到家庭之间，在生产工序上垂直分工有细化的倾向，工序之间的衔接通过家庭外部交易来完成，以生产商为中心演化成产业分工网络。

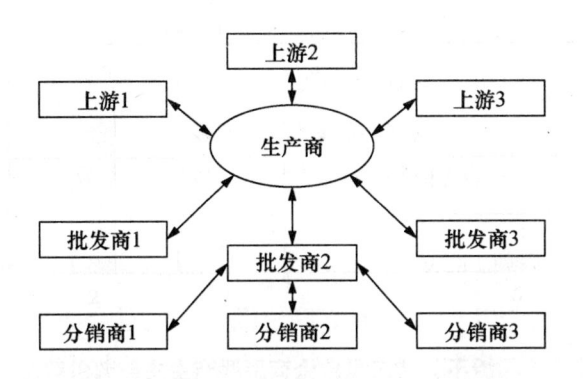

图5-1 产业分工网络中的生产—交易关系

资料来源：白小虎：《产业分工网络与专业市场演化——以温州苍南再生晴纶市场为例》，《浙江学刊》2010年第6期。经笔者加工整理而得。

在产业分工网络初步形成之后，分工网络中的成员数量增加，分工网络的交易总量能否扩张，取决于分工网络的交易效率。因为分工之后的专业化经济具有报酬递增的特点，这是每一个分工网络决策者加入网络的好处。除此之外，网络本身还有整体的报酬递增特点，随着网络成员数量、交易总量的增加，分工网络的整体收益递增，个体的收益也因此递增，这是加入网络的第二个好处。但是，前提条件是新加入者能与其他网络成员进行互动，显然这受制于交易成本。因此，交易效率高的分工网络，能让个体加入网络的互动决策降低风险。在产业分工网络中，报酬递增和交易效率提高也同样重要。

（一）家庭工业的发展

家庭工业是在农村专业户的基础上发展起来的。温州农村的家庭工业按发展阶段来分类，从低到高，依次分为兼业农户、手工作坊、家庭工场和联户工厂四种形式。①

兼业农户。这是温州人家庭工业的原始形式，兼业农户农闲时从事工副业生产，以手工劳动为主，劳动力仅限于家庭成员，承接的业务多数是几经转手而来，产品不专一且经常变化。

手工作坊。这是温州人家庭工业的初级形式。这些农户原来承包的是农田或是转承包，或是雇工耕作。手工作坊的生产仍是以传统工艺和手工操作为主，辅之以简易机械，产品较为低档。

家庭工场。这是温州人家庭工业的典型形式，其数量最多，在温州家庭工业中占据首位。其生产过程已普遍地使用了各类机械，手工劳动开始让位于机械化和机械化生产。一些家庭工场较发达的地方，到处可见屋前是店堂、屋后是工场的现象。工场以销定产，批量定购、批量生产、批量销售，形成了内部有较好分工协作关系的产销一条龙体系。

联户工厂。这是温州人家庭工业发展的高级形式，它一般是由几户或十几户（甚至几十户）家庭联户经营，通过合股集资、共同管理而办起来的工厂，多数是传统家庭经营基础上的松散联合。它们可能统一采购原料和推销产品，生产仍由各家独自经营；也可能是集资办新厂，各户资金入股，选派能人管理，按股份分配利润。

温州人早期家庭工业的特点，具体表现在以下几个方面。

（1）商品小，市场大。家庭工业是以生产小商品为主，这些小商品在当时是国家放开的商品，但又是城市工业不太愿意生产的商品。如纽扣、徽章等，品种花色繁多，消费变化快，关系到千家万户，与人们的日常生活关系十分密切，具有广阔的市场。

（2）原料杂，设备简。家庭工业所使用的原料，大多数是城市工业剩下的边角废料，原材料充足，成本较低。如苍南县金乡当年用2000吨铝边角料，重新熔化加工成徽章等产品。

（3）分工细，效率高。家庭工业从事专业商品生产，虽然分散在一家一户经营，但一般不是"小而全"的市场，而是以传统手艺为基

---

① 洪振宁等主编：《温州改革开放30年》，浙江人民出版社2008年版。

础，有一定程度的专业化分工，存在直接生产过程的分工、生产过程的区内分工、生产过程的区际分工和生产流通过程的分工。

（4）经营活，掉头快。家庭工业以小为主要特征，个人集资，生产单一，经营灵活。"船小掉头快"，应变能力强，可以根据市场变化情况及时转产，不断生产市场需求度高的新产品，因而能很快适应市场要求。

（5）价格廉，利润薄。家庭工业产品单一，批量生产，干实事的人多，吃闲饭的人少，在家里做工，劳动效率高，费用省。因此，成本低，价格廉。

（6）销售快，效益好。家庭工业以销定产，商品积压少，资金周转快，从而资金利润率较高，流动资金周转一次的时间一般为半个月至一个月，比其他性质的工业企业快。

除以上特征和优势之外，家庭工业还有成果和生产者利益息息相关、生产者具有高度的自主性和独立性的特征，因而能充分发挥生产者的主动性和积极性，使其倾注全力于家庭工业的生产与经营活动之中。

（二）专业市场在分工中的作用

斯密在《国富论》中指出"分工受制于市场范围"。这里，市场范围应该理解为进入分工决策的人数的多少，而不应该是市场需求。同时，互动性在分工决策中具有十分重要的作用。杨小凯在归纳斯密、杨格分工理论的基础上，形象地将这一类决策称为"网络决策"，即网络的决策取决于网络中节点数量（参与者）的多少，而参与者的数量，又取决于所有个体的专业化水平和模式的决策。

温州模式的发源地其实也是专业市场的发源地。当时的温州农村经商能人通过发达的专业市场，把温州的产品推向全国城乡消费者，以此带动温州本地家庭工业的全面发展。在产品链的各个环节，比如在原材料和产品销路如何解决、生产者如何衔接各个生产工序等方面，温州人创办的专业市场都发挥了相当关键的作用。温州专业市场发展呈现以下三个阶段特点。

1. 专业市场发展的初期阶段（1979—1985年）

温州市农业委员会1984年7月编写的《温州农村商品经济发展

的新路子》对温州农村专业市场做了详细介绍：全市专业市场共有135个，每天上市总人数达45万，全市专业市场商品零售总额为18亿元。农村形成了十个规模较大的区域性专业商品产销基地和专业市场，年销售额达9.85亿元。这十个专业市场分别是桥头纽扣表带市场、柳市五金低压电器市场、虹桥综合市场、塘下和莘塍的塑料拉丝编织市场、仙降的塑革鞋料市场、萧江塑料编织袋市场、水头的兔毛市场、宜山再生腈纶市场、钱库的综合市场和金乡镇徽章标牌市场（见表5-1）。

表5-1　1984年温州十大专业市场的产销额、从业人员和税收情况

专业市场	产销额（亿元）	从业人员（万）	上缴税收（万元）
桥头纽扣表带市场	0.813	0.37	#
柳市五金低压电器市场	1.65	6	2300
塘下和莘塍的塑料拉丝编织市场	1.85	5	#
虹桥综合市场	#	#	#
仙降的塑革鞋料市场	0.1	0.8	#
萧江塑料编织袋市场	0.48	#	#
水头的兔毛市场	1	#	#
宜山再生腈纶市场	1.5	6.72	450
钱库的综合市场	1.6	#	#
金乡镇徽章标牌市场	0.35	0.37	#

资料来源：《温州年鉴1986》，#为数据资料不全。

2. 专业市场发展的鼎盛阶段（1986—1996年）

1996年，温州全市拥有各种市场528个（其中，专业市场245个），平均每日上市人数50余万人。各大市场总摊位数达108369个，其中2000个摊位以上的市场有3个，500—1000个摊位的市场有15个，500个摊位以下的市场有510个。年成交额超过十亿元的市场有7个，超过亿元的市场有57个，超过5000万元的市场有52个，成交额最高的瑞安商城年成交额达51.16亿元。特别值得一提的是，在超过5000万元以上的市场中，专业市场的个数大大多于其

他市场。①

3. 专业市场发展的衰落阶段（1997年至今）

随着改革开放的进一步深入和国家经济的进一步发展，温州专业市场发展面临的环境亦发生了重大变化，专业市场原有的先发优势渐渐消失，到1997年，温州的专业市场发展在总体上表现出走向衰退的趋势。虽然市场交易总额从1997年的3975929万元增长到2006年的6789886万元（见图5-2），但工业品类市场交易额呈下降趋势，从1997年的3350716万元下降到了2006年的2438478万元，下降了912238万元。工业品类市场交易额占市场交易总额的比例不断下降，从1997年的84%下降到2006年的36%，这说明专业市场特别是工业品类市场交易额逐渐萎缩。②

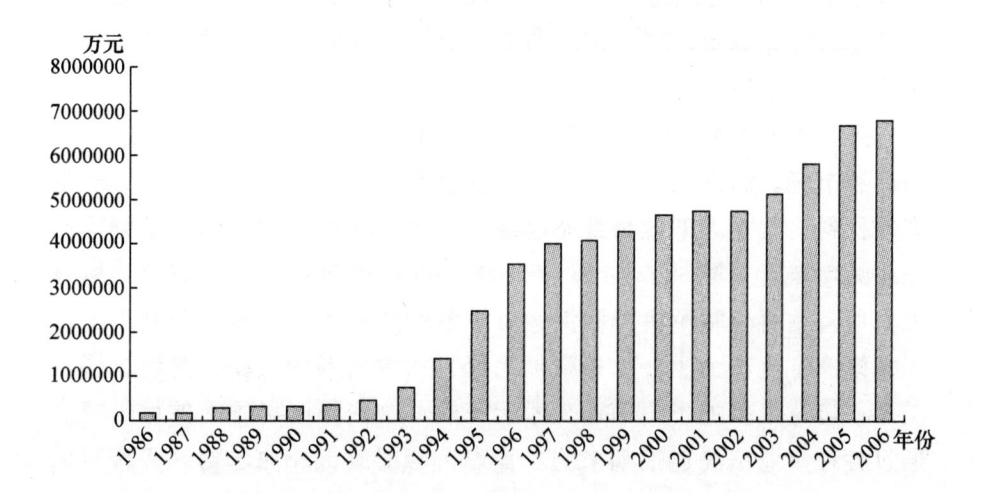

图5-2 1986—2006年温州专业市场交易额变化情况

资料来源：转引自缪来顺《温州专业市场发展报告》，《上海商学院学报》2008年第2期。

---

① 缪来顺：《温州专业市场发展报告》，《上海商学院学报》2008年第2期。
② 同上。

（三）"专业市场+供销员"的比较优势：以宜山再生腈纶纺织品市场为例

在工业化和市场化进程中发展起来的温州专业市场，曾经在温州经济发展中发挥了重要作用。按照其经营的产品和服务的对象分，可以将温州大大小小的专业市场分为两类。

一类是以销售温州产品为主的消费品市场，如妙果寺服装市场、温州灯具市场等。这些市场不仅是当地生产者和消费者之间的流通纽带，而且通过各种方式与散布在全国各地的温州人（主要是指购销员）的活动交织在一起，从而使温州的家庭工业与全国范围的广阔市场联系在一起。这些单件价值较低、档次不高的小商品通过专业市场销往全国，填补了当时卖方市场状况下商品紧缺的空隙。同时，这些小企业生产的产品差异性很小，亟须集中交易的场所来降低交易费用，提高交易效率。专业市场的形成恰恰充分发挥了引导千家万户按照市场需求组织生产的功能。

另一类是以为当地生产服务为主的生产资料市场，例如宜山腈纶纺织品市场。温州购销员从外地购进温州人家庭工业企业所需要的生产原材料，其中大部分都是通过这些专业市场销售给温州人家庭工业企业的生产者。同时，各个生产环节之间也通过各个专业市场连接起来。以宜山再生腈纶集群为例，由于该产业技术含量较低，基本上以小规模家庭生产为主。一条腈纶毛毯，从原材料到成品，要经过很多工序，经过很多加工户的加工才能完成，这些不同工序上的加工户是通过各种专业市场连接起来的。首先，购销员从外地采购到碎布料以后，经过分拣、清洗、晾晒，拿到当地的碎布料市场上出售给纺纱户。其次，由纺纱户经过褪色、染色、开花、纺纱等程序加工成腈纶纱，之后拿到腈纶纱市场上出售给织毯户。再次，织毯户再在版样设计户、拉毛户和包装袋生产户的共同配合下，经过织毯、拉毛、复合、裁剪、缝边、包装等工序，完成一条毛毯的加工。最后，拿到毛毯市场上出售。

苍南县宜山再生腈纶纺织品市场是由六个分市场组成的市场群体。这六个分市场分别是甲底村童衣童裤市场、布角一场、布角二场、新西河再生腈纶纱市场、再生腈纶衣裤一场、再生腈纶衣裤二场。六个分市场经营的商品都有明确的分工,实现功能上的互相补充。成品、半成品和原材料互相交叉经营和使用。1987年,宜山再生腈纶纺织品市场共有交易场地11518平方米,每天上市摊位2700个,双方交易人数每天达1万人,日交易额约20万元,年成交额7000多万元,占宜山集市贸易成交额的74%。①

宜山再生腈纶纺织品市场具有明显的产销合一、互相促进的特点。纺织品市场的形成,是该地区家庭工业生产发展的产物。同时,纺织品市场一旦形成,又反过来进一步促进了宜山的家庭工业。1985年,有80%的农户从事再生纺织品的产销活动。"家家开工厂,户户纺织忙。"各农户自筹资金,自购设备,自选项目,自行承接业务,自找生产场地,自己安排生产,自负家庭盈亏,形成了再生腈纶纺织品生产和销售的火热局面。当时,宜山有8500名购销员,通过各种途径与全国各地的日用品贸易单位挂钩,每年从外地购进腈纶边角料和旧料边角布共约3400万斤,相当于34万亩棉田生产的棉花。购销员又把300万匹再生布、1.5亿件再生腈纶制品、2亿件筒料、6800万只塑料编织袋销往全国各地。正是由于这些专业市场的存在,大大降低了工业化生产的市场进入壁垒和交易费用,提高了专业化生产的效率,进而形成了温州人家庭工业产品的价格优势。

三 新贸易和新经济地理理论下的"产业集群+产业转型或转移"模式

(一)专业市场促进产业集群

克鲁格曼这样描述空间经济学背景下产业集聚所蕴含的循环因果关系:"在企业内部报酬递增和跨地区贸易存在运输成本条件下,生产者倾向于在具有较大市场的地方集中生产,从而容易获得各种供给;生产者集中的地方,对劳动力的需求很大,往往会形成大市场,由此扩大了该地区的市场规模和供给能力。"② 与此同时,由于区域内集中了各种投入品的供给,在本地市场生产的产品种类和数量增多,

---

① 白小虎:《产业分工网络与专业市场演化——以温州苍南再生晴纶市场为例》,《浙江学刊》2010年第6期。
② [美]藤田昌久、保罗·克鲁格曼、安东尼·J.维纳布尔斯:《空间经济学——城市、区域与国际贸易》,梁琦主译,中国人民大学出版社2005年版,第110页。

从外地输入的产品（需要支付运输成本）将减少，这意味着本地区市场上的产品价格相对较低，实际工资水平较高，可以进一步吸引劳动力的聚集。这样，劳动者（同时也是消费者）和生产者相互吸引、互为因果，有效地促进了地区产业的繁荣和发展。当运输成本很高时，如果生产者集中在一个地区，通过贸易向另一个地区的市场供应产品可能会变得非常不经济，这种成本增加甚至会大于规模经济带来的好处。此时，生产者会选择在两个地区都建立企业，为两个地区供应商品，导致产业从聚集走向分散。空间经济学描述的产业集聚过程以产业中企业数量的增加、就业人数的增加及制造业工资水平的上升为主要特征，这正是一个产业发展的过程。

专业市场作为一种高效的产品交易市场，可以促进分工的深化，从而促进产业集群的形成。产业集群内的企业之间隐含着专业化的分工与协作，这是产业集群化的基础条件。尤其是初期的专业市场，作为一种高效的商品交易市场，可以促进分工的深化。产品价值链越长，技术上进行工序分解的可能性就越大，不同工序企业的联系就越强，产业集群就越容易形成。专业市场的存在，也为集群企业在生产过程各环节的分工协作创造了条件。通过提高交易效率、降低交易费用，专业市场大大降低了分工深化初期出现的协调成本，使分工在各企业之间得到良好实现。专业市场带来的分工与专业化大大提高了劳动生产率，也促进了技术的进步，为规模经济的形成奠定了良好的基础，其经济优越性是无与伦比的。例如，在专门从事铝制标牌和徽章生产的苍南县，专业市场起到了连接工序型企业桥梁和纽带的作用，专门进行设计、熔化金属、写字、刻模、钻孔、点漆、制针、装配、包装等十几道工序的企业就各有上百家。即使是家庭作坊式的小生产，分工协作关系也是错综复杂的。每一道工序都是由不同企业完成，再通过专业市场进行中间产品的交换，通过专业市场将各企业联系起来，形成一个完整的生产体系。专业市场越是发达的地方，产业集群内部的分工越细。

专业市场的规模集聚效应进一步促进了产业集群的发展。在专业市场设立前，某种商品的供求曲线见图5-3（a）。供给曲线 S 代表随着商品价格上升，供给数量增加；需求曲线 D 代表随着价格下降，对该商品的需求数量增加。供求达到平衡时，价格为 P_0，成交额为 P_0AN_0O。专业市场设立以后，一方面，由于同类商品的集聚，需求会增加，购买者选择余地的扩大，吸引购买力向市场内转移，使市场内的需求曲线 D 移到 D' 的位置；另一方面，因为同种商品的集聚效应，供给相应增加，使曲线 S 往右移至 S' 的位置。这时曲线 D' 与曲线 S' 在 B 点相交，市场的成交额为 P_0BN_1O。那么，P_0BN_1O 大于 P_0AN_0O 的部分，ABN_1N_0，就是该区域由于专业市场的发展导致的规模集聚效应，见图 5-3（b）。

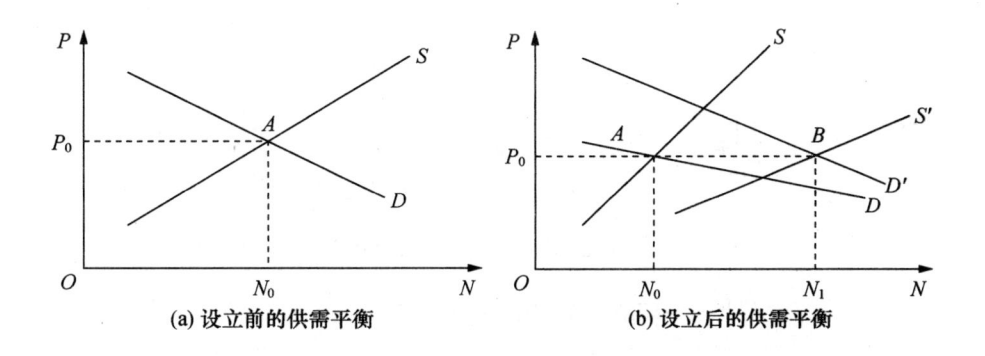

(a) 设立前的供需平衡　　(b) 设立后的供需平衡

图 5-3　专业市场供需平衡

资料来源：转引自白小虎《产业分工网络与专业市场演化——以温州苍南再生晴纶市场为例》，《浙江学刊》2010 年第 6 期。

专业市场不仅是商品进行集中交易的场所，也是产品地需求信息的集中处理中心。这些信息具有很强的外部性，集群内的企业都可以低成本获取。消费者需求的任何新动向都会在第一时间集中到专业市场，专业市场对这些信息进行处理后，传递给相应的产业集群，使新的市场需求在最短时间内得到满足。正是在这一过程中，专业市场通过对市场需求信息的快速获取和处理，向产业集群提供最实时的市场供求信息，为集群企业抢占市场空间创造了条件，从而带动了产业集群发展。专业市场汇集了产供销的各种信息，成为集群内企业调整产品结构、开发新产品的重要决策依据。作为商品集中交易的场所，专业市场准公共产品的性质对于产业集群的发展具有重要的意义，因为构成产业集群的大多为中小企业，它们无力自建销售渠道，专业市场为它们提供了很好的销售平台。通过专业市场对信息的迅速反馈与传递，企业能及时洞察市场环境的变化，捕捉有利的市场机会，降低原材料、中间产品、设备及服务的购入成本，同时积极调整产品结构和相应的库存，避免或降低因市场变化而造成的损失，引导产业集群的发展方向、水平和规模，实现产业集群高效可持续发展，有效地发挥产业集群的生产优势（见图5-4）。

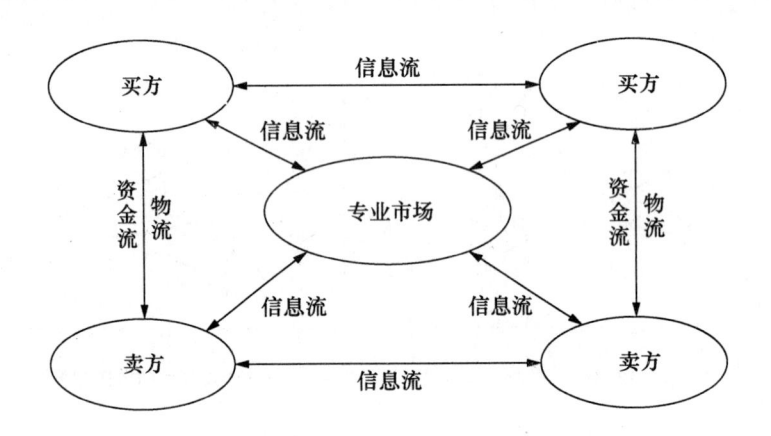

图5-4 专业市场主体间的信息关系

资料来源：转引自白小虎《产业分工网络与专业市场演化——以温州苍南再生晴纶市场为例》，《浙江学刊》2010年第6期。

（二）温州产业集群的形成和发展

温州产业集群的发展过程可以分为以下两个阶段。

第一个阶段是从20世纪80年代初到90年代初，温州初步形成了以家庭工业和个体私营经济为基础，以专业市场为纽带，以小城镇为依托，以小商品为主体，面向全国的小商品、大市场发展格局，并涌现出了全国著名的十大专业化生产基地。这些生产加工基地主要以轻工业产品加工为主，包括普通机械、电气、塑料、化工、皮革、纺织等。但在这个阶段，温州产业集群的发展主要依靠技术上模仿、低成本优势和灵巧的经营机制，其中低技术含量、低端产品和低附加值是其产业竞争力的主要标志。

第二个阶段是从 20 世纪 90 年代初至今，温州产业集群发展开始进入制度、技术、市场和产品全面引进和学习的阶段，产业集群化趋势日益明显。一些企业开始建立现代企业制度，引进职业经理人，引进国际先进技术和工艺，推进企业技术、工艺水平的提高和管理方式的现代化，从而保证了生产的标准化和质量的稳定提高。一大批工业园区先后兴建，一批产业集群迅速兴起。1997—1999 年，温州全市省级产品质量抽检合格率分别为 84%、86.1% 和 87.2%，逐年提高。备受关注的温州皮鞋、低压电器等产品的整体水平实现了质的飞跃，区域品牌已经形成，皮鞋已拥有"康奈""奥康"等中国驰名商标，全国真皮标志皮鞋温州占 40%；低压电器拥有"正泰""德力西"等中国驰名商标，柳市已成为国内低压电器重要生产基地；服装业、打火机业的质量与档次迅速提高，出现了"报喜鸟""大虎"等一批知名企业。

从地理位置来看，温州产业集群主要集中在瓯江两岸以及沿海地区，呈现出明显的"T"字形格局。这一分布特征与温州区域发展条件有关。在不同行业，这种分布特征又有所变化，如服装、制鞋以市区为中心向周边扩展，电气行业以柳市为中心扩散分布，汽摩配以瑞安为中心分布，而商务礼品行业则以平阳、苍南为主要分布地。

当前，温州形成一批优势特色产业集群，基本情况见表 5-2。

表 5-2　　　　　　2007 年优势特色行业基本情况汇总

序号	行业名称	工业产值（亿）	企业数（个）	国字号产业基地	产品市场占有率（%）	行业样本增长率（%）
1	制鞋	620	2692（规模以上 753）	中国鞋都	20	24.8
2	服装	520	3000	中国男装名城、中国休闲服装名城	10	34.6
3	电工电器	567	1500（规模以上）	中国电器之都	60（低压电器）	24.1
4	塑料	385	1800	中国塑料之都、中国塑料薄膜基地	塑料 50 薄膜 10	22.4

续表

序号	行业名称	工业产值（亿）	企业数（个）	国字号产业基地	产品市场占有率（%）	行业样本增长率（%）
5	汽摩配	350	3000	中国汽摩配基地	25	45
6	泵阀	290	1800	中国阀门城	37	26.6
7	印刷包装	280	2734（规模以上418）	中国印刷城	20	15.6
8	不锈钢	100	200	中国不锈钢无缝管材基地	90（无缝钢管）	34.5
9	鞋革鞋料(合成革、皮革)	100（合成革）	108（规模以上）	中国合成革之都	50（合成革）	21
10	文教礼品（制笔、办公文具等）	32	200	中国制笔之都	25（制笔）	18.7
11	化工	140	150（规模以上）	—	—	24.2
12	机械（食药、印包、纺织服装）	—	—	中国食药机械基地	—	38
	特色轻工小计	193	1850	—	—	24.2
13	烟具	20	350	中国金属外壳打火机基地	90	
	剃须刀	15	100	中国剃须刀生产基地	60	—
	眼镜	72	1000	中国眼镜生产基地	20	
	锁具	85	400	中国锁都	65	

资料来源：转引自王钢《温州产业：从集群走向全球价值链》，《浙江经济》2009年第12期。

当温州产业集群的组织形式被中国其他地区竞相仿效的时候，产业结构单一所造成的区域性抗市场风险能力就会减弱。在依赖自主贸易的产业受外需不足、成本上升以及自主创新能力缺失等因素的影响下，温州区域产业发展在转型升级过程中出现了一条鸿沟式的隔离带，产业升级仅限于产品和工艺升级，而最重要的功能升级被牢牢限制。因此，温州区域经济产业极有可能被限制于出口微利化、销售终端渠道受限与价值链攀升能力缺失的发展路径。

在中国，各地区之间仍然存在较大的生产要素价格差异，但是，根据生产要素的流动性特点，每种要素相对价格的地区差异又不尽相同。从具体的生产要素价格来看，由于土地缺乏流动性，在产业大规模在沿海发达地区集中的情况下，土地价格在这些地区不可避免地日益升高，而在中西部地区则保持相对低廉。不过，劳动力要素在一个国家内部的流动性毕竟要大大高于在国家之间的流动性，虽然地区之间的工资差距仍然存在，但由于农村劳动力从中西部向东部地区的大规模转移，劳动力成本差异已经显著缩小了。

这种生产要素相对价格的地区差异性，作为影响各地招商引资和产业发展成绩的因素，使我国制造业产品出口规模形成了目前呈现的地区分布特征，即与经济发达程度相一致，从沿海地区向中部地区，再到西部地区的递减格局。值得指出的是，目前这种产业和外向型程度的分布，已经反映了我国改革开放中生产要素区域间流动和重组的结果。在作为沿海地区重要城市的温州的外向型经济活动中，就有来自中西部地区的转移劳动力。但是，在生产要素的流动能力和流动政策存在差异的条件下，迄今制造业发展或者说有竞争力的资源配置，仍然是东部地区向中西部进行产业转移的结果。

(三) 雁阵理论的国际经验和大国情景

1. 国际经验

雁阵理论经历过不同的形成和完善阶段，主要是赤松要（Akamatsu, 1962）、大来（Okita, 1985）、弗农（Vernon, 1966）和小岛清（Kojima, 2000）等的贡献，已经形成了一个比较完整的关于产业区域转移的理论体系。这个模型起初用来描述日本作为一个后起经济体，如何借助动态比较优势变化完成一个"进口—进口替代—出口"的完整赶超过程。该理论形成之后则被广泛运用于解释和理解东亚经济的发展模式，即以日本为"领头雁"，按照比较优势的动态变化，劳动密集型产业依次转移到亚洲"四小龙"、东盟国家以及随后的中国沿海省份。在该范式的扩展版本中,首先,这个模型继续保存了随着不同国家和地区之间比较优势的相对变化,产业在国家和地区之间转移的本意;其次,雁阵式的产业转移是由与产品生命周期相关的特征决定的(Vernon,1966),从而隐含着与比较优势动态变化的相关性;再次,解释范围被扩大到对外直接投资模式,即该投资活动也遵循相同的逻辑在国家之间进行(Kojima,2000);最后,国家或地区之间在发展阶段、资源禀赋以及历史遗产等方面的巨大差异,被认为是"飞雁式"相互继起关系的关键(Okita,1985)。

2. 大国雁阵模式

"飞雁式"的产业转移直接产生于比较优势的动态变化,即随着一个国家或地区人均收入水平的提高,资源禀赋结构也会随之发生变化,从而在产业结构上形成相应的重新配置。例如,从以劳动密集型产业为主转向资本和技术密集型为主。但是,比较优势变化路径随雁阵模式的显现,在大国经济与小国经济之间会产生不同的特征。从经济学意义上看,小国经济的特点在于其资源禀赋结构与产业结构呈现同质性,一旦小国经济的比较优势发生变化,经济整体即进入新的发展阶段。而大国经济的特征是地区之间的异质性,在一些地区进入新的发展阶段情况下,另外一些地区可能仍然处在原来的发展阶段。因此,小国雁阵模式往往是指独立经济体之间的产业转移和承接,而大国雁阵模式则表现为一个独立经济体内部地区之间的产业转移和承接。

由于中国广阔的地域和众多的人口,地区之间资源禀赋和发展阶段的差异丝毫不小于国家之间的差异。因此,雁阵模式完全可以成为中国国内各个地区之间产业转移发展路径的参照。应当注意,国家内部地区之间的关系与国家之间的关系毕竟有许多根本性的不同,应用雁阵理论来分析和预测中国国内产业转移和承接路径时,要考虑到各地区之间存在一些差异的特殊之处。

(四)产业(企业)转移或转型选择[①]

假设某一企业现在面临着"转移"与"转型"两种决策选择,

[①] 张捷:《全球分工格局与产业结构的新变化:兼论中国沿海地区的产业转型升级》,经济科学出版社2014年版,第314—315页。

其中决策 1 表示"转移",指保持原有产业不变,只是将生产转移到要素成本较低的地区;决策 2 表示"转型",主要是指向价值链上下游移动乃至延伸至服务业等。设决策 1 的成本为 Ct,成功的概率为 p,则失败的概率为 $(1-p)$,如果成功则得益为 R_0,如果失败则损益为 R_1;决策 2 的成本为 Cg,成功的概率为 q,则失败的概率为 $(1-q)$,若成功则得益为 R_2,若失败则损失为 R_3(见图 5-5)。

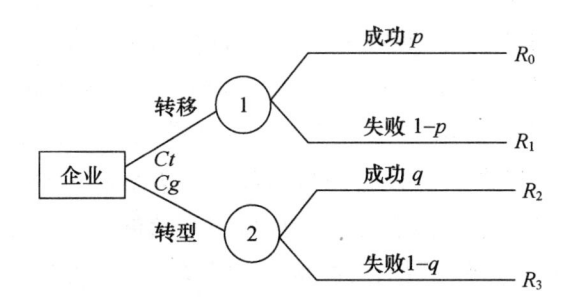

图 5-5 企业发展路径选择的决策树分析

由计算两种策略的得益可知,策略 1 的最终得益 $E_1=[pR_0-(1-p)R_1-Ct]$;策略 2 的最终得益 $E_2=[qR_2-(1-q)R_3-Cg]$。将策略 1 与策略 2 的最终得益进行比较,为便于分析,假定两种策略失败后的损失相同,即 $R_1=R_3$。成本 Ct 低于成本 Cg,即 $Ct<Cg$,因为相对于转移来说,转型的成本和风险较高,需要更多的资金、技术和人力资本的保障以及政策支持;得益 $R_2>R_0$,因为转型升级之后企业进入新的价值链环节,附加值得到提升,利润空间得以拓展。

(1)假设 $p=q$,即转移与转型成功的概率相同。比较 E_1 与 E_2 可知:

$$E_2-E_1=q(R_2-R_0)-(Cg-Ct) \qquad (5.1)$$

若 $q(R_2-R_0)>Cg-Ct$,即转型成功与转移成功的得益之差大于转型成本与转移成本之差,则转型较之转移有更大的优势,企业应选择转型策略;反之,则应采取转移策略。

(2)假设 $p\neq q$,即转移与转型成功的概率不同。比较 E_1 与 E_2,则

$$E_2 - E_1 = qR_2 - pR_0 - [(1-p)(-R_1) - (1-q)(-R_1)] - (Cg - Ct) = qR_2 - pR_0 + (q-p)R_1 - (Cg - Ct) \quad (5.2)$$

若 $qR_2 - pR_0 > [(1-p)(-R_1) - (1-q)(-R_1)] + (Cg - Ct)$，即转型成功与转移成功的得益之差大于转型成本与转移成本之差加上转型失败与转移失败的损失之差，则转型较之转移有更大的优势，企业应选择转型策略；反之，则应采取转移策略。

从动态的角度来看，根据要素价格均等化理论，企业选择转移以寻求的低要素成本，也会随着投入的增加而价格不断上升，Ct 将存在上升趋势，而转型成功后由于企业脱离原有价值链低端环节，向价值链两端跃升，附加值和竞争力提高，预期得益 R_2 也会上升。长期来看，$(Cg - Ct)$ 将会减少，而转型成功与转移成功的得益之差将会增大，转型很可能比转移具有更大的优势。重要的是，无论是式（5.1）还是式（5.2），如果转型成功的概率 q 增大，则转型的最终得益会增加，从而转型策略可能优于转移策略。即使进一步放松假定，令 $R_1 \neq R_3$，即转移失败相对于转型失败的损失会相对较小，$R_1 < R_3$，提高转型成功的概率仍然可能使转型最终得益超过转移，从而在长期选择转型依然是企业保持持续发展的优势策略。

决策树模型的分析说明，提高转型成功的概率是外向型企业选择转型升级路径摆脱低端锁定的关键。而就外向型企业所处的价值链分工地位来看，由于低端"锁定"效应，企业寄予自身在全球价值链的攀升来实现转型升级的希望将很有可能落空。因此，依托国内市场，建设国内价值链，提升企业的核心竞争力，不失为企业提高转型成功概率、进一步谋求在价值链上新定位的现实出路。

1. 以市场创新带动产业转型升级：温州鞋革行业

新经济地理学表达了极其相近的重要观点，即生产的分布取决于聚集力和分散力的权衡。当运输成本高时，靠近需求成为企业选择生产区位的主要诉求，此时规模经济发挥主导作用；当运输成本低时，节约生产成本成为企业选择生产区位的主要考量，此时要素禀赋发挥主导作用。简言之，地区自然位置、历史因素等先天禀赋因素，市场规模、产业关联等后天因素都是生产区位选择的决定因素，前者决定了生产的初始区位，后者则会通过聚集力和分散力对生产的初始定位发挥巩固（自我强化和循环积累效应）或逆转（市场拥挤效应）作用，使产业从聚集走向分散（见图 5-6）。

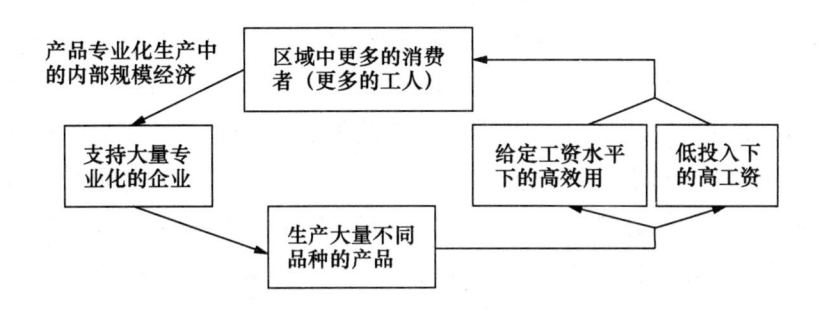

图 5-6　导致产业集聚的循环累积效应

温州鞋革行业历史悠久，经过 30 余年的发展，已经形成由皮革、皮鞋、皮具三个主体产业和皮革机械、皮革化工、皮革五金、鞋用材料等配套完整的鞋革工业体系，成为中国重要的皮革制造和出口基地，2001 年被中国轻工联合会及中国皮革协会命名为"中国鞋都"，2008 年获得"浙江区域名牌"称号。2013 年全市鞋行业实现工业总产值约 900 亿元，占全市工业生产总值近四分之一的比重。目前全市拥有 2600 多家制鞋企业，其中规模以上鞋企有 871 家；鞋机、鞋材、皮革、合成革、皮革化工等企业近 2000 家，从业人员近百万。同时，拥有 7 个中国名牌、57 枚中国驰名商标、3 个中国出口名牌以及 196 家中国真皮标志企业，鞋类生产总量占全国 16% 左右。

作为劳动密集型行业，在全球经济增长放慢，宏观政策、资金和出口环境等趋紧的大背景下，温州鞋革行业自身发展过程中的弊端亦日益显现。具体表现在产品档次低、产品同构现象严重、缺乏差异化创新。温州虽然出现了像"康奈""奥康""红蜻蜓""吉尔达"等部分全国知名乃至世界知名品牌，但是缺乏全国乃至世界顶级品牌。从产品层次看，目前温州制鞋企业出口的鞋产品绝大部分仍是中低档品种，价格较低。与意大利、美国品牌产品相比，价格相差几十倍。温州出口高档及自有品牌鞋所占比例很小，且出口产品多以 OEM 方式进行，全球价值链中的大部分利润被全球采购商拿去，低档产品出口过于集中使温州制鞋企业频频遭遇贸易壁垒，而且温州鞋在市场上遭受到欧美本土中小企业越来越多的排斥和文化抵触。

研发设计能力不强，使温州在制鞋产业价值链的关键环节表现得比较薄弱。按照微笑曲线理论，鞋业中附加值最高的部分就在设计及品牌营销这两个环节上。意大利的皮鞋之所以能够在国际皮鞋产业中占领高端市场，超强大的设计能力是其重要原因之一，而温州鞋业起初以模仿设计起步，在自主设计方面一直表现不佳。拥有研发设计优势的国家，一般都是通过向海外生产基地转移、特许生产和销售、委托加工贸易等途径，调整并控制着鞋类产品的最终销售网络，加上充分利用发展中国家制鞋业的廉价劳动力等利于其产业发展的因素，进一步提升其国际品牌的竞争力。从温州鞋业的出口商品结构来看，温州鞋业的产品基本上属于中间产品，最终产品中很少是温州的品牌，国外注册的商标更为缺乏。因此，提升设计能力、拥有自主开发的能力和独立的营销网络三个关键环节是温州人鞋业企业亟待解决的三个重大问题。

人才培养滞后，缺乏复合型人才，这是制约温州人鞋业转型升级的重要环节。温州鞋企目前的主要培育方式仍是依靠传统的师傅带徒弟，既懂专业又懂管理的复合型人才严重不足。人才的匮乏使温州设计师队伍能力偏弱、鞋样设计抄袭、仿冒多于自行开发，不能适应新形势下的产业发展要求。

劳动力等要素成本上升是劳动密集型产业的典型特征。近十年来，温州鞋革行业的劳动力成本一路走高，随着2008年相关劳动法规的正式实施，温州鞋革行业劳动力成本上升了20%—30%，有的岗位成本甚至更高，导致很多企业出现招工难等问题。另外，行业原材料成本、出口成本、土地成本等都有较大程度上升，导致行业竞争加剧，利润空间缩小，致使许多企业外迁或是选择退出。

鞋类产品是一个综合性产品，涉及皮化、制革、纺织、橡胶、五金等多个行业和部门，供应网络复杂，环节众多，在制鞋设备日益自动化的情况下，原材料的优劣往往决定着最终产品的水平。但鞋业尚未实现产业链整合，缺乏现代物流市场，仅靠鞋类加工企业自身，难以实现整个行业的全面转型。目前，温州鞋都与河通桥、浙南两大鞋材物流市场相隔两地，距离较远，也不利于产业链的整合提升。温州制鞋企业中的前20家品牌如奥康、康奈、红蜻蜓等，在全国拥有销售网点、专卖店、专柜等7万余个，仅租金就高达50亿元。网上电子商务的来势汹汹，已对鞋产品的传统线下销售带来巨大冲击，支持品牌企业发展电子商务，通过营销模式的创新，缩短产品流通周期，降低产品营销成本，抢占网络市场份额，是温州本地尤其是政府必须采取的产业发展促进政策。只有积极推行虚拟经营，降低和减少企业生产环节的重复建设和经营成本，才能做大中国鞋都的总部经济和温州营销网络经济。

2. 产业集群式转移的原因分析：以温州灯具产业为例

温州一些传统优势产业，如灯具产业，出现了集群式转移的现象，究其原因，有以下几点。

首先，是企业内部的迁移动力与约束。温州多数灯具销售企业以扩大销售市场为目的，迁往各大城市并设立销售机构。近年来，外迁企业以灯具制造为主，而且多数是整体搬离温州。在这些企业当中，除少数核心企业是出于规模扩张的动机之外，多数企业主并非被强烈的创业精神所驱动，而是为了继续在多年从事的产业领域内生存下去，谋求尽可能维持原有的利润水平。

其次，是温州当地的环境推力。不少企业在国内外市场竞争日益激烈以及温州当地的产业环境不断恶化的双重压力下不得不做出搬迁决策。由于产品以外观设计为主且新产品生命周期短，知识产权难以维护，另外也由于当地未能建立起有效的行业约束制度，企业间产品相互模仿的现象曾极为盛行，互相之间的价格战也愈演愈烈，导致产品利润日益摊薄，其结果是企业产品质量持续下降，地方信誉开始出现危机。在此背景下，向外迁移成为冲破经营环境恶化、改善企业形象的重要原因。

在内部原因之外，温州灯具产业外迁的另一个重要原因是迁入地——古镇经营环境的拉力。从外迁对象来看，温州灯具产业主要是流入了古镇。虽然古镇的区位空间要素与温州基本一样，而且古镇也面临土地资源紧张、地价上涨的困境，但是古镇当地政府在土地价格与用地规模方面为龙头企业提供便利和优惠，增加了当地对温州人企业的吸引力。集群技术创新的外溢效应使古镇对温州灯具企业形成重要拉力。古镇邻近港澳地区，灯具企业从港澳灯具市场获得产品设计的大量信息，从而能够生产出市场销路较好的新潮产品。同时，由于邻近港澳地区，古镇的技术和产品更新速度较快，市场反应能力强。

案例　温州灯具集群企业转移[①]

20世纪90年代，温州曾是国内最大的灯具产销基地，很多地区生产的灯具产品主要通过温州市场销往全国各地。1998年，仅温州东方灯具大市场的销售企业就达600多家，全市灯具产业年产值为50多亿元，占当时国内灯具市场的1/4左右。然而，自2000年开始，温州灯具集群企业相继外迁，甚至不少企业整体搬迁到青岛、郑州、武汉、中山等地，其中，以中山市古镇较为集中。据不完全统计，至今迁出的温州灯具企业经营者已在全国各地创办了300多个市场。

古镇灯具集群的崛起以及温州大批企业相继迁出，导致温州灯具产业出现空洞化的迹象，集群规模急剧萎缩，与古镇灯具集群规模的差距进一步拉大。2003年，温州全市灯具产量占全国的比重，由鼎盛时期的1/4降到1/25。东方灯具大市场所经营的温州本地灯具产品不断减少，而约60%以上的产品则来自古镇。在此背景下，留守温州的部分灯具企业也开始转向为古镇提供配套产品。另有一小批规模企业在经历恶性竞争之后，开始变革经营模式，注重产品创新。以皇室灯具公司为代表的部分企业，从批发业务转向细分市场，为温州本地家庭和酒店等目标客户提供中高档灯饰产品，并与海外数十个品牌商建立起正式合作关系。

伴随着温州灯具企业的迁入，中山市古镇的灯具集群规模迅速扩张（见表5-3）。据当地政府提供的资料，以古镇为中心向周边地区辐射，该地区已经聚集了1300多家来自浙江的灯具企业，其中有1200家是从温州东方灯具市场迁移到古镇的。目前，灯具产业总产值

---

① 朱华晟等：《基于多重动力机制的集群企业迁移及区域影响——以温州灯具企业迁移中山古镇为例》，《地理科学进展》2009年第3期。

占古镇全镇经济总量的75%以上，全镇共有灯具企业或工厂6500多家，从业人员7万多人，产品占全国民用灯具市场份额的60%，并出口到世界100多个国家和地区，是世界上最大的灯饰产品生产基地和销售市场之一。

表5-3　　1992—2007年温州与古镇两地灯具集群规模变化

年份	温州 企业数量	温州 产值（亿元）	古镇 企业数量	古镇 产值（亿元）
1992	200	1	50	0.5
1998	600	50	395	8.2
2003	500	25	2016	61.4
2007	200	—	4700	140.8

四　构建国家价值链下的"产业集群升级＋产品内分工"模式

沿海经济发达地区利用自身优势，率先加入全球价值链，专业化于劳动密集型环节的产业集群，迅速成为全球最大的国际制造平台或国际制造基地，使该地区首先成为中国经济增长的主要引擎。东部地区在加入全球价值链的过程中，对其自身"世界加工厂"的低端定位，在某种程度上把中西部地区压制在原材料和劳动力等生产要素供应商的地位，在一定程度上抑制了中西部地区发展劳动密集型产业的空间和可能的选择。集中分布在东部沿海地区的附加值低的企业，对当地的生产成本尤其敏感。一旦当地的生产成本上升，它们更倾向的选择，并不是留在当地进行产业升级，而是进行产业转移。在中国中西部地区的投资环境与其他发展中国家相比不具有优势的情况下，这些产业就会外移而不是内迁。通过建立温州本土企业控制的国内价值链，带动关联产业发展，是实现区域经济协调发展、最终完成产业转型升级的重要途径和对策之一。

首先，以本土企业为主会使经营利润更可能留在温州，而不是汇出和外流。同时，国内价值链包含着高附加值的环节，这使温州可以取得更多的资本利润。这些利润就为继续投资和缩小地区间差距提供了物质基础。建立国内价值链后，温州本土企业可以在国内不同地区间整合要素禀赋，协调区域经济发展。此时，产业转移就成为主动整合内外温州资源的行为。这样可以充分发挥温州内外产业特别是国内循环的产业间的关联效应，带动上下游产业发展，改变价值链在温州链条太短的缺陷。同时，链条的延伸和完整，可以带来生产的迂回和专业化的加深，不仅可以获得规模经济和范围经济，而且可以积累高端的人力资本和知识资本。

对于久居价值链底部的温州企业而言，重构价值链体系绝对不是一个一蹴而就的过程。如图5-7所示，企业必须改变原来的运营模式，着手建立从产品研发、制造到营销渠道和品牌建设等相对完整的运营流程。因此，温州企业首先必须调整发展思路，重塑经营理念，使自身从一个片断化的生产车间发展为依靠研发设计和自有品牌参与市场竞争的主体。在这一思路与理念指引下，温州企业可以依托国内市场，建设价值链的关键资源和能力，推动转型升级过程，从而最终以核心竞争力的提升突破国内市场，寻求在全球价值链上的新定位。

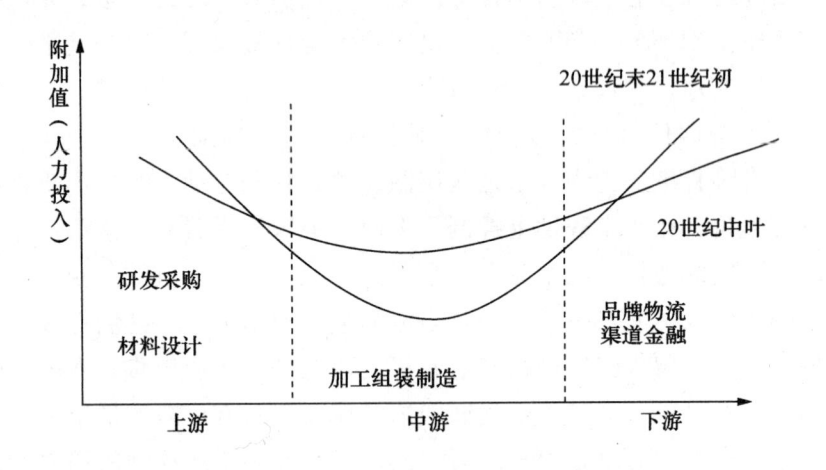

图5-7 微笑曲线动态变迁

（一）重视温州"块状经济"加入价值链后的产业转型升级问题

温州地区加入全球价值链的主要载体是温州地区众多的块状经济。这些块状经济在2010年以来的金融危机中暴露出严重的结构性和素质性问题。使这些块状经济向现代产业集群转型升级，成为温州经济今后较长时期发展的一项重要而艰巨的任务。按照传统理解，产业转型升级就是提升产业的技术水平和结构布局，就是上什么产业，下什么产业。其实，产业转型升级还有以下三个更为重要的内容：一是提升自身的产业活动环节在全球价值链中的地位，提升产品内分工地位；二是拉长和拓展已有的产业价值链，提升产业规模和集中度；三是做大和做强产业集群，提升块状经济的集聚水平，向现代产业集群升级。

这就意味着温州的产业政策，要先根据本地产业加入全球价值链的驱动力去确定其核心能力，积极发展这种核心能力才能使本地产业在全球价值链中具有竞争优势。具体地说，第一，在全球竞争中，如果温州的某产业参与的是生产者驱动的全球价值链，那么以增强核心技术能力为中心的策略，就是合乎全球竞争规则的正确路径（处于制造环节的温州企业，除了可以通过强化研发手段，还可以通过合资、合作或挖人、并购等方式，嵌入产业链的研发环节）；如果参与的是购买者驱动的全球价值链，就应强调设计和市场营销环节，来获取范围经济等方面的竞争优势。温州地区的企业可以尝试通过"OEM - ODM - OBM"的渐进方式，或者利用在外侨胞等资源收购国际营销网络进行升级。第二，拉长产业价值链，就是要鼓励企业向终端市场网络发展的前向一体化行为以及向资源控制性质的后向一体化的发展行为；拓宽产业价值链，就是要重点鼓励企业以技术为中心实施产业多元化战略；借鉴产品内国际分工的思路，用代工和外包的方式在国内进行价值链重组。总的来说，核心是提升温州产业在各自行业内的话语权。借"基"生蛋，整合上下游产业，外拓原材料基地和销售基地；借"梯"登高，吸引内外温州人的智力和人才，成立具有真正实力的产学研研发和设计中心；借"船"出海，收购国外品牌、销售终端网络和在国外注册商标。

（二）传统产业（企业）融入国家价值链的三种能力建设

从整个价值链来看，企业需要建设的关键能力包括：上游的自主创新能力、中游的高端制造能力和下游的市场拓展能力（见图5-8）。

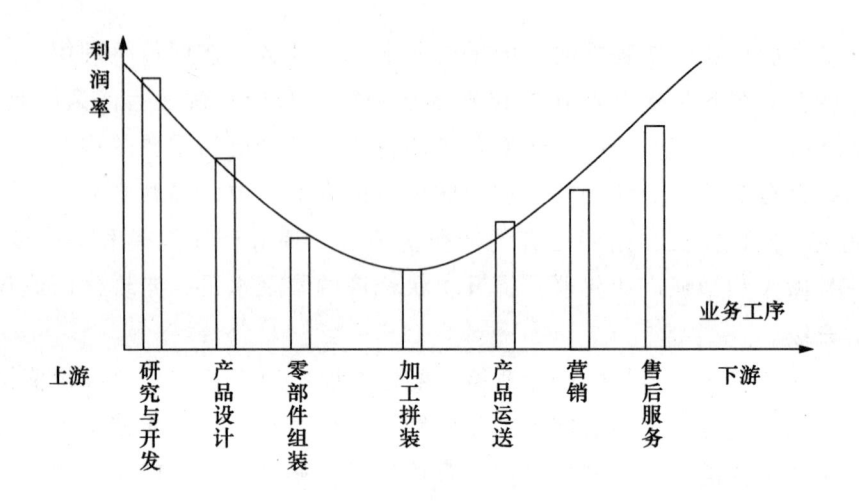

图 5-8 产业价值链图谱

1. 上游的自主创新能力

温州人经济的发展必须要放眼世界温州人，重视在外温州专业人才的作用。目前在外温州人，除了大量的温商，还有一大批科技医卫方面的专家。他们与温州商人分属于不同群体，尤其是对海外温州人而言，平时这两个群体之间的联系很少。对温州人和温州政府来说，要收集各地的在外温州籍专业人士的信息并反馈给在外商会，同时各地商会也要将联络所在地的温州籍专业人士作为商会发展的一个重要的长期任务，开展与温州籍专业人士的各种对接、对话和联谊活动，以此作为拓展温州人经济社会发展的社会网络资源的重要抓手，争取各种创新资源。可以以目前在海外的人才联络站为重点，增加更多的联络人和联系点，还可以充分运用互联网社区、微信自媒体平台等的作用，增加与在外温州籍专业人士群体的联系，以期凝聚更多的科技文化方面的信息和资源，专门吸引温州、浙江建设需要的专门技术、专项人才、专家团队和专项资金支持等，以促进温州人经济的自主创新能力。

2. 中游的高端制造能力

1991 年，美国国家标准与技术研究院的经济学家 Gregory Tassey 提出以技术为基础的经济增长模型，首次引入共性技术（Industrial

Generic Technology）的概念。在 Gregory Tassey 看来，共性技术是一种能够在一个或多个行业中得以广泛应用、处于竞争前阶段的技术，具有超前性、非独占性、共享性、风险性、集成性和社会效益性等特征。由于产业共性技术具有公共产品和私人产品的双重性质，属于"准公共产品"，政府介入的必要性毋庸置疑。若政府的作用仅限于补贴（或税收减免），而不特别注重行业协会、企业和研究机构的自愿性合作，那么在共性技术的供给方面，将会出现组织匹配失灵的问题。行业协会由于掌握产业发展态势和企业对共性技术的需求状况，因此在产业共性技术提供方面具有比较优势。进一步讲，不同的产业集群及其行业协会，由于规模（组织边界）的不同，行业协会创建行业共性技术平台的动力和影响因素也不相同，其实施效果就有较大区别。

一般而言，共性技术的产业带动性和技术关联度越高、外部性越强、使用者越多，其应用潜力与对下游技术研发的内部支撑效应也越大，对企业技术创新的影响也越显著。共性技术的组织失灵，是指共性技术的研究开发需要多个个体的合作，但由于单个个体（指单个的企业、研究院所、高等学校、个人、其他组织等）的个体能力有限而不能满足共性技术研究开发的要求；当产业共性技术开发和创新成功后，又难以扩散和低成本实现社会资源配置的最优。共性技术组织失灵的另外一个重要方面是组织匹配的失灵。根据重要程度，产业共性技术可以分为关键产业共性技术、基础产业共性技术和一般产业共性技术。关键产业共性技术是对整个国民经济健康发展有重大影响，能够提高产业装备水平、加强产品竞争能力、提升产业结构的技术。基础产业共性技术包括测量测试和标准等行业平台技术。一般产业共性技术是上述两种技术之外的产业共性技术。政府介入的作用体现在针对不同的共性技术能提供不同的共性技术组织模式，组建不同的平台模式。对应关键共性技术、基础共性技术的研发，可类似于美国的 NIST、加拿大的 NRC 和日本的 AIST 等，建立国家研究院（所）予以资助和支持，国家研究院全部或大部分经费由中央和地方政府提供，政府只对研究机构采用企业会计审核制度，不要求自负盈亏。就对应于一般共性技术研发和基础产业共性技术的应用而言，应以行业公共技术平台的组织模式进行支持。具体至行业协会，不同的行业协会，由于其产业实际情况的差异，其规模和入会率有较大区别。因此，产业共性技术的供给存在一定的差异。从企业的角度来看，企业处于不同的发展阶段，其目标也会不断发生变化，因而对产业共性技术的需求也在不断调整之中。

对行业协会而言，提供何种产品与规模有关。大型行业协会主要提供公共产品，小型行业协会主要提供私人产品，居二者之间的中型行业协会主要提供俱乐部产品。一般而言，协会会员参加行业协会的主要目的是希望可以通过行业协会获得俱乐部产品，因而行业协会的合理边界是既不大也不小的中等规模。从行业协会构成来看，会员的共性越大，共同利益越多，交易成本越低，行业协会就越能把更多的资源用于提供产品而非协调会员的集体行动上。因此，最佳形态的行业协会一般具有同质性和中等规模的特征。

（1）关键产业共性技术由政府组织科研院所进行研发，关键共性技术对企业技术创新具有强大的支撑效应。不同的国家和地区，在不同的发展阶段，针对不同的产业，政府在产业共性技术发展和创新中的作用是不同的。发达国家比较强调高技术领域的共性技术以及能在多产业中应用的共性技术（产业间共性技术）和产品共性技术，而发展中国家注重的大多是传统行业的共性技术、行业内的共性技术（产业内共性技术）。一般而言，共性技术的产业带动性和技术关联度越高、外部性越强、使用者越多，其应用潜力与对下游技术研发的内部支撑效应也就越大，对企业技术创新的影响也越显著。因此，对于关键产业共性技术的研发，政府应该有所作为，可以通过补贴（税收减免）进行资助，引导科研院所和"倒丁字形"龙头企业合作，构建产学协作创新的大平台。

自2004年起，随着国内12家大专院校入驻温州联合研究院，温州掀起了和高校在温州联合打造专业性科技平台的高潮。高校科研机构入驻温州，向温州长期派驻专家和高层次人才，市政府也专门划拨资金建设研究院及配套设施。华中科技大学温州先进制造技术研究院是温州首个引进共建的法人实体性科研机构。之后，兰州理工大学在温州市成立了泵阀工程研究院；陕西科技大学与浙江工贸学院联合成立了浙江温州轻工研究院。这批院校科研机构入驻温州，为温州行业内的广大中小企业提供了"家门口"式的便捷化技术服务，弥补了温州科研力量不足这一"短腿"。在构建专业性大平台中，温州还争取到了省科技厅的支持，先后建设了浙江省温州泵阀科技创新服务平台、浙江省皮革行业科技创新服务平台、浙江省汽车及零部件产业科技创新服务平台、浙江省温州低压电器技术创新服务平台四个省级行业与区域创新服务平台。这些科技创新平台的建立，必将有利于促进温州相关行业和产业的技术创新，提升温州相关产业的附加值，推动温州相关产业转型升级。

（2）一般产业共性技术与扁平型组织相匹配。一般共性技术（如光机电一体化技术、数字化设计制造技术、传感技术等）的进步，对推进企业技术创新具有渐进性。"扁平型"组织的行业协会是既不大也不小的中等规模，会员的共性大，异质性少，共同利益和共同需求多，因而达成合作的交易成本较低，集体行动的效率能得到充分的保障，这可以使行业协会把更多的资源用于提供行业公共产品而非协调会员的集体行动上。换言之，"扁平型"组织的行业协会能够更有效地促进一般性共性技术创新。以温州模具行业为例，温州市模具协会联合行业龙头企业成立的恒田模具有限公司和东海模具产业研发中心，是由行业协会组建但以公司方式运营的技术中心，致力于模具技术开发和行业人才的培养。又如温州市合成革商会，基于集中治理与分散治理相结合的原则，以技术创新和资源共享方式开展业内治污工作，在行业废气DMF净化方面取得了切实成效。目前，行业内基本已经实现废气二甲胺的有效治理、废水处理工程达标运行、固废集中进行无害化处理等系统性污染治理技术创新，行业周边环境明显改观，通过多年努力，温州合成革行业成为典型的循环经济行业。到2010年，温州市已建成一批为主导产业服务的行业技术创新服务中心和技术研究中心（重点实验室），其中市级20家、省级以上10家，这些中心都依托于行业协会而建立。

（3）基础产业共性技术与金字塔型组织相匹配。基础性共性技术（如测量与检测技术、技术标准等）在低成本产业集群中具有基础性作用。现实的情况是，少数大型企业和众多中小企业协同竞争创新博弈是一种智猪博弈：由少数实力强大的大型企业创新，中小企业模仿。智猪博弈的均衡条件一旦被破坏，就出现智猪博弈恶化。这种恶化表现为大企业的创新成果被模仿的小企业侵蚀过度，导致大企业的创新成本大于创新收益。其结果是大企业不再创新，小企业又无力创新，从而使产业共性技术创新陷入"囚徒困境"。但如果大企业的创新成果得到严格的保护或超出了中小企业的模仿能力，虽然会塑造出几个名牌产品，但会使产业集群中占绝大多数的中小企业升级受限。为了解决这一问题，有必要建立行业性的公共创新平台。如温州市服装商会的温州市服装行业创新服务中心、服装图书馆、服装设计研发中心等，温州市鞋革行业协会以"中国鞋都"命名成立的图书馆、信息中心、技术学院、技术中心、人才中心和安全技术服务中心等，都是行业性公共创新平台的创新性探索，但如何真正实现这些创新探索的行业创业能力和创新价值，还有待更多努力。

3. 下游的市场拓展能力

下游的市场拓展能力的首要问题是扩大和创新虚拟经营模式。温州企业的虚拟经营实践，始于20世纪90年代中期。从1999年开始，虚拟经营已由个别企业的自发实践转变为自觉的群体创新行为。继美特斯邦威、森马等一批休闲服装企业虚拟经营的成功实践之后，温州的众多企业也开始通过虚拟生产和经营来整合企业内外部资源，成功突破了企业用地、人才、技术、资金等要素的制约，获得了研发、生产、销售等具体功能，从而实现了企业规模的迅速扩张，一定程度上推进了温州传统优势产业的产业内升级。对于区域经济发展中要素"瓶颈"制约问题突出的地区来说，推行虚拟经营模式，以"虚拟经营"推进传统优势产业内升级，无疑是一条解决问题的有效途径。

案例 森马公司的虚拟经营模式[①]

创建于1996年12月的森马集团有限公司实施虚拟经营模式，走出了一条借"基"生蛋、借"梯"登高的特色之路。所谓虚拟经营，

---

① 参考企业案例和调研报告整理。

具体是指企业借用外力对内、外部资源进行整合，总部经济主要从事产品价值链的两端，一是研发设计，二是营销和品牌建设，侧重后一内容，把中间的生产加工环节进行外包，从而弥补自身生产能力的不足，实现生产功能从"无"到"有"的功效。虚拟生产的具体形式为委托加工（OEM）和委托组装（OAM）。

森马公司利用外部优势条件，整合一切可以整合的资源，在珠三角和长三角等地整合一批生产厂家，通过品质、品格、品位三位一体的品牌建设，做强做大森马品牌。在与外部合作中努力吸纳先进文化，逐渐形成志存高远、卓越执行的森马文化。1997年开始导入POS系统，2000年开发森马ERP系统，加强信息化建设。目前，森马所有的专卖店均已纳入公司内部的计算机网络，实现了包括新品信息发布系统、电子订货系统、销售时点系统的资讯网络的构建和正常运作。

虚拟经营模式的重要意义在于：（1）从企业层面看，实施虚拟经营的企业，将一般生产功能虚拟化，节省生产资本投入，有助于研发设计、销售和品牌等核心功能的强化，从而可以有效提升企业获利能力和市场竞争力；而加盟大企业虚拟生产体系的企业，主要是中小企业，在与虚拟经营企业的合作中，充分发挥专业化生产的比较优势，获得管理经验和技术、资本积累，并借势壮大自己。（2）从政府层面看，推行虚拟生产，在少量增加企业用地供给，甚至在零土地供给的情况下，就可以做强做大企业，有效提升产业组织形式，并在一定程度上缓解劳动就业难题。（3）扩大品牌的影响力。在营销和品牌推广方面，森马实行特许连锁经营，可将销售网络虚拟化。加盟其连锁系统的代理商，按不同区域分别向总部交纳金额不等的特许权转让费和押金。

自1996年以来，已拥有"森马"和"巴拉巴拉"两大在线品牌、120多家贴牌生产厂家和2700多家连锁店。森马羊毛衫、巴拉巴拉童装先后获得中国名牌产品称号，森马衬衣为国家免检产品，森马商标为中国驰名商标。集团连续多年进入中国民营企业500强并获得中国服装销售利润双百强称号。

第二节 内外温州人经济互动与温商回归影响因素分析

温州人经济从发展之初就是带有外向型特色的外向型经济，但在传统温州模式的背景下，温州人的外向型经济是以温州区域经济为出发点和归宿的，早期温州人外出经营活动所得最终都会被带回温州。然而，随着改革开放的持续发展和人们观念的深刻转型，外出经营的温州人开始逐渐在外定居落户，外向型发展的温州区域经济最终演变为温州区域经济和在外温州人经济协同发展的温州人经济。那么在外温州人经济之后，内外温州人经济之间还有无互动？这种互动在多大程度上对温州区域经济和在外温州人经济形成促进作用？在外温州人的"温商回归"现状如何？影响温州人经济"温商回归"的变量有哪些？如何有效促进和提升温商回归？这是本节将要探讨的问题。

一 内外温州人经济互动调查分析

（一）温州工业企业对外经济活动的新动向、新特点

2011年，温州市统计局对全市5750家年销售收入在500万元以上的工业企业和整体外迁企业进行全面调查。调查结果汇总显示：被调查的温州本地工业企业中，现有约820家企业有对外投资行为，占被调查企业数的14.3%；另有1700家左右的企业在外投资创业，450家左右的企业整体外迁。近十年现有本地企业和整体外迁企业合计对外投资总额累计高达1025.6亿元，相当于温州全市近十年工业性投资总额的52%。被调查企业中，已经建立起营销网络的工业企业约有1300家，这些工业企业2011年全年通过营销网络在外销售额达1914亿元，约占被调查工业企业销售总额的40%。

1. 工业企业对外投资新动向

（1）经历"十五"期间的井喷式对外投资之后，温州企业对外投资呈平稳扩张态势。截至2011年，温州全市本地工业企业中，已经在外创办企业的有1700多家，其中近六年在外创办企业的为842家。本地工业企业近十年累计对外投资总额达910.3亿元，相当于温

州全市限额以上工业性投资总额的46.1%。

（2）规模化投资趋势十分明显，民间资金和自有资金是对外投资的主要资金来源。计划对外投资额超5000万元的温州工业企业有385家，累计投资额达595亿元，占温州全市工业企业对外投资总额的65.4%；其中，计划投资额超亿元的企业有203家，累计投资额约475亿元，占工业企业在外投资总额的52.2%。正泰、均瑶、奥康、圣雄、青山等一批大企业的在外累计投资额均超过5亿元。从投资资金来源看，被调查企业主要资金来源选择"民间资金和自有资金"的占88.6%，主要来源于"银行及其他渠道"的仅占11.4%。

（3）对外投资行业由以本地主导制造业为主向其他行业拓展。从对外投资行业看，对外投资最密集的是电气、服装、通用设备、交通运输设备等行业，逐步向各大制造业以及服务业延伸，其中商务服务业、房地产业、采矿业成为近几年温州工业企业对外投资的新方向，三大行业累计对外投资额达234.8亿元，约占温州工业企业对外投资总额的25.8%。

（4）对外投资地区由以沿海地区为主，逐步向中西部扩展。从投资流向看，上海、江苏、山东、福建、广东以及省内杭州、嘉兴等地是温州工业企业对外投资较为集中的地区，其中到上海投资的最多。统计数据表明，调查的5750家温州工业企业中，在上海投资的企业为506家，累计投资额约208.4亿元，占温州被调查工业企业对外投资额的22.9%。近几年，随着中部、西部发展不断得到重视，加上其资源、环境、政策优势，中西部地区逐渐成为温州产业梯度转移和多元化投资的重要承接地，本地调查发现，温州在安徽、重庆、河南、江西、新疆、湖北等地的投资额均已超过10亿元。

2. 工业企业营销网络建设的新动向

调查显示，建立营销网络，利用强大的营销网络占领市场已经成为温州多数企业的发展共识。在温州市统计局2011年调查的5750家企业中，有22.6%的企业在市外建立了营销网络，2011年通过营销网络实现销售额达1914亿元，是温州本地规模以上工业企业当年销售总额的40%左右。其中，销往市外的为1604亿元，销往市内的为310亿元。综合来看，近几年，温州全市工业企业营销网络建设主要呈现以下几个特点。

(1) 营销模式趋向成熟。加盟代理和直营是温州工业企业营销网络中的两大主流营销方式，营销阵地向全方位铺开。据统计，目前在温州市外建有营销网络的1300多家工业企业中，共建有直营、加盟、代理、经销商、办事处等形式的营销渠道13万多个，其中加盟代理的占75.7%，直营方式的占15.7%，其他方式的占8.6%。目前，温州全市电气、服装、鞋、笔、泵阀、汽摩配等主导行业中的大企业基本都采用建立强大的国内外营销网络体系的方式占领市场，如森马、天正、兴乐、康奈、人民电器、德力西等大企业在全国各地的营销网络个数均在1000个以上。分地区级别看，温州工业企业在地市级以上城市（包括直辖市、省会城市、地市级城市）建立的营销渠道个数占到79.2%，地市级以下的地区占20.8%。

(2) 在外营销网络建立由以依托在外温州人为主向多元化趋势发展。温州市统计局的调查数据显示，2006年，温州工业企业在外营销网络中77%的网点是由在外温州人参与经营和管理的，但2011年的调查显示，当年温州工业企业在外营销网络中，温州人的参与比例呈下降趋势。以温州人参与比重最高的直营方式为例，被调查企业建立的1.9万个直营营销网点中，由温州人参与管理或经营的直营网点为4734个，占49.8%；从业人员8.04万人，其中温州人占46.5%。

(3) 虚拟经营。产销两头在外成传统劳动密集型产业做大做强的首选途径。虚拟经营模式突破传统生产经营模式，企业总部主要掌握品牌建设、产品设计、质量控制、物流管理等核心环节，把生产环节外包给其他企业，能够较好地摆脱资源要素的制约，因而成为传统劳动密集型产业转型升级的重要途径。据调查，温州全市现有虚拟经营企业中，有64%集中在服装、鞋等传统劳动密集型产业，如森马、拜丽德、康奈、报喜鸟、红蜻蜓、杰豪、夏梦·意杰等知名企业均通过虚拟经营模式做大做强。2011年，森马集团在全国建立营销网点7530个，实现在外营销网络销售额达80亿元，比2006年增加了2.2倍，其中虚拟经营产值达到85%，成为温州虚拟经营的典范。

(4) 海外营销网络逐步得到发展。据调查，温州已组建营销网络的企业中，有40%的企业在海外组建了营销网点，年实现海外销售额达190亿元，约占营销网络销售额的10%。如巨一集团、大趾王鞋业、珠联实业、泰庆皮革、正泰电器、禾佳皮业等企业的年国外销售额均超过4亿元。

二 温商回归的调查分析

经过多年的发展，温州在区域投资环境建设方面有了一定的改观，特别体现在政策环境和土地保障等方面，这在很大程度上对在外温州人回乡投资形成了较大的吸引力。为了促进温州区域经济再创辉煌，温州市委市政府也向在外温商发出了回乡投资创业的号召。截至2013年年底，已出现温商回乡发展的良好态势。为了充分了解在外温商投资创业的基本情况和回乡投资的真实意愿，课题组①在2012年通过调查问卷，对异地温州商会会长、副会长开展问卷调查，共发放问卷50份，回收有效问卷42份，有效率为84%，具体情况分析如下。

（一）在外温商投资力度大

目前，共有175万温州人在全国各地经商办企业。"十一五"期间在外温商在全国各地累计投资额达3000亿元，而同期温州市全市工业性投资只有1300亿元，仅相当于前者的43%。在外温商创办工业企业3万余家，其中年产值超过亿元的工业企业近500家，是温州本地亿元以上企业总数的62%。对外投资的温州人企业中，仅在上海年产值超过10亿元的工业企业就有近50家，如果再算上温州人在全国超过10亿元的工业企业，这一数字将远高于温州本地的34家。如果再考虑60万海外温商，在外温商的投资金额和资产总额将远远超过这个数目（见表5-4）。

（二）在外温州人营销网络广

在外温州人在全国各地地市级以上开发经营的规模以上商场（商城）、商业街、批发市场等有500余个，拥有40多万个营销网点。依托遍布全球的庞大营销网络，温州人年销售产品达6650亿元，相当于温州本地2010年社会消费品零售总额1498亿元的4.4倍，其中销售温州产品近2400亿元，占近四成；另外，温州企业70%的产品通过温州人营销网络销往全球，温州外贸出口产品80%是侨贸。温州人

---

① 资料来源于周建华、叶乐安在2013年所做的《温商回归的调查分析》。

表 5-4　　　　　　　　国内内外温州人投资对比

	国内在外温商（不完全统计）	温州本地	国内在外温商/温州本地
2006—2010 年实业投资(亿元)	3000	1300（工业性投资）	2.31
2010 年商品销售总额(亿元)	6650	1498	4.44
2010 年年产值 >1 亿元工业企业（家）	500	802	0.62
2010 年年产值 >10 亿元工业企业（家）	50（仅上海）	34	1.47

资料来源：1.《2010 年温州市国民经济和社会发展统计公报》；2.《陈德荣同志在转型发展克难攻坚"双百"行动动员大会上的讲话》；3. 温州市经合办：《关于内外温州人经济互动的思考》。

的这一营销网络是独一无二的，对内外温州人经济发展发挥着巨大的促进作用。

（三）在外温州人返乡投资步伐快

在外温州人返乡投资项目主要涉及农业、新能源、汽摩配、高新技术、现代服务业、基础设施等领域。此外，投资项目的数量和质量逐年提高，并呈现了从低端行业向中高端行业提升、从小项目投资向大项目投资发展、从商业资本逐步向产业资本转化、从单体项目投资向多元化投资等良好发展态势。调查问卷的情况分析如下。

1. 企业情况

调研对象中的企业大部分成立时间超过 10 年，其中仅 1/6 的企业最初在温州起步，说明企业的发展是经过企业家们长期精心雕琢而成的，他们对企业未来发展的投资十分慎重。

调研企业家主营业务所属行业（可以选两项）非常广泛，其中从事批发和零售业的企业家最多，达到被调查企业的 53%，其次是制造业和房地产业，均达到被调查企业的 33%。从事各类服务业（批发和零售业、租赁与商务服务业、住宿和餐饮业、文化产业、燃气生产与供应业、交通运输与仓储业）的企业频率之和更是达到 114%，说明在外温商多元化经营的主体是服务业，这符合温州产业调整和结构升级的发展方向，在外温商应该成为温州招商选资的重点（见表 5-5）。

表 5-5　　　　　　　在外温州人企业的主营业务所属行业

经营主业	频率（%）	经营主业	频率（%）
批发和零售业	53	住宿和餐饮业	13
制造业	33	文化产业	7
房地产业	33	燃气生产与供应业	7
租赁与商务服务业	27	交通运输与仓储业	7
金融业	13		

但是，问卷调查同样发现，目前在外温商对温州本地的招商与投资政策缺乏了解，有40%的企业家不知道温州近期出台的"一事一议"政策、楼宇经济与总部经济发展政策以及各类产业升级政策，而其余60%的企业家则对这些政策稍有了解或了解不全。因此，要有效促进在外温商回归投资发展，还需要温州加大针对在外温商的招商政策宣传力度，做实做细针对在外温商的招商引资工作。

2. 投资环境

在调查中，对近年温州市投资环境改善程度的看法，认为有明显改善的在外温商占被调查对象的56%，认为有改善但仍不令人满意的占39%。而在回答"您认为温州当前投资环境中存在的主要问题"（可多选）时，"企业营运成本较高"（53%）、"土地供应缺乏保障"（40%）取代了传统的政府行政效率因素（认为政府行政管理效能低下的占20%、认为政策法规不配套的占13%、认为审批办事手续烦琐的占7%），成为温州投资环境中存在的两个最主要的问题。对于高新技术企业来说，人力资源缺乏（20%）的状况也比较明显。因此，在温州投资环境有较大改善的同时，积极创造条件，实施优惠的投资政策（财税、土地、人才等），以利于企业降低营运成本，从而真正激励在外温商愿意回乡投资，安心返乡创业。

3. 投资意愿

在回答"您是否有意愿回乡投资"时，54%的受访在外温商表示一直有回乡投资意愿，近期（三年内）有投资意愿的比例达到33%，两者合计，受访对象中有回乡投资意愿的达到了87%。而对于问题"您所在商会的会员企业有没有合作回乡投资的意愿"，回答"一直有的"达到了惊人的93%（见表5-6）。在明确投资的企业家中，投资额度一般比较大，投资金额超过1亿元的企业达到了60%。

表5-6　　　　　　　在外温商回乡投资意愿概况　　　　　　　单位:%

	一直有	近期（三年内）	没有
企业家本人	54	33	13
商会会员企业	93	0	7

在回答"如果回乡投资，您会选择哪个领域"时，选择"自己熟悉的领域"的占被调查对象的64%，在外温商最想回乡投资的行业包括先进制造业、金融业、先进服务业、商贸（比重最大）、总部经济、交通等，这跟其从事主业的吻合度相当高，表明在外温州企业家们防范投资风险的意识十分明显。因此，对于温州区域而言，要达到促进温商回归的目的，则在招商开始之前，招商人员的准备工作要做足，做到有的放矢，所拿出的招商项目应该尽量和招商地温商的主营业务及投资预期相一致。

4. 资金来源

在选择投资资金的主要渠道时，以"自有资金"和"股东出资"的受访在外温州企业家均占到36%，选择"民间借贷"的企业家占比为0，说明在外温商企业的资本状况良好。另外，像房地产（主要的商业地产）、交通等建设周期较长、前期投资较大的行业，受访对象表明则主要通过银行或其他金融机构获取投资资金（见表5-7）。

表5-7　　　　　在外温商拟回乡投资资金的主要渠道

主要渠道	百分比（%）
自有资金	36
银行或其他金融机构	28
股东出资	36
民间借贷	0

5. 投资服务

在回答"您认为温州在回乡投资服务方面最需要解决的问题是什么"时，56%的受访在外温商选择的是用地，说明土地"瓶颈"仍然是制约温商回乡投资的最大因素，因此搞好土地的"开源"（围海造地）与"节流"（土地集约）对温商回归和温州区域经济社会发展意义重大。当拟引入温商在土地方面的保障基本得到满足时，可以预见将会有更多的温商选择回归。另外，认为用电和融资问题是温州在回乡投资服务方面最需要解决的问题的受访对象所占比重也较大，分别达到15%和11%。

综合上述情况分析，在吸引温商回乡投资方面，温州取得了一些成绩。但是，相比在外温商的投资总量和他们所拥有的网络优势，温商回乡投资的力度依然太小。因为根在温州，加上温州投资环境（土地、交通、融资等）不断改善，在外温商回乡投资意愿十分强烈，加之他们的潜在投资项目基本符合温州产业调整和结构升级的方向，所以在温州经济遇到困境，固定资产投资不足、投资效率不高的背景之下，在外温企应该成为温州招商选资的重点。然而，在外温商回乡投资最为担心的是土地的稳定供应和企业的营运成本。因此，温州市政府应该打消在外温商的这些顾虑，及时出台针对性的投资优惠政策，并在符合国家以及浙江省相关政策的前提下，加大优惠的力度，这样，在外温商回乡投资发展的空间将十分巨大。

6. 在外温州人愿意回乡投资的原因

在选择"愿意回乡投资的主要原因"时，60%的温州在外企业家选择了"根在温州，愿意为家乡做贡献"，可见亲缘与血缘关系维系着在外温商与温州的联系，大部分温商都愿意为家乡做贡献。"家乡投资环境变好"与"招商人员工作做得扎实"的选项也分别达到47%和33%，说明招商人员工作的扎实程度会对在外温商对家乡投资环境的看法有很大影响（见表5-8）。调查还发现，所有受访对象每年都会回温州，其中有2/3的在外温州企业家每年回温州的次数在3次或3次以上，这一方面说明他们恋根或者跟家乡的联系多，另一方面也给了温州各级招商人员"家门口"招商的机会。

表 5-8　　　　　　　　　　愿意回乡投资的主要原因

主要原因	百分比（%）
根在温州，愿意为家乡做贡献	60
家乡投资环境变好	47
招商人员工作做得扎实	33
家乡商机多	20
温州产业链有配套优势	13
民间融资有优势	13

三　温商回归影响因素分析

（一）土地等资源要素制约温商回归

温州经济发展自然资源贫乏，尤其是受土地资源制约较为严重，市内大部分企业都是由于没有立足之地而走出温州本土到外地寻求发展空间。温州市人均陆域面积少，平原和盆地比例不高，土地资源缺乏，人均耕地和人均生态承载力均低于浙江省和全国平均水平。水土流失面积占陆域总面积的比例达 24.9%，是浙江省水土流失最为严重的地区。土地资源短缺导致温州地价上涨，投资成本增高，一方面影响本地产业和企业规模的发展，另一方面影响外地和国外大型企业到温州投资的积极性，对温州经济社会的发展形成较大制约。

不仅如此，对温州本地来说，一方面是土地资源缺乏，另一方面却是土地资源的低效利用。据报道，从 1999 年至今，温州全市"转而未供"的土地近 10 万亩，这相当于近两个温州经济技术开发区的总面积。"转而未供、供而不用、用而未尽"是温州土地利用中的突出问题，一直影响温州土地市场和用地环境。同时，温州企业的土地产出率在浙江全省是比较低的，问题的集中表现就是产业和企业低小散，没能集约和节约利用土地资源。

（二）区位条件局限性的影响

对大企业来说，科技、信息、品牌、信用、环境等对企业的发展非常重要，这些要素的获取都与城市的区位优势息息相关。在这个方面，温州与长三角的很多大城市是难以相比的。温州处于"沪三角""珠三角"的中间地带，虽同时受沪穗两大中心辐射，但大城市经济带辐射半径一般在 200 千米左右，温州接受沪穗辐射的实际收益是明显不足的。在某种程度上甚至可以说，受现代城市经济竞争的影响，温州不仅没有得到沪穗两地辐射的有效拉动，实际上还受到两地的挤压而处于被孤立和排挤的地位，温商大量出走上海寻求发展就是明证。此外，温州周边区域城市化水平不高，从杭州到福州千余公里区域内，只有温州一个较大城市，而从上海到南京 500 公里区域内集中着十几个较大城市。由于城市化程度低、市场拓展空间不大，加之温州地处东南一隅、山岭纵横，交通上没有区位优势，同行业过多地集中在一起容易引起恶性竞争，不利于区域经济发展。

（三）内推外联的影响

近年来，温州企业外迁发展和对外投资的原因之一是企业自身寻求转型升级。受本地人才、科研、管理、服务等软环境制约，温州很多企业寻求外出发展，这类企业主要迁往发达程度高于温州的上海、北京、广州、杭州等发达地区，希图利用这些地区的人才、科研、管理、服务和市场优势，实现企业自身质的提升。原因之二是通过产业转移寻求更低的运营成本。企业和产业国际分工现状决定了温州很多传统劳动密集型企业都处于国际产业分工的低端，产业国际地位不高，劳动密集型产业实现转型升级存在技术和研发上的"瓶颈"障碍，而温州本土的土地、电力、劳动力、环评等资源的供需矛盾又很难在短期内得到解决，因此，部分温州企业唯一的出路就是向中西部等地实行产业转移。这类企业主要迁往土地资源较丰富、发展程度低于温州的中西部地区或欠发达地区，如江西、安徽、湖北、浙江丽水、福建福鼎等地。

同时，内地各地招商引资的政策优势也是导致温州部分企业"走出去"的重要原因。随着国家对外开放战略的持续推进，内地各地都实行积极的引进内资战略，形成了对内开放的新热潮。在此背景下，为了在对内招商引资中胜出，内地各地纷纷出台优惠政策吸引东部地区的企业到本地投资兴业。近几年，每年都有 50 余个内地城市、百余个市场来温州招商和贸易洽谈。这些对内招商引资的外地政府大多出台了积极的政府服务政策，纷纷对企业实施"保姆式"的服务。它们在招商政策创新、用足用好国家政策等方面都比较灵活，使其政策既能够发挥当地优势和特色，又不与中央的政策相冲突，许多地区从政府到部门、从城市到乡镇甚至到村，在引进投资的思想认识方面上下统一、部门协调，形成了良好的招商引资吸引力，有些地方甚至形成了全社会招商引资的氛围，这些都对温州企业形成了较大吸引力，导致温州企业外迁。

（四）产业集群和产业发展的影响

首先，是产业链上下游的协同影响。据温州市统计局2011年对在外温州人的经济调查，温州最早出现群体性外迁的产业是灯具业。由于温州本地电镀工艺难以满足本地灯具企业生产和发展的要求，造成行业整体迁往广东等省。随后，桥头的纽扣、苍南的印刷、瑞安的塑料、龙湾的合成革等行业均出现了群体外迁的现象。而目前温州的眼镜、泵阀、化学、制笔、模具等行业的景气度也不容乐观，如果没有有力应对措施，下一轮温州企业群体性外迁就可能在这些行业中出现。大批企业外流，不仅造成温州区域产业逐渐空心化，还会导致外出温州企业利用外地成本和接近市场等的优势，形成与温州区域同行业企业竞争的局面，造成温州区域产业竞争力下降，不利于温州区域经济发展。

其次，是支柱产业的龙头企业未能摆脱劳动密集型产业的特征，成本竞争仍是主要的竞争方式。当今世界制造业竞争力的提升，并不在制造过程中，而在制造过程之外的知识、市场、技术等创新活动中。其中最重要的就是要加大对现代生产者服务平台的建设和投入。这种服务平台包括政府服务、研究设计服务、会计咨询服务、知识产权服务等，这些服务能降低企业的交易成本，提高企业竞争力。在温州支柱产业中，行业龙头企业在转型升级过程中还未能摆脱劳动密集型产业的低位和特征，产业集群整体提升遇到技术"瓶颈"障碍。正因为这些行业内龙头企业的带动作用有限，温州行业内大多数中小企业仍然依靠低成本竞争去积累资金和实力。然而，由于行业内的中小企业很难在产业集群中充当金字塔底座的作用，产业转移就是一种必然选择。因此，龙头企业在知识、技术和人力资本上大力投入，促使自身突破技术和市场的"低端锁定"，通过建立行业共性技术平台，以提升大量中小企业的技术实力，夯实产业集聚的基础，是温州支柱产业向现代产业集群升级的关键问题。

（五）温州产业与在外温商的发展

温州市统计局于2006年和2011年两次对温州人的营销网络开展抽样统计调查。根据调查结果，2006年温州企业在外营销网络中有77%的网点是由在外温州人参与经营和管理的；但2011年，对于温州人参与比重最高的直营方式，在被调查企业建立的1.9万个直营营销网点，由温州人参与管理或经营的只有4734个，占全部直营营销网点的49.8%，从业人员8.04万人，其中温州人占46.5%。

两次调研数据显示，温州企业在外营销网络仍然以在外温州人为主。同时，2011年在外营销网络中温州人的参与比例有一定程度的下降，已呈现多元化趋势。温州产业发展应沿着产业内升级的思路进行，根据产业链的"微笑曲线"效应，使产品向两端延伸，特别是如何发挥本异地商会的协同作用，充分利用在外温州人的营销网络，使温州生产和在外营销融合对接，发挥温州品牌优势，提升产品在价值链的地位，实现产业内升级，是目前温州区域经济发展应该着力思考和解决的问题。

四 温商回归理念创新

促进温商回归，不应停留于让在外温商回乡投资发展甚至让在外温商企业整体回迁温州的传统认识。温州区域的交通、区位、信息、市场经济政治地位等现实条件，以及企业逐利性、温商企业发展的现实需要和经济发展规律等，都决定了温商"走出去"寻求发展空间是一种现实的发展需要和发展趋势。因此，在着力温州区域经济发展，以打造温州区域经济社会发展环境来促进温商回归，希望通过温商回归以推动温州区域经济进一步转型发展的同时，温州还应该着眼于温州人经济发展的宏观思路，转变温商回归理念。

温州人经济发展，应该着眼于区域温州人经济、国内温州人经济和海外温州人经济的协调发展和互相促进。在外温州人经济只要能有效利用其社会网络，对区域温州人经济的管理、技术、市场以及产业转型升级等起到积极的促进作用，帮助区域温州人经济实现转型发展，尤其是在区域温州人经济发展面临重大需求时，在外温州人经济能够有效凝结资源以满足区域温州人经济发展的现实需要，为区域温州人经济发展做出贡献，就是一种内在的回归形式。

温州人经济发展不应该仅仅局限于温州区域经济发展的狭隘视阈，在强调温州区域经济发展，注重温州区域经济发展的质量提升和转型升级的同时，应该在利用在外温商资源促进温州人经济发展以及温商回归的理念发展方面转型升级。按温商为温州区域经济发展和温州人经济发展所做贡献的内容和形式，我们可以将温商回归分为四种相互独立又相互联系的"回归形式"：一是温商回温投资创业。鼓励在外温商回温投资兴办企业，这是当前对温商回归的直观认识和主要认识。二是在外温商推动外部资本来温州投资创业。这是温商回归的延展性内容和扩展形式。三是在外温商通过自己在外经营行为和在外温州人社会网络为区域温州人经济发展提供支持。比如，销售区域温州人经济产品，为区域温州人经济产业提供原材料、技术、人才、资金、信息和市场支持，促进区域温州人经济发展和转型升级。四是在外温商通过在外所凝结的外部社会资本网络为内外温州人经济产业发展提供支持。比如，帮助温州人经济发展寻求合作机会，促进内外温州人经济和外部社会资本网络之间的信息、市场、技术、人才、资金交流与合作等。这才是温商回归题中应有之义，应该被作为温商回归的重要组成部分。

第三节　深化内外温州人经济互动的"1+N"模式

改革开放以来，温州人民创造了举世瞩目的温州模式，使温州成为我国市场经济发展的指向标和中国特色社会主义市场经济建设的实践基地。但是，随着环境形势和发展阶段的变化，目前温州的在外声誉主要来自在外温州人的影响和声誉，温州本土的发展已相对落后，温州经济与温州人经济的成长步调呈现出明显不一致的态势。深化内外温州人经济互动，促进温州人经济发展，应该着力打造内外温州人经济互动的"1+N"模式，其中"1"是温州，"N"是众多的"异地温州商会"。只有基于产业集群打造特色总部经济和培育高水平的行业技术平台，同时采取多种措施发挥异地温州商会的节点作用，才能使温州成为温州人经济网络的"中心"，真正使温州人经济得到确立和发展。

一 基于产业集群打造特色总部经济

2006年以来，温州各地开始倡导温商回归，各县（市、区）纷纷实施"总部集群的做大做强"战略，大打"亲情牌"以吸引优质温商企业回归创业发展，目前温商回归工程已初见成效。但在总部经济的建设上，存在两个较为突出的问题：一是"一刀切"，即为所有行业设置同样的门槛。但不同的行业企业规模差异较大，这个门槛对某些行业来说偏低，但对另一些行业来说偏高。二是"杂拼"，即把不同行业不同类别的企业聚集在同一区域（甚至同一幢楼），未能将产业集群建设与温商回归工程有机结合。

有效推进在外温商回流，避免"大而全，小而全"是当前温州实施温商回归工程必须要着力解决的问题。有序推进在外温商回流需要从三个方面入手：一是根据行业的特征，为不同行业设置不同的门槛。门槛的标准不宜过高，否则会淘汰一些优质的和有发展潜力的成长型企业。二是由于温州人经济的优势是价值链的后端（营销）而非前端（研发），因此可以将对在外温商招商引资的重点放在经贸业而非制造业，努力使温州建设成为温商的结算中心，让温商把利税留在温州。三是基于产业集群建设总部经济，使总部与产业集群融为一体。这样，才能通过共享专用信息和在技术、市场营销、培训、设计等项目上进行合作以发挥相应的集群效应，进一步提升温州作为温州人经济中心的集聚效应。

通过总部经济建设吸引在外温商回归还需要做好两方面的工作：一是建立全程代理服务机制，做好引进项目的跟踪服务工作。对总部经济引进的重大项目实行市县领导联系、部门挂钩负责制，促进引进项目早落地、早开工、早投产。二是以县（市、区）为单位，建立在外温商回归投资环境的投诉受理机制。加快在外温商回归投资环境监察体系的建设，积极营造"亲商、安商、富商"的区域投资环境。

案例　优化温商回归的环境[①]

2015年2月26日,一批在外温商回归功勋人物在家乡接受表彰。据统计,2014年,温商回归到位资金达968.8亿元,完成年度目标的121.1%,比2013年翻了一倍多。2015年,温州将引进温商回归到位资金目标锁定为1000亿元。

温州润嘉投资开发有限公司董事长黄强,继父亲黄加远成为"首届温商回归功勋人物"之后,他本人又获评本次"第二届温商回归功勋人物"。黄强很小就离开温州,怀揣着对家乡的深切情谊,受温州市政府感召,他带着高性能激光切割机及大功率激光器项目和温州国际机电城项目回归温州。业内人士称,温州国际机电城落地,预示着温州结束缺乏现代化五金机电专业市场的历史。"温州投资环境改善、产业布局明晰化和温州机电市场很大的上升空间,都给了我很大的信心。"黄强说。

二　培育行业共性技术创新平台,构筑优势产业的制高点

深化内外温州人经济互动的一个重要方面是吸引外地温商回流。在外温商所从事的实业大多数是对温州的产业或企业模式的复制,基本上都属于劳动密集型企业,目前在所在地还拥有一定的资源禀赋优势和政策优惠。但从中长期来看,和温州本地产业一样,都面临着转型升级的压力。不同的是,温州产业集聚优势明显,具有产业转型升级的良好基础。所以,如何发挥温州产业集聚优势成为吸引在外温商回归的关键。温州因资源限制无法承载太多的企业,但温州的支柱性产业集群需要控制产业的关键环节。只有当温州行业技术水平处于国际或国内领先地位,或控制了产业链的关键环节,成为产业发展的"制高点"时,内外温州人经济互动才能够更为有效和现实,对在外温州人才更有吸引力和凝聚力,在促进温州本地产业转型升级、实现高水平发展层面上才更有积极意义,对内外温州人经济的发展才更有

[①] 参见《温商回归方兴未艾》,《浙江日报》2015年2月27日。

促进作用。

行业共性技术创新平台是提升行业技术水平的关键环节。针对不同类型的企业，应充分发挥政府、行业协会和龙头企业的作用，推进内外温州人经济互动、积极培育不同主体的行业共性技术创新平台。在由小微企业组成的行业中，企业缺乏创新能力，行业协会治理乏力，难以发挥促进小微企业技术进步的作用，因此，应该构建政府主导型的技术创新平台；在以中等规模的企业为主的行业中，企业的创新能力有限，但可以组建治理能力较强的行业协会，应构建行业协会主导型平台以促进中等规模企业的技术创新和行业治理；在由龙头企业和大量的小微企业组成的行业中，龙头企业具有创新能力，可以构建企业主导型技术创新平台，通过龙头企业的技术创新，带动中小微企业的技术创新，提升整个行业的技术水平。

对于企业主导型和行业协会主导型平台，在建立初期，政府应该给予政策优惠和一定的财政支撑，以减少其创新风险。然后，需要逐步实现共性技术创新平台的市场化运作，建立和完善运营和激励机制。如果某些创新技术外部性很强，会遭遇比较严重的"搭便车"问题，应通过政府购买公共服务的方式予以解决。这样可以调动行业协会的积极性，实现集群创新资源和技术成果的共享，有效地缓解供需脱节的矛盾。

三 推进海内外温商营销网络建设

目前温州的人才储备、科研投入等条件制约着产业链向研发设计等前端延伸，因此，温州企业把重心放在价值链的后端即营销环节是一种现实而必然的选择。作为当地性竞争的营销，温州商品能够在全球获取竞争优势的关键取决于温州人经济网络的建设，节点就是全国异地的温州商会。政府、行业协会和企业三者互动，推进温商营销网络建设是深化内外温商互动的一个有力抓手。

为了有效促进海内外温商营销网络建设，温州政府相关部门应基于对产业优势和发展前景的分析，充分发挥本地行业协会的作用，有针对性地选择拥有区域品牌的中型企业进行培育，作为产业对接在外营销网络建设的主体。因为这些企业已具有一定的品牌和市场优势，而相对大企业来说，它们对品牌和市场扩张的需求又更为强烈；同时，由于还处于成长中而未能建立起有效的在外营销网络，因而最需要扶持和整合。在这方面，温州各大行业协会可以做好调查摸底工作，建立基础数据信息库，再协同政府选择符合资质的企业组成温商营销联盟，打造在外营销网络。可以积极推动温州优势产业和在外温商投资的专业市场有效对接，使温州的优势产业能够借助在外温商打造的专业市场，实现产业链的延伸。还应该充分发挥异地温州商会在温商营销网络建设中的促进作用，异地温州商会可以根据温州本地行业协会的要求和安排，推荐所在地对应行业的龙头企业和营销节点，由温州本地行业协会将其纳入信息数据库，及时发布信息，使原来点对点的单项或双向联系变成网状结构，以共享更多的资源。同时，异地温州商会应积极履行服务会员特别是中小会员的职能，使它们在温州品牌的区域代理和本地市场的对接渠道更加畅通。

四 加强异地商会建设，构建内外温州人的互动平台

实践表明，在外温州人在各地创办的异地温州商会对促进在外温州人企业发展、促进内外温商互动和联系方面发挥了关键性的纽带和连接作用。因此，有必要进一步加强异地温州商会建设，构建内外温州人活动的综合平台，夯实温州人经济的连接基础。为有效促进异地温州商会建设，可以建立在外温商骨干学习培训制度，加强对各地温商商会会长、秘书长的培训工作，以短期专题培训的方法，对各地商会工作人员进行轮训，使其更加了解市委市政府的中心工作和重大方针政策。应该加强对在外温州人的协调、管理和研究，建立市领导联系国内外温商制度。为及时了解掌握在外温州人经济发展情况，有针对性地做好服务指导工作，建议建立市委、市政府、市人大、市政协领导同志分别联系走访各地温商的工作制度，每年定期或不定期地进行温商发展情况视察与调研，既联络感情，又帮助解决实际问题。

为有效发挥异地商会的作用，可以将部分政府职能转移于异地温州商会。可以参照政府购买社会组织服务的先进经验，根据《温州市人民政府办公室关于政府购买社会组织服务的实施意见》，购买异地温州商会的服务。可以选择部分素质好、能力强、在当地影响大的异地温州商会，委托代行部分政府办事处的接待、联络、协调等职能，还可以赋予异地温州商会部分招商引资、市场开拓的政府商务代表职能。温州本地政府应积极向异地温州商会宣传和解读温州本地的各项经济社会发展政策，并赋予异地温州商会向在外温商宣传和解读温州各项经济社会发展政策的职能，通过异地温州商会有效凝聚在外温商资源。

重视吸收在外温州人参政议政。各级人大、政协要为优秀在外温州人留出一定代表、委员名额，增强家乡对在外创业温商的吸引力，激发其对家乡的归属感。采取有效的评价机制和激励措施，以推进异地温州商会完善治理结构，提高治理能力。制定科学的评价体系，对异地温州商会进行全方位评价。同时，将参政议政、政府职能转移和服务购买等评价挂钩，以提高异地商会自我改进的动力。

加强对在外温州人经济的研究，是做好服务指导工作的前提。市委政研室、市经合办等有关部门可以联合组织力量，与市内高校共同建立在外温州人经济研究中心，编写《全国各地温州商会发展报告》（蓝皮书），提炼全国温州商会的治理经验，为异地温州商会建设"问诊把脉"，帮助异地商会解决商会建设中遇到的各种问题，设立交流网站和温商信息数据库，开展系统研究，为市委市政府决策提供相关服务。

本章小结

根据经济理论，内外温州人经济互动模式从纵向的角度可以划分为三个阶段：一是传统贸易理论下的"家庭工业、专业市场+供销员"模式；二是新贸易理论和新经济地理理论下的"产业集群+产业转型或转移"模式；三是构建国家价值链下的"产业集群升级+产品内分工"模式。我国具有广阔的地域和众多的人口，地区之间资源禀赋和发展阶段的差异，成为地区间产业分工以及商品流动的势差，也为温州产业发展提供了基础条件，温州民营经济发展先从商业开始，然后迅速转入家庭工业，开拓了一条具有温州人特色的、以商业带动工业之路。在"家庭工业、专业市场+供销员"模式下，温州商人开始走遍全国，串联起全国各地的资源、信息和机会，为温州本地创业提供了基础平台。在"产业集群＋产业转型或转移"的模式下，专业市场作为一种高效的产品交易市场，可以促进分工的深化，从而促进产业集群的形成，而经济条件和社会结构变化则会推动产业集群转移，如温州灯具产业。出现集群式转移的现象，首先是由于企业内部的迁移动力与约束。多数灯具销售企业以扩大销售市场为目的，迁往各大城市并设立销售机构。在这些企业当中，除少数核心企业是出于规模扩张的动机之外，多数企业主并非被强烈的创业精神所驱动，而是为了继续在多年从事的产业领域内生存下去。其次是在市场竞争日益激烈以及温州当地的产业环境不断恶化的双重压力下不得不做出搬迁决策。随着全球化市场深入，本土温州人可以在国内不同地区间整合要素禀赋，协调区域经济发展。此时，产业转移就成为主动整合内外温州资源的行为。可以充分发挥温州内外产业特别是国内循环的产业间的关联效应，带动上下游产业的发展，改变价值链在温州链条太短的缺陷。同时，链条的延伸和完整，带来了生产的迂回和专业化的加深，不仅可以获得规模经济和范围经济，而且可以积累高端的人力资本和知识资本。

　　从内外温州人经济互动来看，一方面，温州企业对外经济活动频率加大，行业区域覆盖面不断扩大，对外投资和对外贸易规模持续增长；另一方面，温商回归力度也在加大。统计数据显示，温州温商回归到位资金对规模以上固定资产投资贡献率从2012年的10%上升到了2014年的30%；引入10亿元以上大项目20个，新增省重点回归项目6个，均创历史新高。本章提出了深化内外温州人经济互动的"1＋N"模式，其中"1"是温州，强调基于产业集群打造特色总部经济和培育高水平的行业技术平台，突出核心"1"的温州人经济网络中心地位和作用；"N"是众多的"异地温州商会"，采取多种措施发挥异地温州商会的节点作用，深化内外温州人经济互动，以促进温州的转型发展。

第六章 温州商会促进温州人经济发展的机理

温州人经济得以形成有其内在的机理和逻辑。温州模式的兴起是温州人创新创业精神引领下的先行先试、国家改革开放政策红利等综合因素作用的结果。温州模式的兴起，既是温州外向型经济发展的开始，也是温州人经济崛起的起点。温州人经济的发展脱胎于早期温州模式发展的外向型特色，也是温州人创新创业精神、敏锐的市场意识、改革开放的市场环境和全球经济一体化发展趋势等多元因素作用下的复杂函数。但在外温州人经济的发展并非意味着温州人经济的真正形成，温州人经济的真正凝结与形成是温州人传统文化、区域温州对在外温州人血脉亲情的感召力、在外温州人的乡情精神和内外温州人经济互动等因素综合作用的结果，其中温州商会是温州人经济得以凝结与形成的重要纽带，在温州人经济形成和发展中扮演着重要角色。本章主要通过探讨温州商会促进温州人经济形成和发展的机理，借以刻画温州人经济形成和发展的内在逻辑。

第一节 温州商会发展的理论与特征分析

改革开放在培育市场经济的同时，释放出新的社会空间，其结果之一便是行业组织在数量上呈现出"爆炸式增长"。在这一背景下，学者们开始关注行业组织与政府之间的互动关系，并从中探索和界定转型期国家与社会关系的生成模式。据统计，2005年，我国行业组织已有53000多家，超过了专业性、学术性和联合性社会组织而成为我国第一大类社会组织（中华人民共和国民政部，2006）。与工会、妇联和共青团这些体制内的组织相比,行业组织有着更高的民间性与自主性;与草根组织和异议团体相比,行业组织具有更高的合法性;与基金会和环保组织等相比,行业组织拥有覆盖全国的组织体系。由此可见,行业组织与政府之间的互动关系在一定程度上反映了社会组织与国家关系的上限,即社会组织运行空间的上限。

运用法团主义分析框架的学者认为,中国民间组织已经获得了一定程度的自主性,但仍然处于强大的国家控制之中。康晓光(2005)提出分类控制理论,他认为中国政府为了自身利益,根据社会组织的挑战能力和提供的公共物品,对不同社会组织采取不同控制策略,从而形成了一种新的国家与社会关系的"理想类型"。具体而言,中国社会组织可以划分为四种类型:(1)高社会服务高政权威胁型组织,国家一般直接将这类组织纳入体制内进行管理;(2)高社会服务低政权威胁型组织,国家一般鼓励这类社会组织发展但会加强监督;(3)低社会服务高政权威胁型组织,国家一般禁止这类社会组织发展,如有存在,一旦发现,通常即予以取缔;(4)低社会服务低政权威胁型组织,国家一般允许这类社会组织发展,且不过多干预。这一理论解释了不同类型社会组织发展的巨大差异。

伴随国家与社会关系的转变,中国政府既控制社会组织以维持稳定,又支持社会组织参与公共事务。"强国家、弱社会"的格局使国家相对于社会而言处于支配地位,社会组织在国家的控制下参与公共事务。在能够实现共赢的领域,政府允许和支持社会组织参与公共事务;如果社会组织挑战政府权威,其活动将受到严格的限制。陶传进(2008)认为,国家与社会之间是一种"双轴"关系,即既控制又支持。在政府与行业组织的关系上,这种控制与支持关系非常明显。转型期体制内生成的行业组织具有"官民二重性"特点(孙炳耀等,1993;于晓虹、李姿姿,2001),体制外生成的行业组织有较强的政治依附性(郁建兴等,2008),这是政府对行业组织控制的表现。但政府在控制行业组织的同时,又会支持行业组织参与行业管理和社会管理,愿意通过向行业组织转移政府职能和购买行业组织服务等方式推进行业组织成长。

一 利益契合：介于政府和企业之间

本章使用"利益契合"型分析框架来解释我国行业组织政策参与类型（见图6-1），该框架的核心概念是"利益契合"，即政府的政策目标与行业组织所代表的会员利益之间的契合程度。利益契合程度越高，国家为行业组织政策参与所开放的空间越大，行业组织的功能发挥越接近于法团主义国家的私益政府模式。反之，则接近于多元主义国家的政策倡导（游说）模式。

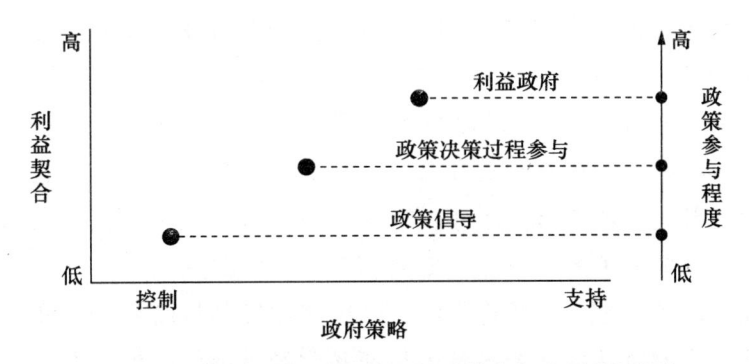

图6-1 "利益契合"型行业组织政策参与类型分析框架

资料来源：江华、张建民、周莹：《利益契合：转型期中国国家与社会关系的一个分析框架》，《社会学研究》2011年第3期。

在我国的行业组织中，温州商会①的发展特别引人注目。首先，与其他地区相比，温州商会大都基于市场和行业发展需要而设立，具有显著的体制外特征，其组织和管理也表现出较强的自主性，被誉为"真正的民间商会"。其次，温州商会不但在浙江省发挥了很好的作用，而且还通过遍布全国、全世界的温州商人、浙江商人，将他们的经验扩散到其他许多地方，帮助了这些地方民营经济的成长和当地经济的发展。再次，2001年以来，温州商会在处理打火机、眼镜和制笔

---

① 本书所指的温州商会包括行业商会、狭义的行业协会、异地温州商会以及企业家协会，它们的登记管理部门都是民政局，但它们分属于不同业务主管部门：工商业领域的行业协会归市贸局（现为市经信委）主管，其他行业协会归市政府下面的其他部门（如工商局、建设局、科技局、农业局等）或授权的组织（如社科联）管理；工商业领域的行业商会归市委统战部下属的温州工商联进行业务管理；市委的另外一些部门也管理着一些行业协会。由于行业协会这一概念不能涵纳温州工商联（总商会）等机构和组织，也由于习惯等，本书中行业协会（商会）是统一定义，异地温州商会特别指出。

行业在国外遭遇反倾销事件中发挥了重要作用,引起了社会的广泛关注,温州商会在经济社会发展的功能和作用也相应得到重视。最后,随着"温州模式"概念在全国范围内的拓展,越来越多的人看到了温州商会在温州经济发展中的作用。现在,温州商会已俨然成为行业组织中的一个知名"品牌"。

民间商会的兴起是市场经济发展的内在要求。随着市场经济体制的建立健全,政府履行经济管理职能的方式日益由微观管理转向宏观调控。为了保证宏观调控的顺利进行,由企业自发组成并能够沟通政府与企业关系的中间组织(如行业协会商会)必不可少。吴敬琏指出:"在市场经济利益多元化的条件下,应当有多种多样的非政府组织反映不同社会群体的利益和愿望,解决他们各自特有的问题。商会就是企业和企业家的自治团体。"[1] 对发达国家商会的研究也表明,源自松散契约的弱关系的发展,需要商会予以推动。

在发展中国家,市场化程度、区域产业集群与商会的发展有着必然联系。有学者认为,经济自由化使私营经济部门日趋壮大,这需要商会来规范市场竞争和沟通政府与企业的关系。相关的实证研究表明,经济自由化的程度很大程度上影响商会的发展水平。[2] 在发展中国家经济发展的过程中,容易出现国家失灵和市场失灵的现象,这需要商会发挥治理功能。尤其当产业集群面临产业升级和来自自由化与全球化的压力时,行业协会可以发挥积极的作用。作为发展中国家,中国也面临着其他发展中国家所遭遇的一些问题,私营经济增长、市场失灵和国家失灵、产业集群转型升级及社会治理等,都需要中国发展具有独立经济管理功能的商会。

温州商会的发展之所以领先全国,最根本的经济因素是民营经济的快速发展及其在全国的扩展。与上海、杭州等地相比,温州的民营经济所占比重非常大;与苏州、东莞等地相比,温州的企业是本土自主成长的企业;与绝大多数地区相比,温州人分散在全国乃至世界各

---

[1] 吴敬琏:《建设民间商会》,www.wujinglian.net。
[2] Hamalai, L., Moore, M., "Economic Liberlization, Political Pluralism and Business Associations in Developing Countries", *World Development*, Vol. 21, No. 12, 1993, p. 12.

地，形成了一个覆盖全国乃至世界各地的商业网络。正是在这样的基础上，兴起了温州本土的行业协会和异地的温州商会。

二 温州人经济网络的特性

温州人经济网络的形成实际上既是温州经济和温州模式发展的缩影，又是温州经济和温州模式对外扩展的过程，同时也是温商[①]不断生成与发展的过程。其路线图实际上就是一个从点到面再到网络的过程。

（一）温州人经济网络的强联系性

Granovetter（1973）指出，社会网络联系的强度指的是时间长度、情感强度、亲密度（互相信任程度）和代表联系特征的互惠活动的综合。频率和亲密性是测量联系强度的两个指标。频率指的是社会网络中一个成员与另一个成员联系的次数，亲密性则根据情感的强度来测量网络成员之间的紧密性。在在外温州人构成的社会网络中，成员联系频繁，亲密程度高。这是因为在外温州人天然存在亲缘、血缘、地缘的"三缘"联系，整个社会网络被共同的文化、道德、价值观约束，内部交流频繁，与外部的交流不畅，表现出内部紧密的形式。作为网络节点的各个成员对网络的依附性强，而各个节点对网络的强依附性反过来促使网络联系更紧密。从现实原因分析，温州企业家集群中的每个个体力量都比较弱，无论资金、知识、技术都决定了他们不适宜单打独斗，必须抱团合伙，形成整体合力，而亲缘、血缘、地缘成了有效的黏合剂。强联系的社会网络形成一个小圈子，小圈子内部集体行动盛行。温州人喜欢"炒"，炒房、炒煤、炒借贷，连企业外迁也统一行动。奥康去重庆璧山建立西部鞋都，众多配套企业跟着走；打火机的整个产业链往慈溪迁移；合成革企业整体迁往丽水；企业之间也喜欢相互合作，成立财团等金融机构。透过这些现象，我们可以看到在外温州人对"集聚"效应的偏好。因为"集聚"将分散的个体社会资本凝结成社会网络，社会网络又反作用于社会资本，带来社会资本存量的增加。而社会网络成员相信，社会资本存量增加意

[①] 由于在外温州人主要是以温商为主，所以本书中的"在外温州人"和"在外温商"是同一定义。

味着更大的利润源泉。

(二) 温州人经济网络的同质性

McPherson（2001）指出，人们根据同质性原理去建构各种类型的社会网络连接关系，如婚姻、朋友、社会交往、信息传递等，因而造成个体所拥有的社会网络在包含社会人口特征、行为特征以及内在心理特质等多个方面都是同质性的。在共同创业的过程中，温州企业家集群建立了同质性的社会网络。人们的交往关系可大致分为亲属和非亲属两类。亲属交往关系是在不能选择的亲属圈子中的有限选择，且是给定的，其异质性是无法选择的，倾向于寻找同质性关系的行动者必须面对这个结构性的制约。建立在亲缘、血缘、地缘基础上的温州企业家集群社会网络天然具有高同质性。任晓（2006）发现，越是在远离家乡的海外，越是处在陌生的环境中，温州人的族群自我认同感越强烈，圈子内"自己人"的身份成了贸易、融资时最高等级的信誉担保。这很好地解释了温州人到外地创业时大多选择在相近的地理空间群居这一现象，因为群居可以有效利用温州人自身的社会网络资源帮助在外温州人获得必需的生活资源和商业活动资源，减少创业障碍。在国内外的众多地方都可以看到温州村、浙江村（浙江村其实主要也是温州村），这一方面说明温州企业家集群对温州人社会网络的严重依赖，温州人社会网络可以给在外温州人创业成功带来最大便利；另一方面也说明了企业家集群对非温州人社会网络的不信任。即便温州企业家走向国际市场，对温州人社会网络倚重的情况也并没有多大改变。康荣平（2004）对温州打火机行业做了深入研究，发现20世纪80年代末，温州人开始生产金属打火机，只用了10年的时间，温州就取代了全球的金属打火机制造中心——日本、韩国和中国台湾，成为全球唯一的金属打火机制造基地。促使温州打火机走向世界各地的关键是众多海外温州人勾连出的商贸网络。因为有了强大的海外商业网络的支撑，在温州最出名的打火机厂商没有设立销售部门，甚至也没有专职的销售人员，虽然温州企业生产的打火机85%以上要出口国外市场。温州其他小商品如眼镜、皮鞋等，都有类似的途径，延续了温州人社会网络在海外的扩张。Coviello和Munro（1997）认为，一些国际化企业尚在国内便与国外企业建立了网络联系，它们以顾客为导向，超越文化距离障碍直接进行国际化经营。Eriksson（2000）的研究发现，国际化企业对国际市场信息的吸收获取和能力形成可能性的大小，与其当地网络嵌入深度和联系强度呈正相关，尤其是与领先客户的紧密联系可以使企业及时地获取市场需求信息。温州人"海外生意网"所积淀的国际商业资源和由此带来的海外贸易机会，缩小了温州企业家集群在企业国际化过程中的"心理距离"。所有可能存在的包括语言、商业惯例、文化和制度方面的知识累积和准备的过程中可能存在的"距离"都已经消散于温州庞大而细密的温州人经济社会网络中。

（三）温州人经济网络的自组织性

温州人经济网络沿着亲缘、血缘和地缘的纽带自发结成，没有历史传承，缺乏共同规范，依靠"三缘"紧紧锁定。温州模式所包蕴的敢为人先、吃苦耐劳以及抱成团等温州人精神，都与该地民间信仰文化有关。温州人通过民间信仰强化了温州人原有的亲缘、血缘和地缘等关系。温州企业家的产业集群大多固守在传统劳动密集型行业，制造业的演变过程存在"代际锁定"。这是因为进入已有产业集群的成本很低，但是若要进入新的行业，则要与产业集群之外的其他人合作，因为缺乏必要的信任和了解程度，含有很高的机会成本和经营风险。还有，亲缘、血缘、地缘等非正式的社会关系和制度安排下的产业集群，关系性信任锁定，排斥"关系圈"外的合作伙伴，集群内部的合作集中在共享市场信息、资金互助方面，技术方面则很少。温州企业家集群在其结网过程中不仅排斥"关系圈"外的合作伙伴，也排斥政府的秩序安排。在温州工业刚起步的阶段，温州政府一度采取无为而治的方针来保证市场机制的充分发挥。在缺乏"他律"的市场环境下，温州人经济社会网络合谋"自律"，规范市场行为。如温州市工商联（总商会）本来是一个纯粹的统战性体制内组织，转变成一个非公经济的"总代言人"，在促进实现温州人企业家集群的内部自治过程中发挥了重要作用。

三　商会的组织治理和比较优势

温州商会的组织治理，是商会在与企业、政府的长期互动中，界定自身的性质和相互间关系，并据此不断完善自身治理结构的动态演进过程。在这个过程中，商会通过动员与整合各治理主体的资源，努力适应环境变化，维持自身的存续和发展，承担政府委托的职责、维护行业企业的集体利益，并不断寻求与政府的良性互动和行业的良好治理。

（一）商会的组织治理

商会首先是企业为寻求共同的集体目标，自发形成的一种"俱乐部式组织"。商会运用从会员那里获取的财务和人力资源，提供俱乐部产品，维护和实现企业的共同利益，因此属于互益性非营利组织。同时，商会又可以接受政府委托，成为履行政府管理职能的代理人。如果商会接受政府的经费资助，就要提供其所要求的某种服务，例如异地温州商会的招商功能，本地商会制定产业政策、职称评定和贸易预警等事务。这些服务往往具有公共产品的性质，这时的商会不再是纯粹的互益性非营利组织，而是具有一定的公共性。商会的治理结构随着商会的发展、组织规模的扩大而趋于复杂化。在商会成立初期，精英式的领导人、小集团的一致行动和基于人际社会资本的非正式制度和关系性契约，成为组织治理的主要方式。而随着商会的发展，这种治理方式将日益朝制度化、正式化的方向转变。

现代化公司制企业的重要特征在于所有权与控制权分离，公司治理问题的产生都是以所有权与控制权的分离为前提的，"所有权"有两种定义：第一种是"剩余索取权"，是对企业收入在扣除所有权固定的合同支付余额的要求权。第二种是"剩余控制权"，即指在契约中没有特别规定的活动的决策权。在营利性的公司制企业内部，仅存在所有权与控制权的"两权"分离，而剩余索取权与控制权合一并且相互匹配。但与现代化公司制企业相比，非营利性组织特别是公益性组织，产权结构特征不仅表现为所有权和控制权的两权分离，同时还存在着剩余索取权与剩余控制权的分离。以商会为例，商会的产权结构比较特殊，如果商会的资金都来源于企业，则作为一种非营利性组织，它的剩余索取权与剩余控制权是合一的。它和公司制企业的区别在于，尽管商会的会员拥有剩余索取权，但必须是全体会员作为整体获得的，而不能将剩余在会员中进行分配。商会对来自政府的经费的使用具有公益性，即政府只保留所有权中的剩余控制权，将控制权让渡给商会，所有权中剩余索取权让渡给全体企业或社会公众。商会互益性和公益性的差别主要体现在它提供的两种产品上，商会所提供的俱乐部产品具有排他性，受益人是特定的，即会员企业；而商会所提供的公共产品则不具有排他性，受益人是不特定的，换言之，受益主体被虚拟化了。

（二）行业协会（商会）的比较优势

如图 6-2 所示，我们将市场划分为三个部门：企业（b）、政府（g）和行业协会（a）；三大类产品：私人产品、公共产品和准公共产品（每大类中还可以有若干个子类产品）。然后，根据三个部门的治理特征，对它们提供各类产品的预期成本（含生产成本和交易成本）的大小加以排序，找出它们各自拥有比较成本优势的领域。图 6-2 是全部排序的集合，我们把它们按照产品的外部性强度加以排列。

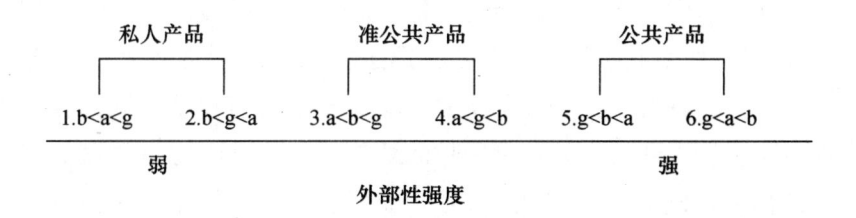

```
        私人产品              准公共产品            公共产品
     ┌─────────┐          ┌─────────┐         ┌─────────┐
   1.b<a<g   2.b<g<a    3.a<b<g   4.a<g<b   5.g<b<a   6.g<a<b
   ─────────────────────────────────────────────────────────
     弱                                              强
                        外部性强度
```

图 6-2　产品外部性强度与三部门的比较成本优势

资料来源：张捷等：《商会治理与市场经济》，经济科学出版社 2010 年版，第 299—301 页。

以上排序组合中，行业协会在 3 和 4 两类准公共产品的提供上具有比较成本优势，行业协会之所以适宜提供准公共产品，是因为准公共产品具有弱外部性（weak externalities）的特征（即受外部性影响的范围有限），其外部性强度介于私人产品和纯公共产品之间。因为存在外部性，由企业单独提供这类产品将引致生产者动力不足的市场失灵，又因为外部性涉及的范围较小、产品种类较多、专用性较强，由政府提供这类产品会产生消费者偏好信息和规模经济而导致成本过高的政府失灵问题；只有通过企业自愿组成的非营利组织来提供这类产品，才是成本最低的制度安排。对正外部性较强的物品（服务），政府需要承担履行职能所需的主要成本；而对正外部性较弱的物品（服务），政府可以与行业协会分摊履行职能所需的成本。当然，对相关服务所产生的外部性程度的判断并不是一成不变的，它会随着社会经济的发展和社会价值观的变化而变化。上述分析只涉及了政府职能向行业协会转移中的一个核心问题：相关职能所涉及的物品（服务）究竟应该由政府还是由行业协会来提供（承担成本）。

在明确了相关职能的主要提供者（成本承担者）之后，另一个关键问题是：应该由谁（政府还是协会）来生产这些产品（服务）？关于公共服务供给的提供者和生产者，美国民营化理论大师 Savas 提出，"服务提供者"和"服务生产者"是两个不同的概念，这两个主体在公共服务供给中是可以分离的。他认为，公共服务提供者可以承担制定政策和支出服务资金的角色，而公共服务生产者可以是另一个政府机构、事业单位、企业或社会组织等。区分公共服务供给中的"服务提供者"和"服务生产者"角色，推进"服务提供者"和"服务生产者"分离，具有重大理论和实践意义。对于政府技术性服务性职能而言，即使其提供的服务具有较强的外部性，政府应充当"服务提供者"的角色，也不意味着政府必须充当"服务生产者"的角色，一些集体性产品（服务）可以由行业协会来"生产"，或者由行业协会与政府相关部门联合"生产"。确定由谁"生产"的依据是政府和行业协会"生产"相关服务的比较优势，具体内容见表6-1。公共技术创新属于外部性较强的职能，履行的成本应当主要由政府负责支出，生产者既可以是政府，也可以是行业协会，由于在服务的生产方面行业协会具有比较优势，所以应该由行业协会来生产，再由政府向行业协会购买服务来实现其目标。

表6-1　产品外部性强度、提供者、生产者、成本承担者一览

产品外部性强度	提供者	生产者	成本承担者
强	政府	政府/协会	政府
中等	政府/协会	政府/协会	政府/协会
弱	协会	协会	政府/协会

第二节 温州本地商会的发展现状

温州有发展商会的历史传统,早在1901年左右(清光绪二十七年),温州的商界人士就成立了第一个区域性商会组织:温州府商会。新中国成立后,1955年,温州人又成立了温州市工商业联合会。1990年,温州市总商会正式成立。温州商会的发展兴起于温州本地,这些商会在区域温州人经济发展过程中发挥了重要作用。本节主要探讨温州本地商会兴起与发展的历史背景,考察温州商会在区域温州人经济和产业发展中的历史作用。

一 温州行业协会(商会)的发展背景和政策支持[①]

自1992年邓小平南方谈话发表以后,全国结束了"姓资姓社"的大讨论,温州的民营经济自此才真正拥有了自主发展的政治空间和社会政治环境,实现了前所未有的快速发展。随着经济、社会的快速发展,温州行业商会如雨后春笋般急剧发展起来。这一期间温州成立了家具、服装、眼镜、五金、合成革等19家同业商会和行业商会。本着"服务企业、服务社会、服务政府"的宗旨,行业协会和商会与政府、企业、民间都实现了较大程度的互动,发挥了行业管理、参政议政、调解业内纠纷、维护会员合法权益、协调政府与企业间的关系、参与国际交流与合作等多项职能,积极推动行业自治和行业自律,有效地促进了温州民营经济的健康发展。行业协会(商会)在实践中总结出"自愿入会、自选领导、自聘人员、自筹经费、自理会务"的组织原则和"自我管理、自我服务、自我协调、自我约束、自我教育"的活动方针与"为企业、为社会、为政府"的服务宗旨等基本经验,为行业组织的进一步发展提供了许多有益的经验。

1997年,国家经贸委选择上海、广州、厦门和温州四城市作为行业协会试点城市。温州市因而成立了"行业协会试点工作领导小组",积极开展行业协会(商会)各项试点工作,行业协会和商会开始蓬勃

---

① 参见赵文冕《温州行业商会的兴起、发展与展望》,调研报告,2008年。

发展。从管理上看，1999 年温州市人民政府出台了《温州市行业协会管理办法》（30 号令）；温州市工商联也于 2000 年 4 月出台了《关于加强和规范行业商会管理的通知》，在行业商会的换届程序、人员聘用、财务制度、重大事项报告制度等方面都做出了明确规定，希望引导民间行业商会逐步走上规范发展的道路。从职能上看，行业协会商会的提供服务、反映诉求、规范行为等功能得到充分发挥。特别是我国加入世贸组织以后，眼镜、烟具等行业协会商会走出国门，积极应对国际贸易争端，标志着温州行业协会商会逐步同国际接轨；合成革等商会自觉重视推动行业环境污染的治理，在贯彻落实科学发展观中发挥了积极作用；各行业协会商会积极组织会员企业抗灾救灾、回报社会，在构建社会主义和谐社会中扮演了重要角色。这一时期，行业协会商会的民间性、经济性和统战性功能逐步凸显，并相互促进，相得益彰，温州行业协会商会进入了蓬勃发展期。

在行业协会商会发展的每一个关键时期，上级党委、政府的支持都为行业协会商会的成长创造了宽松的政策环境。早在 1989 年 3 月，中共中央统战部、全国工商联、国家体改委、中央政策研究室四家联合的同业公会专题调查组来浙江省考察，经过考察分析，对浙江省包括温州市组建行业性组织、协助政府开展行业管理的探索工作给予充分肯定，认为杭、甬、温同业公会工作走在全国前列。这对刚刚起步的温州行业协会和商会工作来说，是一个莫大的鼓舞。不久之后，浙江省委省政府转发了浙江省委统战部、省体改办、省工商联、省政研室四家单位联合提出的《关于由工商联试点组建同业公会参与行业管理的报告》，并确定在杭州、宁波、温州、余杭三市一县进行同业公会工作试点，这使温州的同业公会工作探索被正式纳入了政府改革轨道，得以名正言顺、规范有序地进行。

随着社会主义市场经济的不断发展和社会主义市场经济体制的逐步建立，中央对行业协会和商会更加重视，并在中央重要文件中体现出来。1993 年 11 月，中国共产党第十四届三中全会通过的《中共中央关于建立社会主义市场经济体制若干问题的决定》明确提出，要"发挥行业协会、商会等组织的作用"。1997 年，中共十五大报告又提出了要"培育和发展社会中介组织"。2003 年 10 月，中国共产党十六届三中全会通过的《中共中央关于完善社会主义市场经济体制若干问题的决定》再次强调,要"积极发展独立公正、规范运作的专业化市场中介服务机构,按市场化原则规范和发展各类行业协会、商会等自律性组织"。2004年9月,十六届四中全会通过的《中共中央关于加强党的执政能力建设的决定》进一步强调要"发挥社团、行业组织和社会中介组织提供服务、反映诉求、规范行为的作用,形成社会管理和社会服务的合力","加强和改进对各类社会组织的管理和监督"。到2007年10月,十七大报告再一次强调要"规范发展行业协会和市场中介组织"。2008年2月,十七届二中全会通过的《关于深化行政管理体制改革的意见》指出,要加快推进政府与市场中介组织分开,"把不该由政府管理的事项转移出去","更好地发挥公民和社会组织在社会公共事务管理中的作用"。

特别需要指出,2007年5月13日,国务院办公厅发布《关于加快推进行业协会商会改革和发展的若干意见》(国办发〔2007〕36号),对行业协会改革发展的指导思想、总体要求和拓展行业协会职能、推进行业协会体制机制改革、加强行业协会自身建设和规范管理、完善促进行业协会发展的政策措施等,都提出了明确的目标、任务、要求和措施,为新时期行业协会商会的改革发展指明了方向。浙江省人民政府2006年9月30日颁发的《关于推进行业协会改革与发展的若干意见》(浙政发〔2006〕57号),则更加详尽地规定行业协会改革和发展的主要任务:(1)推进政会分开,即机构分设、人员分离、职能分开、财产分开;(2)落实行业协会职能,即行业自律职能、行业代表职能、行业服务职能、行业协调职能、授权委托的其他职能;(3)优化行业协会结构布局,即整顿规范现有行业协会、大力发展新的行业协会、优化行业协会区域布局、着力扩大行业协会覆盖面;(4)完善行业协会运行机制,即健全设立机制、健全财务制度、规范收费行为、健全人事制度。该文件还进一步明确了相关的政策扶持措施,包括行业协会按财政部门和民政部门有关规定收取的会费,不征收营业税;行业协会的财政拨款收入、各级政府资助收入、按照省级以上财政和民政部门规定收取的会费收入、社会捐赠收入,免征企业所得税等。文件同时还规定,政府委托行业协会提供的服务,可以通过市场购买的方式或者法律法规允许的方式进行；行业协会承担政府部门授权或委托的职能，授权或委托的政府部门应当提供行业协会履行职能所需要的资金等物质保障；行业协会组织重大公益性活动，各级政府可以给予适当的资金支持。

　　国家和浙江省委的规定为行业协会商会的发展提供了政策支持，而温州市委市政府的重视，更为温州行业协会（商会）创造了难得的发展环境。20世纪80年代初，温州民营经济是在一片"围剿"声中成长起来的，当时的温州市领导对民营经济采取了一种"无为而治"的策略，就是默许、不干预，这在当时的政治背景下，其实就是最大的支持，最后促进了民营经济的发展。而在行业协会和商会发展之初，温州市政府对民间行业协会商会的态度也如同对待早期民营经济发展一样，采用的是"无为而治"的策略。1986年，温州市在第二轮机构改革中就撤销了大部分专业主管局，改组为相应的总公司，政府职能转变为行业商会的产生提供了空间。行业协会（商会）的积极作用日渐显现以后，政府开始因势利导，给予积极的支持和鼓励，引导其健康发展。1999年，温州市政府创全国先例，发布了《温州市行业协会管理办法》，重申了民间商会的社会团体法人地位，对其办会宗旨、原则和方针、设立条件和程序、组织机构和职能、会员权利和义务以及监管体制等都做出了明确规定，使民间商会走上了有"法"可依的发展道路，对行业商会的规范管理起到了积极的支持和推动作用；2004年10月，温州市人民政府颁发《关于鼓励和支持行业协会实行安全生产自律管理的意见》（温政发〔2004〕62号），引导行业商会加强行业自律；次年《温州市人民政府办公室关于进一步促进行业协（商）会规范化发展的若干意见》（温政办〔2005〕17号），又从行业协（商）会规范化发展的指导思想、外部环境、布局结构、覆盖面、运作管理、职能赋予、考核奖励七个方面，对促进全市行业协（商）会的规范化发展提出了一系列的指导意见，对温州行业协（商）会的培育、发展、规范、提高起到了积极的作用。

　　温州市领导也多次以实际行动表达对行业商会的重视，如在2004年8月12日召开的全市工业大会上，时任温州市市委的主要领导强调要最大限度地发挥行业协会的特殊作用，对政府不该管，但从企业和社会的需要来看又需要有人管的事务，都应该交给行业协会去做；政府需要管，但是单靠政府难以管好或者政府管理效率较低的事务，可以由政府委托给行业协会去做；成员企业有需要，但单个企业难以做好的事务，一般也应该由行业协会去做。为表明对行业协会发展的支持，时任温州市市长还亲自参加服装商会的理事会，现场听取企业家对服装行业发展的意见建议。2007年年底，温州市政府专门召开服装行业重点骨干企业负责人座谈会，听取商会负责人的汇报和建议，表达对服装行业发展和商会工作的关心支持。

温州市党委、政府的明确支持，推动了温州行业协会（商会）工作不断向前发展。2008年，面对经济增长方式转变和产业转型升级的严峻形势，温州市人民政府颁发《关于温州市民营经济创新发展综合配套改革试点第一阶段的实施意见》（以下简称《意见》），提出创新建立政府技术性服务性职能向协会行业转移的机制。2010年，温州市政府办发布《关于开展政府技术性服务性职能向行业协会商会转移试点的实施意见》，计划通过3—5年的努力，实现一批政府技术性服务性职能向行业协会转移；进一步理顺政府和协会关系，基本建立政府与行业协会之间"授权与合作"的新型关系；进一步促进协会完善功能，提高能力，培育扶持一批公信力强、功能完备、运作规范、作用显著的行业协会。《意见》明确了政府技术性服务性职能向行业协会转移的范围、试点方案、保障措施等，成为温州政府技术性服务性职能向行业协会全方位转移的指导性文件。2013年，温州市以温州市鞋革协会为试点单位，明确了行业协会承接技术性服务性职能的范围以及行业协会与政府部门合作的渠道和保障措施。

在大力促进本地行业协会商会发展的同时，温州市委市政府还非常重视异地温州商会的建设与发展工作，近年来先后出台了《关于推进内外温州人经济互动的指导意见》《加强异地商会建设的实施意见》《异地温州商会建设评价办法（试行）》等政策文件。这些政策文件，对以政府购买服务的方式，赋予区位优势突出的异地温州商会承担市政府驻外办事机构和招商引资联络处的职能，充分发挥商会（联络处）的招商引资作用，大力推进"温商回归工程"的实施等，都做出了明确规定。此外，文件还规定对促进温商回归做出积极贡献，并取得显著成效的异地温州商会（联络处），采取以奖代补的形式给予工作经费奖励。

二 温州行业协会（商会）与区域经济发展

2005年、2007年、2009年和2011年，浙江大学郁建兴教授等在温州开展行业协会（商会）发展情况调研，温州大学江华团队参与其中的问卷发放、深度访谈等活动，调研共向130家行业协会会长或秘书长发放了调查问卷，最终回收问卷74份，回收率为57%，其中有效问卷73份，有效率98.6%。根据此次调查问卷数据，温州市的行业协会商会大致发展情况是：

（1）温州市行业协会商会总体上以中小型协会为主，接受调研的行业协会平均会员人数为215人，中位数为123人，62%的行业协会会员数超过100人（见表6-2）。

表6-2　　　　　　　　温州市行业协会的人数规模

会员人数（人）	行业协会数（个）	百分比（%）	累积百分比（%）
50以下	11	16.7	16.7
50—100	17	21.7	38.4
100—150	13	17.8	56.2
150—200	11	15.0	71.2
200—500	13	17.8	89.0
500以上	8	11.0	—
总计	73	100	100

资料来源：转引自郁建兴等《行业协会管理》，浙江人民出版社2010年版。

（2）温州市行业协会商会在场地设备方面的情况较好，受访行业协会商会中的85.5%都认为现有设备能够满足自身办公需求（见表6-3）。

表6-3　　　　　　　　温州市行业协会的场地设备情况

办公场所的平均面积	会长单位提供（占比）	主管部门提供（占比）	协会自行租赁（占比）	没有专门的办公室	现代化办公设备
104.8平方米	8.2%	9.6%	78.1%	4.1%	5.7台

资料来源：转引自郁建兴等《行业协会管理》，浙江人民出版社2010年版。

(3) 从协会治理结构和管理水平看,温州市行业协会商会的管理制度已较为完善,所有受访行业协会至少每届召开一次会员大会,所有受访协会在做重要决策时都由理事会讨论决定。所有受访协会都至少设有两种下列机构：战略管理小组、顾问委员会、专业委员会、专门培训机构和专门咨询机构等。但问卷调研同样发现,受访行业协会普遍存在内部监督机制缺乏的问题。数据显示,79.8%的受访协会没有监事会或其他内部监督机构,60.6%的受访协会没有正式的内部监督制度(见表6-4)。

表6-4　　　　　行业协会内部制度完善情况　　　　　单位：%

组织章程	会员大会制度	会长工作制度	理事会工作制度	内部监督制度	秘书处工作制度	财务管理制度	会费收缴制度	档案管理制度	工作人员激励制度
100	86.3	78.57	74.56	39.39	83.56	94.52	91.67	60.87	28.79

资料来源：转引自郁建兴等《行业协会管理》,浙江人民出版社2010年版。

(4) 政府支持需求情况。从表6-5可以看出,在温州市行业协会最需要政府提供的支持中,对宏观政策、管理体制等制度性需求比例较低且有所降低；对经费支持的需求比例大幅上升,对职能下放的需求比例大幅下降,说明温州在政府职能转移和下放给行业协会的工作已取得一定进展,也说明经费短缺可能制约行业协会进一步承接职能的能力和意愿。

表6-5　　　　　行业协会最需要政府提供的支持　　　　　单位：%

选项	2007年	2009年	比例变化
提供开展活动或进行信息交流的场所及所需的物质、设备等	2	2	0
提供财政支持和项目经费	22.4	44.9	22.5
提供政策、法律支持及政府行业管理信息	20.4	14.3	-6.1
建立更恰当的行业协会管理体制	5.1	2	-3.1
职能转移给行业协会商会	49	36.7	-12.3
其他	0	0	0

资料来源：转引自郁建兴等《行业协会管理》,浙江人民出版社2010年版。

(5) 制约行业协会发展的因素。从表 6-6 中发现，在以往的调研和访谈中，经费和人才匮乏一直是阻碍行业协会发展的重要因素之一，但并非最重要因素，这一趋势在 2009 年的调研中发生了逆转。缺乏人力资源和缺乏资金这两项合计，已超过政府支持力度选项，成为最主要的制约因素。

表 6-6　　　　　　　　行业协会发展的制约因素　　　　　　　　单位：%

选项	2007 年	2009 年	比例变化
人力资源	6.4	20.8	14.4
资金	27.7	35.4	7.7
人力资源与资金合计	34.1	56.2	22.1
商会本身的制度因素	4.3	4.2	-0.1
政府支持力度	44.7	30.8	-13.9
会员支持度	12.8	4.2	-8.6
会员比重大小	2.1	0	-2.1

资料来源：根据行业协会调研总结而成。

(6) 商会规模与公共物品提供。一个行业组织，即使其会员未能覆盖全行业，也必然会提供行业性公共物品。具体而言，商会提供行业公共物品的行为又可以分为两大类：第一类是提供行业内纯粹公共物品的行为，这种行为会直接惠及整个行业，比如商会向政府进行行业政策的游说；第二类是俱乐部产品的副产品，商会在提供俱乐部产品时，间接地有利于行业发展，比如商会的产品质量建设、行业品牌建设行为。一般认为，大型商会主要是服务导向和收费导向，小型商会是集体行动的主体。或者说，商会越大，提供的服务越多；商会越小，越容易集体行动。因此，中型商会是最优类型的商会，既有能力提供服务，又能够有效地组织集体行动。

三　商会促进产业发展

产业转型升级是经济发展方式转变的核心环节，推动产业转型升级的通常包括政府、企业和行业组织三大主体。政府主导的产业转型升级具有战略性、前瞻性的特点和优势，企业"倒逼"的产业转型升级具有扎实的微观基础。但是，"政府失灵"和"市场失灵"同时存在，可能会使产业转型升级面临"真空"状态，此时，商会等中间组织的介入可以避免这个缺陷，因为商会能发挥承上启下的桥梁作用，协助政府制定具有微观基础的产业规划和产业政策。在区域共同发展的背景下，内外商会协同能促进产业政策的顺利实施和产业集群高效平稳的转型升级。内外商会促进产业发展主要表现在以下几个方面。

（一）建设产品质量

在一个产业集群中，竞争虽然有可能扩大市场和促进产业转型升级，但也有可能使它成为一个生产"假冒伪劣"产品的基地。尤其在一个由众多小企业构成的低成本产业集群中，各企业的产品质量或提供的服务没有本质区别，而外形设计和技术含量低的发明很容易被模仿。一旦某企业以降低质量获得价格优势，其他企业被迫跟进，就会形成"降低质量—价格优势—降低质量"的恶性循环，最终拖垮整个行业。例如，2013年3月在央视"经济半小时"曝光的温州海城的水暖卫浴，由于重金属含量严重超标，产品质量下降，已对相关产业的品牌声誉造成极坏的影响。

因此，面对市场失灵，行业协会需要自查自纠，狠抓产品质量建设。首先是质量认证，由行业协会组织和引导会员进行一系列产品的质量认证，例如 ISO 系列、CR 系列等认证，以达到国际国内标准要求；其次是质量检测，服装、鞋革、模具等商会，与质检部门和科研院校合作，建立各自的质量检测中心；最后是制定行业标准，质量认证和质量检测都以行业标准为依据。通过产品质量建设，推动了产业发展，使产业集群和支柱产业摆脱了集体行动的困境。

（二）建设行业品牌

从"质量立市、品牌立市""信用温州、品牌温州"，再到目前的"国家质量示范城市"建设和转型发展的"五化战略"，温州先后经历了四个发展阶段。第一阶段从1994年开始，温州市委市政府决定开展"第二次创业"，在全国第一个提出实施"质量立市"战略，颁布《质量立市实施办法》，实施"358质量系统工程"。第二阶段从1996年开始，温州市提出"质量立市、名牌兴业"方针，制定出台《温州市质量振兴实施计划》和《温州市名牌兴业实施意见》。第三阶段从2002年开始，温州市委市政府提出要打造"信用温州"和"品牌温州"战略，将每年的8月8日定为"温州诚信日"。从2004年开始实施"品牌温州"战略，全力争创产业品牌、城市形象品牌、政府服务品牌和温州人品牌。第四阶段从2012年至今，主要围绕"国家质量示范城市"的创建而展开，积极谋划区域温州人企业的转型升级。

区域品牌是产业集群发展到一定阶段的产物。当某种产品的生产集中于特定的区域并形成规模后，就会出现产业集群效应，进而导致相关企业和机构在区域内进一步集聚，使"产品齐全—产业链完整—产品质量可靠—名牌产品涌现"。在建设区域品牌方面，温州行业协会发挥了关键性作用。措施之一是打造品牌基地。截至2013年年底，温州已拥有"中国鞋都""中国电气之都"等35个国字号特色产业基地以及一批省级专业品牌基地。措施之二是申请和使用集体商标。申请集体商标是利用法律手段保护共有知识产权、防止区域品牌陷入"公地悲剧"的重要途径。集体商标一般由以行业协会为主体申请注册，并由其统一使用、管理和保护，会员通过签署协议来共同维护和使用集体品牌。对中小企业而言，通过"搭便车"共同分享利益，可以增加效用，减少成本，强化产业集群的规模优势和品牌优势。

自2001年起，温州市积极申请集体商标这一公共品牌，如温州市制笔协会、温州市服装商会、温州市鞋革行业协会、温州市教玩具行业协会、鹿城区眼镜协会、瓯海区眼镜协会等都申请了一个或多个集体商标，目前总数增加到25枚。有些行业的集体商标得到了很好的利用，以鞋业为例，会员企业在温州市鞋革行业协会评委会审定认可后，可以使用该协会注册的"中国鞋都名品"专用标志。

但是，集体商标的管理和使用难度大。注册集体商标不是"一劳永逸"，成功申请仅是第一步，后续工作难度更大。例如，有些集体商标，教玩具协会、鹿城眼镜协会2002年成功申请注册的集体商标，一直没得到企业使用。因此，需要从产业发展和行业协会自身建设两方面进行集体商标的维护和使用。对于能力强的行业协会，集体商标一经注册成功，只有得到行业协会的授权，企业才可以使用，而且必须严格执行行业协会制定的质量标准。如果行业协会自身的力量比较弱，为了确保执行效率，政府有关部门的支持和配合也是一个非常关键的因素。这样，集体商标"重申请，难使用"的情况才能得以解决。

（三）建设产业共性技术

企业什么时候会选择行业协会为自己提供俱乐部产品，一般与企业的规模有关（郑慧，2006）。下面结合企业成长的几个阶段，分别从企业目标、需求层次、需求产品、参加行业协会的意愿程度、与行业协会的关系、市场地位等角度进行考察，以期得出企业对产业共性技术的需求与企业规模之间的关系。具体有以下几种情况，见表6-7。

表6-7　　　　　产业共性技术需求与企业规模的关系

	小型企业	中型企业	较大型企业	大型企业
企业目标	单一经济目标	以经济目标为主，兼顾行业影响	以经济目标为主，兼顾社会政治目标	经济目标和政治目标并重
需求层次	低	中等	中高等	中高等
需求产品	私人产品	俱乐部产品	俱乐部产品	俱乐部产品、公共产品
参会意愿	低	高	高	高
与行业协会的关系	无关紧要	依赖行业协会	对行业协会依赖程度下降	影响或控制行业协会
市场地位	低	低	高	高
对产业共性技术的需求	有需求，但希望"搭便车"	需求强，希望得到俱乐部产品	需求较强	需求减弱

（1）企业为小型企业，企业目标就是单一经济目标，没有社会政治目标。因此，其需求层次最低，基本不需要公共产品或俱乐部产品，只有在具有正外部性的市场中，小型企业或许可以"搭便车"享受一些公共产品和俱乐部产品；而在商会契约完善的市场，由于不愿意支付或无能力支付获取俱乐部产品的费用，小型企业必定受行业排挤而生存艰难。

（2）企业为中型企业，它一般仍以企业内部经济增长为最重要的目标，经济实力不断增强会日益加强其外部经济目标，往往会通过参加行业协会来提高自己在本行业中的地位、威信。但是在这个发展阶段，它们的目标和需求很多，而能力相对不足，表现为生产一体化程度低，外部性内部化的能力弱，抵御市场风险的能力必然比较差，所以迫切希望有一个代表它们利益的组织，以最低的成本获得它们所需要的俱乐部产品。因此，中型规模的企业对俱乐部产品的需求意愿最为强烈。

（3）企业为较大型企业，企业的综合能力迅速增强，各项经济目标正逐一实现，企业需要低风险的稳健发展。以行业协会为平台可大大降低风险程度，并同时获得行业与社会地位等。随着企业经济实力的上升，企业对行业协会的依赖程度也在下降，企业目标渐渐转成通过行业协会获得更大的社会活动空间。在产业共性技术方面，希望能成为产业共性技术创新的提供主体，通过多方面作用的发挥，以获得更大的经济和社会效应。

（4）企业为大型企业，基本上不存在对商会的依赖，并且对政府的公共产品供给也有了一定的影响力，甚至可能通过控制行业协会而控制整个行业的发展。此时，企业愿意投入大量的精力以达成自己的社会目标，甚至政治目标。如果该地行业协会具有参政议政甚至影响产业政策的机会和能力，则大企业也会出于政治目标而积极参加行业协会。

对行业协会而言，产业共性技术供给与规模有关。大型行业协会主要提供公共产品，小型行业协会主要提供私人产品，居二者之间的中型行业协会则主要提供俱乐部产品。一般而言，企业参加行业协会的目的主要是获得俱乐部产品，因而行业协会的合理边界是既不大也不小的中等规模。从行业协会构成来看，会员的共性越大，共同利益越多，交易成本越低，行业协会就越能够把更多的资源用于提供产品而非协调会员的集体行动上。因此，最佳形态的行业协会具有同质性和中等规模的特征。

四 行业协会促进产业升级的作用机制

行业协会所在产业类型和（或）产业地位决定了行业协会所能获取的内部资源的多少，政府等其他机构则决定了协会所能汲取的外部资源的多少。协会通过内部机构与人员的优化配置，提高对内和对外资源的汲取能力，以提升协会在产业升级中的对内职能和对外职能；反之，协会对内职能和对外职能的实现也受内部资源和外部资源可获得性的影响。协会对内职能和对外职能的履行构建了行业协会在产业升级中的作用机制（见图 6-3）。因此，行业协会在产业升级中的不同作用类型正是上述作用机制的结果：不同协会基于自身能力及产业类型和（或）地位的不同，表现出不同的资源汲取能力和重点，体现在对内职能和对外职能上也就形成了不同的作用类型（见图 6-4）。

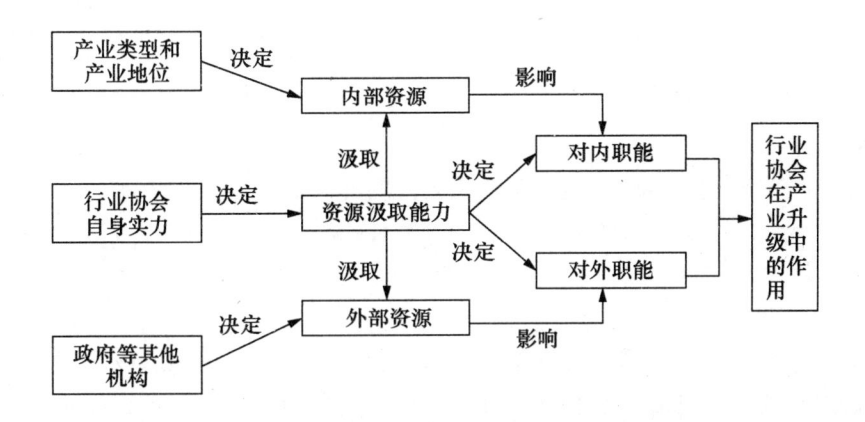

图 6-3 行业协会在产业升级中的作用机制

资料来源：郁建兴、沈永东、吴逊：《行业协会促进产业升级的作用类型及其实现机制》，《浙江大学学报》（人文社会科学版）2011 年第 11 期，第 34 页。

行业协会在产业升级中的作用存在着四种类型。其中，内外平衡型Ⅰ指行业协会促进产业升级的对内职能和对外职能处于均衡状态，且都比较强；内外平衡型Ⅱ指行业协会促进产业升级的对内职能和对外职能处于均衡状态，但两者均一般；内强外弱型指行业协会促进产业升级的对内职能较强，而对外职能弱；外强内弱型指行业协会促进产业升级对内职能很弱，而对外职能较强。

第三节 异地温州商会的兴起

据统计，目前在外温州人已经超过 250 万，其中海外温州人约 60

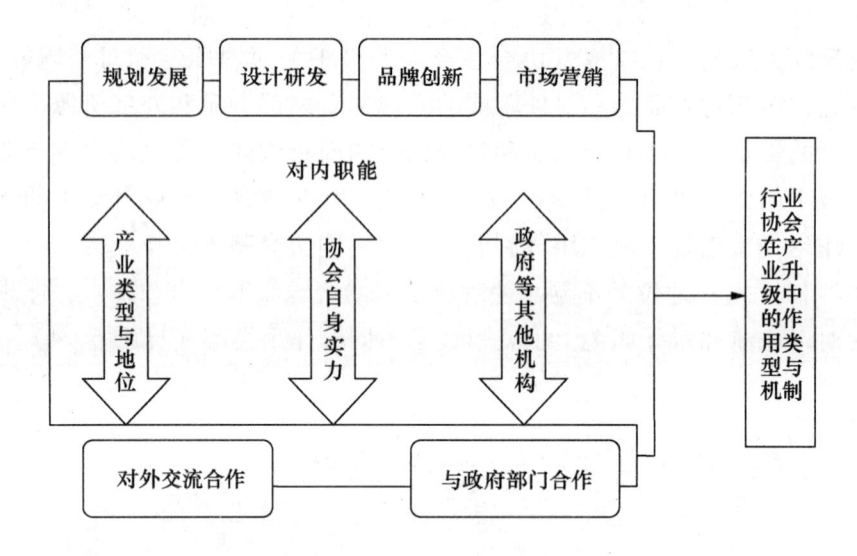

图 6－4　行业协会在产业升级中的作用类型与机制

资料来源：郁建兴、沈永东、吴逊：《行业协会促进产业升级的作用类型及其实现机制》，《浙江大学学报》（人文社会科学版）2011年第11期，第26页。

万。从发展态势来看，全国各地的温州人已经由20世纪80年代的小生意人成长为具有巨大影响力的企业家群体，由营销温州小商品转向在外地自主制造自主营销；海外温州人由早期的"三把刀"转向以贸易和投资为主，由聚居西欧扩散到全球各地。从经济规模来看，在外温州人在国内外建设了数百个温州商城和生产基地，虽然这在一定程度上是对温州的专业化市场和经济集群的复制，但其规模却远非温州可以比拟，并在推进和融入当地经济的过程中实现量的扩张和质的提升。从社会网络来看，在外温州人基于区域性文化认同构建了独具特色的经济合作模式，其中以温州商会为平台的合作治理最具有代表性，100多家海外温州商会和200多家国内温州商会将温州人的经济合作和自主治理推向一个新的高度。伴随温州人经济的成长和温州企业家群体影响力的提高，温州人经济已经由早期的草根经济转变为中国民营经济发展的指向标，成为国内经济转移的实践者和海外投资的先锋。

20世纪90年代以来，与蓬勃发展的温州民间商会和行业协会相呼应，全国各地的温州人开始自发组建自治性的社会团体——异地温州商会。自 1995 年第一家异地温州商会在昆明成立以来，全国各地经商办厂的温州人纷纷在各个省、市和自治区的大中城市组建异地商会。根据温州市国内经济合作办公室的统计，截至 2015 年 9 月，全国现有地市级异地温州商会 268 家，覆盖面达 80%，温州成为全国组建商会数量最多的城市。这些异地温州商会活跃在中国所有省、市、自治区，成为温州商人在异乡合作创业以及与当地政府和民众沟通联络的"娘家"。目前，在海外的欧盟、美国、拉丁美洲等地也建立了温州商会（侨团），截至 2013 年年底，海外温州人在六大洲的国家和地区，共建立了 270 多个侨团（包括以温州华侨为主的侨团、温州华侨担任侨领的侨团、与温州华侨关系密切的侨团）。

一　异地温州商会发展现状

由于"温州人经济"的崛起，广大在外温州企业家群体相继成立温州商会，它们在凝聚在外温州人力量、推动当地经济发展和促进在外温商回归投资等方面都起到了重要的作用。目前，异地温州商会（侨团）在商会立法、组织体系、归口管理和内部治理等方面还存在一定的问题，需要通过一系列的政策措施来加强商会（侨团）的规范化建设，如在厘清政府和商会的职能、理顺商会组织体系、探索区域商会之间的交流和健全内部组织结构治理等方面，都应该做出更多的创新性探索，以更好地促进在外温州商会的规范化发展，通过在外温州商会的规范化发展来提升温州及温州人的形象，发挥在外温州人的作用，推动在外温商所在地和在外温商共同发展。

（一）异地温州商会组织体系

通过近年的调研得知，目前异地温州商会从地域层级来区分，主要包括省级区域范围的温州商会、市级区域范围的温州商会和县（市、区）级区域范围的温州商会三种形式，其中最多的是市级范围的温州商会。据统计，截至 2015 年 9 月，全国现有地市级温州商会 268 家，已经建成和在建的省级温州商会 15 家。为有效促进和规范异地温州商会的建设和发展，2015 年，温州市推动成立了全国温州总商会，由温州市委常委、温州市政府党组副书记朱忠明担任首任全国温州总商会会长，温州市政府秘书长、温州市招商局局长郑邦良担任首任全国温州总商会执行会长。

1. 省级区域范围的温州总商会情况

中西部一些省份最早成立的一般是省级区域范围的温州商会，如贵州省温州总商会。需要说明的是，随着各地市级温州商会的相继成立，同一省级区域范围内的省级温州商会和市级温州商会两者之间的关系并不是行政上的层级关系，它们在地位上是平等的，两者之间更多的只是业务上的联系和指导关系，比如商会成立工作的指导、区域之间的协调等，但一般而言地市级商会应以常务副会长的名义集体加入所在区域范围内的省级总商会。省级范围内的省级总商会的基本活动和影响力也主要在省城范围。在外温商成立温州商会，一般不建议成立县或更低层级地域的温州分会。

2. 商会的专业性（行业性）分会

根据对广州温州商会的调研得知，商会根据自己会员的行业属性已成立六个下属的专业性、行业性分会。社会的发展，很大程度上在于社会分工，社会分工越细密，整个社会的发展就会越快。商会也是一样，商会中的会员企业一般来自各行各业，商会根据会员所在行业的情况对会员进行细分，一来便于商会对会员进行管理，二来有利于商会的会员企业整合同行业资源、实现同行业温商企业之间的合作和联合，达到共同发展的目的，这也是现代商会发展的必然趋势。当然，商会内部成立的专业性（行业性）分会只是商会内部承认的分会，实际是异地温州商会的一个内部部门，目前不可能具备社团和法人地位。

3. 按温商来源地（县市区）继续细分的商会

一些经济发达地区的温州人商会，比如上海温州总商会，还按照温商来源地，继续细分成立县市区的商会，比如上海乐清商会等。在此情况下往往意味着商会的会员企业需要加入多个商会，企业加入多个商会会使企业面临三个现实情况：一是会费的重复收缴；二是商会组织的碎片化；三是商会领导之间的不正当竞争。这些都不利于商会治理和影响力的发挥。

（二）异地温州商会归口管理情况

据现行社会团体管理条例的规定，现有依法登记的异地商会必须接受社团登记机关民政部门和政府授权的异地商会业务主管单位的双重管理。然而，由于不同省市之间的差异，全国各省的异地温州商会业务主管单位存在较大差异，分散在十余个政府职能部门间。通过对异地温州商会业务主管单位的电话访谈及文件查证，截至目前，全国各省先后有统战部、工商联、经济技术协作办（经济合作办、合作交流办）、招商引资局（招商促进局）、工业局、经贸局、贸易服务局、发改委、经济委员会、商务厅、扶贫办、侨办、经社联、驻外机构14个部门为异地温州商会的业务主管单位，其中，以工商联、经济技术协作办（经济合作办）、招商引资局（招商促进局）三个部门居多。

（三）异地温州商会治理结构概况

课题组调研发现，已成立的异地温州商会基本能按照科学的法人治理结构进行商会的规范运作。一般都明确会员代表大会、理事会、会长、秘书长各自的权力与职责，理事会成员严格按照民主程序选举产生，会长、秘书长不从同一企业产生。此外，异地温州商会一般都设有相应的监事会或监事，监事由会员大会或会员代表大会选举产生，理事会成员不兼任监事。然而，即便在影响力较大和管理较为规范的异地温州商会中，监事会所发挥的作用一般也都不太理想。在财务管理方面，异地温州商会一般都能独立建账立户，严格依法遵章理财，不在会员中分配其财产，也不将其财产挪作他用，并接受会员、监事、捐赠人、资助人对财务状况的查询，确保相关财务资料的真实、完整；在换届、变更法定代表人、注销清算时能进行财务审计，异地温州商会财务管理的透明与规范基本都能得到保证。

（四）异地温州商会的办公条件

调研结果显示，异地温州商会一般都有自己的办公场所。异地温州商会办公场所产权情况包括两种：一种情况是商会不具有办公场所的自主产权；商会办公场地的获得有的是通过租赁形式，有的是现任会长（或副会长）的办公场所，还有的是现任会长捐助使用。这种情况的优点是商会办公场所使用机制比较灵活，成本较低，其缺点是商会工作场所会经常变动，不利于商会开展工作。另一种情况是商会拥有办公场所的自主产权；这种情况更能避免由于商会换届带来场所变动的不便，利于商会开展工作，但缺点是成本较高。

异地商会办公场所使用的创新性探索是在所在地建立温州会馆。

为有效促进异地温州商会的建设，温州市政府于 2013 年出台了《温州市人民政府关于全国异地温州会馆建设的指导意见》，开始推动"温州会馆"建设，力争将全国各地正式成立并经民政部门登记注册的异地温州商会全部纳入"温州会馆"建设规划，鼓励有条件的异地温州商会在当地建造"温州商会会馆"（会所），作为异地温州商会的固定办公场所。根据《温州市人民政府关于全国异地温州会馆建设的指导意见》，温州会馆将具有六项主要功能：商会（联络处）办公地点、信息服务中心、招商引资平台、文化展示中心、会员服务阵地、金融服务平台。在《温州市人民政府关于全国异地温州会馆建设的指导意见》的指导下，首个温州会馆开馆仪式暨异地温州会馆建设工作推进会于 2013 年 12 月 20 日在陕西西安举行，全国首家异地温州会馆——西安温州会馆正式开馆。建设温州会馆是温州市政府促进在外温州商会建设的有效制度创新。温州会馆建设不仅是异地温州商会规范提升建设的载体，也是所在地聚集温商投资、汇集资源和促进互动交流的平台。温州本地和温商所在地可以通过温州会馆加强联络，深化合作，共同推进会馆建设，实现互惠共赢。温州会馆建设可以较好地提升温州商会的品牌形象，有利于异地温州商会的规范化建设。课题组调研发现，已有多家异地温州商会对建设"温州会馆"表示极大的兴趣，多次邀请市经合办等职能部门考察对接筹建事项。

（五）异地温州商会管理职能履行的专业化

一个商会运作的成功与否，跟秘书长团队的专业化有很大的关系。调研结果显示，有些异地温州商会没能实现秘书团队的职业化，一般由常务副会长兼任秘书长。同时作为企业负责人和商会秘书长，时间和精力有时难以为继。尤其是作为一名商会秘书长，一般要承担承上启下的职能作用，会长想到的商会事务，秘书长必须执行好，会长没有想到的商会事务，秘书长必须做到统筹规划和执行。此外，秘书长实际上还是商会领导班子与会员之间的"黏合剂"，不管谁当会长，秘书长都要非常好地了解会员的状况，能够有效地传达商会领导班子的意图，能够有效地协调解决会员遇到的困难。调研发现，有些异地温州商会在换届选举时，会长和秘书长人选往往同时更换，这种做法不利于商会工作的正常开展，不利于团结大部分会员。因此，异地温州商会应该要在领导班子尤其是秘书长任用方面建立起完善的管理制度，促进商会负责人管理职能的专业化。

经过十几年的发展，许多商会都摸索出了自己的办会经验，在为会员企业提供俱乐部产品服务方面有了很多创新性探索。在当前形势下，商会要改变传统的服务模式，服务的内容不仅仅限制在为会员解决生活中的一些小问题上。而随着企业的发展，它们面临着转型升级的需求，商会应该在这些方面多提供一些服务。同时，部分会员企业在发展壮大的过程中需要大量的资金，而它们本身又很难从银行获得贷款，融资难成了企业发展的一个重大难题，商会应该在为企业解决融资困难、开拓企业融资渠道等方面做出更多努力。

（六）异地温州商会的精英化作用与商会规范化运作

企业家之所以乐于担任商会的领导，主要原因是有利益可谋：一是社会声誉。对企业家来说，在商会中担任领导职务是获得同行和社会认可程度的表现。由于温州民营经济发达，温籍企业家遍布全国各地，商会的职务成为一种稀缺资源。一个地区的温籍企业家越多，商会的职务越稀缺，商会会员越有成为商会领导者的动力。二是政治地位。商会是企业家参政议政的重要途径，异地温州商会作为有影响力的经济社团，商会的领导层有机会享受到一定的政治安排。据温州市国内经济合作办公室不完全统计，目前在外温州企业家担任地市级以上人大代表、政协委员的人数超过300人，县（区）级以上的超过1000人。在调查中我们发现，温籍企业家在所在地担任人大代表和政协委员以及在温州市担任政协委员的基本上都是商会的会长和副会长，并且商会的影响力越大，担任人大代表和政协委员的机会越多。一旦成为人大代表或政协委员，企业家就有了与职能部门沟通的平台，这对自己企业的发展有利。三是经济利益。由于商会有着明显的寡头化倾向，这使俱乐部产品不能在会员中进行公平分配。掌握话语权的商会领导层会以商会集体的名义谋取利益，然后按商会成员的地位进行分配，如各地商会协同地方政府建设的工业园区，入住企业多为商会领导层的企业和来自温州的大企业。在同一个区域，往往并存着省级区域范围的浙江商会和省级区域范围的温州商会，它们互相之间既有合作，也有竞争（竞争成分往往更多）。面对上述这些情况，需要处理好会员"以脚投票"和"碎片化"的各自利弊。

（七）异地温州商会的党建工作

据不完全统计，目前，在200多个异地温州商会中，已建商会党组织的仅有80个，其中党委建制的有7个，但温州市外出流动党员将近2万名。加强异地商会党组织建设具有很大必要性。2000年10月，经上级党组织批准，昆明温州总商会成立了第一个党支部，开创了全国异地商会成立党支部的先河。2012年7月底，为加强异地温州商会党建和外出流动党员管理工作，温州市委组织部、市机关工委、市经合办联合在北京、上海、杭州、长沙四地启动了异地温州商会党建试点工作。经过近一个月的考察摸底，对上述四地的温州商会及流动党员情况进行了广泛走访、深入调研，初步形成工作方案，当年9月便完成试点工作，形成更加有针对性的商会党建工作措施和工作制度。当年10月，按照"成熟一个、组建一个"的原则，异地商会党建工作试点进入推广阶段，逐步扩大了异地温州商会党组织的覆盖面。2013年6月29日，中共深圳市温州商会委员会成立，这也是继武汉、长沙等9家异地温州商会成立党委之后，异地温州商会成立的第10家异地温州商会党委。截至2013年7月底，温州市委已成立10个在外温州商会党工委、78家异地温州商会党组织。目前，由温州商会党工委牵头组织在外温州商会党工委和商会党组织共同搭建了"信息发布、内外互动、人才培养和交流沟通"四个平台，异地温州商会党建工作的开展，有效地促进了政府职能转移和异地温州商会的规范化建设。

二 温州商会兴起的经济基础

（一）"温州人经济"的快速发展

改革开放初期，温州人凭借其地理位置偏僻、旧体制和禁锢性政策约束力相对薄弱的优势，充分利用改革开放政策红利及其造就的社会经济发展大环境，率先发展个体私营经济，以生产小商品的家庭工业为主体、以专业市场为依托、以千军万马闯市场自产自销的经营方式，迅速发展了地方经济，并在短短的十多年间就初步完成了资本原始积累。20世纪90年代中期，温州本地的原始积累已初步完成，资本开始出现向外扩张的需求。而异地温州人的经商模式已开始从个体商贩向商圈经营转换，温州店逐渐扩张成温州村、温州街、温州商贸城，"工厂+专业市场"的温州模式开始向外克隆与扩张。在外经商、投资和创业的温州人，由此创造了蔚为壮观的"温州人经济"，突出表现在温州人在外投资规模不断扩大，投资领域不断拓展，经营方式不断创新。据统计，到 2013 年年底，温州全市约有 245 万在外温州人在国内外经商，其中国内 175 万、国外 43 万、港澳台 26 万，总数约占全市常住人口的 1/4。每年通过在外温州人网络销售的产品达 6650 亿元，全国各地温州人累计投资超过 8000 亿元，创办各类企业 30 万余家，其中年产值超亿元的企业近 800 家。而且随着民资准入领域不断扩大，目前在外温州人经营经济已由加工型、贸易型向多方位发展，在房地产、建筑业、公用设施、教育、旅游、对外贸易、高科技经济等领域均有涉足，经济规模逐渐壮大，其中加工型经济方面已涉及 22 个行业。在创新营销方式上，温州人开始走向品牌化经营。一定程度而言，与温州模式发展之初温州人在外摆地摊、办市场的经营方式不同的是，今天的温州人经济已经进入一个全新的扩张期，提升到了一个新的发展层次，实现了从温州模式 1.0 版向温州模式 2.0 版的跨越。新的经济模式需要更高级的组织形式与之相适应，而近年来，异地温州商会的大量涌现及其在当地经济社会中的显著作用，在一定程度上契合了温州人经济进一步提升的内在需要。

（二）异地政府的政绩诉求

在公共选择学派看来，各级政府和政府部门都是"理性人"，都有追求自身利益最大化的冲动。各级政府总是力图扩大自身的权力边界，争取更多的资源。在转型时期，我国政府的主导地位使之可以有选择地培育民间组织，鼓励或限制某种民间组织的发展服从于政府的利益需要。基于风险—收益关系的考虑，商会是政府最愿意培育的民间组织之一。

改革开放以来，中国政府对各级地方政府和基层政府的政绩评价中，GDP 是一个关键性参数。为了促进 GDP 的增长，各地地方政府和基层政府一方面努力调动本地资本，参与各种项目的开发；另一方面大力招商引资，以优惠政策吸引外地资本。在这一目标下，在外温商所在地政府一般对温商在本地成立异地温州商会都持默许甚至鼓励的态度。

各地政府鼓励温商成立异地温州商会的意义在于：一是使在当地从事工商业的温州资本凝聚起来，有助于做大做强温州人企业；二是利用温州人的关系网络，吸引温州资本投资。对温州而言，一方面是民间资本过剩，温州民间资本高达6000亿元，大量的闲置资金需要寻找投资项目；另一方面是传统产业受困，因土地、劳动力等要素价格上升和人才缺乏，温州传统产业亟须转移到要素价格较低的地区或基于产业升级对人才的需求而转移到上海、杭州等地。这在温州和其他地区之间形成一种互补关系，而异地温州商会在其中恰恰发挥了桥梁作用。近几年来，全国各地签约兴建和即将兴建的"温州工业园"或以温州企业为主的工业园上百个，所涉投资数千亿元。这些工业园基本上是复制温州的产业集群，大多数是由异地商会牵头联合温籍企业家兴建。正因为温州商会能够提升所在地地方政府的政绩，因而容易获得所在地地方政府的支持。因此，对异地温州商会在各地存在的违规登记成立现象，所在地地方政府一般会选择宽容的态度，有的甚至予以鼓励。如西部某市筹办成立温州商会，但遭到省级温州商会反对，理由是异地商会必须"登记在省"；在市领导的安排下，这一温州商会稍后在当地市级民政部门成功登记。又如中部某市筹办的温州商会被民政部门拒绝登记，后在当地一副省长的安排下登记成功。在强政府的背景下，异地温州商会之所以能够发展迅速，主要是因为商会的发展符合所在地各级地方政府的政绩诉求。

三　异地温州商会兴起的阶层基础

（一）温州民营企业家群体的壮大

随着温州人经济的不断发展，对外投资创业的温州民营企业家队伍也不断壮大。在许多温州人创业集聚的城市，如上海、北京、广州、深圳、西安、杭州、昆明、南京等地，温州人已经成为当地一个重要的社会群体或阶层。温州人经济的高速发展和企业主阶层的崛起，客观上需要一种利益代表、利益聚合和利益表达的组织或机制，以适应该阶层政治、经济和社会利益的聚合和表达，实现行业利益和阶层利益的最大化。

由于当前我国法制不健全、政府行为不规范、某些地区市场意识的滞后和当地民众的排外心态,在外投资创业的温州企业家,一方面凭借自己吃苦耐劳的精神和善于把握商机的能力,不断壮大自己的财富;而另一方面也不可避免地受到各地不公正待遇。作为个体私营企业,在商品市场、资本市场、金融市场、信息市场以及其他生产要素市场上,如招工、用地、税收、贷款、融资、担保、经营许可、经济准入等方面,与国有企业和集体企业相比仍然处于极不平等的地位。更严重的是,企业在日常经营活动中往往受到当地政府部门和官员的故意刁难,被所在地政府部门或官员乱收费、滥罚款等现象时有发生,如果不通关节或没有特殊的关系网,民营企业要维持正常的经营活动都很困难。在这种制度背景下,在异地的温州企业家通过成立一个商会组织,一方面扮演了温州商人群体的利益代表、利益表达者的角色,向政府及时反映本群体的经济和政治诉求,直接或间接地参与或影响当地政府的公共政策,为自身发展营造良好的政策环境;另一方面商会积极发挥其中介作用,沟通和协调企业与政府、企业与社会的关系,排解不正当的行政干预及其他侵权行为,努力维护会员企业的合法权益,积极为民营企业争取其作为市场参与主体的"国民待遇",将行业利益、企业家阶层的个体利益有序地组织、集中起来,传达到政府决策体制中去,从而促进了国家与社会的准制度化合作。简言之,正是温州民营企业家阶层具有共同的利益诉求,才会表现出整合力量、统一意志、统一行动的组织化取向,从而推动了温州异地商会组织的兴起。

(二) 企业家社会资本与利益驱动

人们会基于不同群体或组织的自我归类形成社会身份,Hogg 和 Terry (2000) 认为社会身份的建构过程是由降低主观的不确定性所驱动的,这种社会身份会为人们赢得声誉、地位等社会资本[1],也会帮助温州商人在外地经商的时候获取更多资源。温商本来就善于"抱团取暖",家族化、地缘化的人际关系非常显著,对温州人来说,关系是资源组合的先导,前期先来的部分温州商人会建立起一个核心

---

[1] Hogg, M. A., Terry, D. J., "Social Identity and Self-Categorization Processes in Organizational Contexts", *Academy of Management Review*, Vol. 25, No. 1, 2000, pp. 238-256.

圈，每个节点会搜集各自资源为这个网络贡献力量，随着后续成员的加入，网络扩展并形成正式的商会组织，网络的密度、连通性和层级性对网络成员的联系、交际水平和信息交换都产生影响，拥有丰富信息和资源连结的成员会成为商会的领导层，这也解释了很多企业家乐于担任商会领导的原因。商会对外的政治地位和影响力也是温商群体的主要目标，从最初的财力向政治影响力扩展，而商会主要领导成了这个群体的主要代言人，很多温籍商会和协会领导频频出现在当地媒体，这种影响力增加了本地人的认同感，会为温商群体发展带来积极影响。

从社会网络角度来看，占据结构洞和网络核心的人都是商会的关键人物，因此，异地温州商会的领导力主要体现在一些明星企业家以及一些活跃分子身上，他们在协调温州商人内部争端以及对外事务方面都起主要作用，这两者成为温州商会发展的主要驱动力。但未来温州商会的治理应该走出这种传统的社会资本与身份地位建构模式，而应该引入更规范的社会治理模式，比如选举制、民主决策制等，让商会走出个人或小群体的利益格局，赢得更大社会资本和影响力。

四 异地商会兴起的制度空间

（一）政府控制行业协会商会的制度安排

目前的社会组织管理体制使政府控制行业协会商会成为可能。1989年的《社会团体登记管理条例》确立了"双重管理"制度。根据这一制度，任何社会组织在登记注册前都需要找一个业务主管单位审查资格，在得到业务主管单位同意后，才能到登记管理机关申请登记注册。登记注册后，登记管理机关负责监督、检查和处罚，业务主管单位负责日常业务指导。这一体制的重点在于：一方面通过双重的准入门槛提高社会组织获得合法身份的难度，从而限制其活动和发展；另一方面通过不同政府部门分别负责的双重体制分散社会组织活动可能带来的风险。实际上，双重管理体制被简化为一种政治把关和责任共担的分权机制，无论是业务主管单位还是登记管理机制，其首要目标都是降低政治风险和规避责任（王名、刘求实，2010）。通过"双重管理"制度，行业协会商会被置于政府部门的直接控制之下。

（二）温州和各地政府的支持与引导

民间组织的产生和发展，与一定的政治结构的性质是分不开的，只有在一定的政治结构能容纳它即允许它合法存在的条件下，它才能产生和发展。温州人在全国各地的 245 家异地（地市级以上）商会，就是地方政府（包括各地政府和温州本地政府）共同支持的结果。温州的第一家异地商会是 1995 年 8 月 28 日成立的昆明温州总商会，但商会申请成立之初却遭遇到了体制障碍。根据当时的社团登记管理条例，政府事实上不鼓励成立异地商会和同乡会性质的民间社团，有关部门还担心温州人成为帮派、扰乱市场；同时，对经济组织政治化的担忧始终存在。此后整整一年多，经发起者和温州市经协办（现为温州市国内经济合作办公室）等部门多方努力之下，云南省的民政局终于允许其登记，这是新中国成立后第一个合法登记的异地民间商会。

出于实施开放型经济发展战略、促进国内外合作的需要，温州市委市政府从一开始就支持在外工商业者自发依法建立温州商会，甚至提出"先发展，后质量"的思路，加快促成异地温州商会的建会。2000 年 5 月，温州市委市政府下发《关于加强对外地温州商会工作指导的若干意见》，就如何加强对外地温州商会的联络、服务和指导提出系统要求，对引导外地温州商会坚持为会员服务、为两地经济发展服务，创造性地开展工作，提出了指导性意见，要求全市各级党委、政府把外地温州商会和在外温州人工作作为一项新的重要工作提到议事日程上来。同年 7 月，温州市政府办公室又下发了《关于加强在外温州商会规范化建设有关问题的通知》，对在外的各地温州商会工作起到了十分重要的指导作用。2012 年，温州市又出台新的《加强和改进异地温州商会规范化建设》的指导性意见，对应的政府职能部门经合办也制定出台了相应的实施意见和政策建议。2014 年 10 月，陕西省温州商会成立，这是第一家以温州市委市政府实施意见为指导成立的省级温州商会。根据温州市委市政府的计划，2016 年将完成 10 个省级温州商会的组建工作，并争取再用两年时间实现省级温州商会全面覆盖。

第四节　内外商会协同促进温州人经济发展

　　温州商会具有凝结在外温州人乡情乡谊、增强在外温州人温州意识的重要作用，是形成、发展和凝结温州人经济的重要纽带，在温州人经济的形成、发展和凝结中扮演了重要角色。温州商会有利于温商之间、温商和温州本土之间良好信任和网络关系的形成，既是凝聚所在地温商、促进所在地温商互帮互助的交流沟通平台，也是促进和加强分布世界各地的温商之间、在外温商和温州本土之间交流融合的推进器，更是凝聚温商精神、形成温州人经济网络的重要纽带。它们在在外温商身上留下了深刻的温州烙印，也是事实上时刻提醒在外温商牢记其温州人身份的"警醒器"。可以说，正是温州商会的极大发展，加强了在外温州人经济之间以及在外温州人经济和温州区域经济之间的联系，使温商群体完全不同于任何其他地区走出去的商人商帮群体那种松散的经济结构，而是事实上将海内外温商和温州区域经济一起凝结成了一个完整的经济体，即"温州人经济"。

一　内外商会协同促进温州人经济发展的机制路径

（一）内外商会促进温州人经济发展的机制路径

1. 是连接内外温州人的情感纽带

　　从1995年成立第一个异地温州商会——昆明温州总商会至今，温州商会已经整整走过20载。这20年如雨后春笋般崛起的异地温州商会，越来越成为在外温州人共续乡谊、凝聚乡情的坚固平台。从最初"互帮互助、抱团取暖"的朴素愿望，到"共建品牌"的现代化蜕变，再到如今成为商行天下、善行天下、反哺家乡的"桥头堡"，异地温州商会不断实现着自己一个个创造性的华丽转身。乡谊凝聚乡情，乡情迸发力量，站在20年的时间节点上，几百万在外温商正继续用他们特有的情怀续写新的篇章，而在他们的发展过程中，正是在外温州商会时刻将他们与区域温州连接在一起，成为强化在外温州人乡情乡谊的情感纽带。

2. 是聚合内外温州人各类优质资源的桥梁

温州商会，是温州商人继"温州模式"之后又一创举。在纽约、洛杉矶、温哥华、东京、多伦多、伦敦、米兰、罗马等国际大都市，都有温州商会的足迹，而商会在中国本土更是雷厉风行、叱咤风云。东起丹东、西至阿拉伯山口、南越三亚、北及漠河，温州商会巨大的凝聚力和影响力越来越为国内国际商界所重视。目前，有70多万温州人在世界131个国家和地区创业发展，有180多万温州人在全国各地创业。"十一五"期间，在外温州人在全国各地实业投资累计超过3000亿元，创办工业企业3万多家，创办各类市场2000多个，建立了覆盖全国、连接世界的温州人市场营销网络。温州商会作为一个能聚合内外温州人各类优质资源的有力抓手，为全球温商提供了各类信息、创业项目、人脉网络等资源，在在外温商的创业发展中起到了重要作用，成为聚合内外温州人优质资源、促进内外温州人经济发展的重要桥梁。

3. 是协调企业与地方经济发展的重要力量

2015年4月3日，全国温州商会总会正式成立。之所以成立全国温州商会总会，主要是基于以下考虑：目前全国各地已成立了262家地市级以上温州商会，但总体来说，比较零散单一，通过这样的方式，能够把单一商会打造成集群式创新商会，有利于商会规范提升。更为重要的一点是，能让内外商会形成良好呼应，促进温商回归，集聚更多温商回归创业，助推温州赶超发展。

温州商会在温州人经济反哺温州经济方面发挥先锋和桥梁作用。依托商会网络，有计划有选择地举办一些招商推介活动，有重点地开展招商活动，宣传介绍温州的情况，帮助开展前期准备和项目对接工作，切实提高招商质量，促进整合、回笼分散在外的资金为温州所用（张苗荧，2009）。

为了充分发挥温商数量多、温州商会分布范围广的独特优势，2014年温州市经合办（招商局）改变以往大兵团作战的方式，首创开展了异地温州商会组团分期分批回乡投资考察的活动，且每批考察团都受到了温州市委市政府主要领导的接见，在有效促进温商回归的同时，增强了在外温商对区域温州的认同感。据统计，2014年全年，温州累计接待异地考察团 45 批次、1602 人次，其中接待上海等异地温州商会回乡投资考察 17 批次、732 人次，接待海外侨领侨团、台商考察团等 28 批次。异地温州商会组团回乡考察活动的开展，使温商回归工作全年保持浓厚氛围，使广大温商看到了回归发展的巨大商机。

案例　齐齐哈尔市温州商会促进齐市与温州两地经济技术合作与经贸洽谈[①]

在齐齐哈尔，只要提到温州人，大家都会竖起大拇指，不仅因为温州人会赚钱，更是因为看到了温州人的爱心。自齐齐哈尔温州商会成立起，会长章国龙就和商会会员一起以实际行动积极塑造温州人的良好形象。关心和关注贫困学生是齐齐哈尔市温州商会每年都坚持的爱心活动，每年年底，会长和会员们都坚持亲自将慰问品送到贫困家庭手中。2011 年 6 月，世界温州人微笑联盟走进齐齐哈尔，当章国龙和商会领导班子知道此事后，马上组织人员配合"微笑行动"，商会还积极走访聋哑学校、社会福利院、拥军家庭等。

几年来，齐齐哈尔市温州商会不仅积极打造良好的温州人形象，更积极构建齐温两地在经济上的合作与交流。2008 年 11 月，在商会的努力下，温州市与齐齐哈尔市签订缔结友好合作关系协议书，双方将建立多领域、全方位、长期稳定的友好合作关系。温州商会还不定期组织邀请温商来齐市考察观光，并积极促成温州籍项目在鹤城落地生根，如亨达利眼镜公司、江南阀门销售有限公司、联达房地产公司等。同时也组织了一些经贸项目推介会，加强了齐温两地的相互了解，为齐市与温州两地之间的经济技术合作和经贸洽谈架起了桥梁。

[①] 章国龙、施莉：《齐齐哈尔市温州商会："北国"之春》，《世界温州人》2013 年第 5 期，第 23—25 页。

（二）温州进一步提升温州商会促进温州人经济发展能力的政策举措

为进一步发挥在外温州人（以下简称温商）优势，支持温商创业创新，促进温州转型发展，推进内外温州人良性互动，也为了进一步加强和提升温州商会促进温州人经济发展的能力建设，2012年温州市委市政府出台《关于推进内外温州人经济互动的指导意见》（以下简称《指导意见》）。《指导意见》明确了推进内外温州人经济互动的指导思想、基本原则、主要任务和保障措施，指出要紧紧把握经济全球化深入发展的新格局，立足温州对外开放的新要求，以提升温商国际化、网络化水平为重点，以温州商会为网络节点，努力构筑温商总部基地，提升温州商会促进温州人经济发展的能力，推进内外温州人良性互动发展，助推温州经济社会转型发展。文件要求，温州全市有关牵头部门要根据各自职责，制订相应的实施方案，为温商回归提供更多的优惠政策和优质服务；加大宣传力度，提高温商美誉度，树立温商品牌和温州城市品牌；完善市领导挂钩联系温州商会制度，制定出台温州商会促进温商回归的奖励政策，对做出突出贡献的温商和温州商会进行表彰和奖励。

1. 推进温商总部基地建设

积极做好吸引温商回归、搭建对接平台、加强信息沟通、培育温商跨国公司、拓展营销网络、吸引资本集聚等工作。2015年4月3日，在温州市委市政府的大力支持和推动下，全国温州商会总会正式成立。新成立的全国温州商会总会的工作职能主要包括以下几个方面：第一，推动政府与异地温州商会、在外温商企业互动，及时了解它们的建议和要求，发挥在外温商的优势，集聚、整合温商资源参与家乡建设；第二，加强温商信息库建设，及时了解在外温商的信息，维护来温投资者的合法权益；第三，协助做好异地温州商会、在外温商回乡投资考察的服务保障工作，及时跟进他们在行动上和心理上的要求和想法；第四，通过与在外温州商会的沟通联系，积极促进和服务于在外温商发展，为在外温商发展提供资金、技术、人才、信息和市场支持，当好在外温商发展的"娘家"。

2. 完善交流合作机制

为有效促进在外温州商会和在外温州人与区域温州之间的联系，有效提升在外温州商会服务于在外温商、促进在外温商和温州区域之间联系，促进温州人经济发展的能力，温州市委市政府积极举办世界温州人大会、"世界温商高端论坛""温商对话世界500强"等高端活动，同时还积极组织世界温州人经济理论研修班和温商、华侨新生代培训班，筹建双边企业家理事会、搭建IP云呼叫信息互通平台，积极通过各种形式的交流、合作、培训和会议等，为促进内外温州人良性互动、提升温州商会的服务能力搭起高效的沟通平台。

3. 开展借智引才活动

如何有效促进更年轻优质的在外"温二代"和"温三代"温州人经济发展，增强在外"温二代"和"温三代"对区域温州的认同感，鼓励和促进在外"温二代"和"温三代"回归创业发展，是有效促进和凝结温州人经济必须着力考虑的重要问题，也是温州人经济能否长期持续、真正形成的关键问题。为此，温州市委市政府积极完善智力返乡机制、增设人才联络站、加强人才联谊，为在外温商提供更多的温州科教文卫等方面的信息和资源，通过这些活动增强和在外温商之间的联系，尤其是增强和在外"温二代"和"温三代"之间的联系。为此，要积极开展在外温商的普查工作，全面摸清在外温商及各方面人才的基本情况，建立起较为完备的在外温州人才的资源信息库。

4. 实施回归寻根工程

为促进温商回归尤其是海外温商回归，增强海外温商温州认同感和联系度，温州市委市政府和在外温州商会多方联系，积极推动举办温籍华裔青少年"中国寻根之旅"夏令营等多种活动，多层次、全方位引导温商子女回温寻根和就学创业。通过回归寻根工程，在文化和心理层面连接内外温州人网络，为温州人经济的发展提供持续性动力。此外，温州市委市政府还积极建设世界温州人博物馆，全面展示优秀温州人、温商的事迹和精神，增强在外温商的荣誉感和亲情感。目前，温州市委市政府和民间有识之士还在积极推动兴办温州华侨大学，希望通过温州华侨大学进一步凝结温州和在外温商，尤其是温州和海外温州人之间的联系，增强对海外温州人子女的乡情亲情教育，提升海外"温二代""温三代"等对区域温州的认同感和亲近感，强化温州人经济的血脉亲情基础。

二 商会通过公共政策参与优化内外温州人经济发展环境

温州商会具有公共政策参与的优良传统。清光绪三十二年温州府商会成立时，就以"保卫商业，开通商情"为目的，但在成立后，商会并不限于维护工商业者利益，而是承担起诸多领域的社会责任。据史书记载，1911年，温州水旱交加，民食窘乏，几有不保夕之势。[①] 财主殷户米铺乘机抬高粮价，遂酿成抢米风潮。在当局主张"严惩暴民，格杀勿论"的情况下，当时商会总理余朝绅挺身而出，与之力争，提出建议。由于商会出面调解，及时实施有效措施，使抢米风潮得以平息，后来商会还参与慈善救济等城市社会保障活动。1919年秋，温州府商会还创立普安施医院药局，筹建瓯海医院，于是温州城区出现了第一所中国人自己创办的西医院。

发展到今天的温州，由于中小企业众多，"低、小、散"现象普遍，企业环境污染严重。就环境治理来说，行业协会协调和协会行业内企业参与环境治理可带来可观的社会效益，此项职能的履行具有较强的公共性。一些行业协会具有较强的协调能力，在行业环境治理中享有政府和市场所不具备的独特优势，它们积极参与行业环境治理并取得了显著成果，推动了行业的可持续发展。对于这些行业协会，政府应在财政及其他方面予以积极支持。因此，政府可根据行业协会职能履行的公共性程度，明确政府与行业协会的职能边界及职能履行成本的负担方式。对于公共性弱的职能，履行成本应该由行业协会自筹；对于公共性较强的职能，履行成本应该由政府承担；对于公共性中等的职能，履行成本应该由政府与行业协会共同承担。但职能履行的成本承担者和服务提供者可以分离。也就是说，如果政府是成本承担者，而行业协会在提供服务方面享有比较优势，政府就应该购买行业协会的服务。

[①] 郁建兴、江华、周俊：《在参与中成长的中国公民社会：基于浙江温州商会的研究》，浙江大学出版社2008年版，第141页。

案例 温州行业协会参与环境治理的做法和经验[①]

行业协会协调企业以自愿方式通过技术革新等手段提升环境绩效是政府主导性环境监管体制的一种重要补充。其有效参与环境治理为实现环境绩效、行业发展和企业效益的多赢提供了可能。

做法一：协调产学研，搭建行业共性技术平台，推进清洁生产技术的研发与应用。行业协会牵头联系高校、科研机构及行业内的骨干企业，搭建行业共性技术平台，推动清洁生产技术的研发和应用，以提升行业的技术创新水平，促进行业转型升级。温州合成革行业协会是一个较为突出的例子。

温州是全国最大的合成革生产基地，并被授予"中国合成革之都"的荣誉称号。但合成革生产使用溶剂型聚氨酯浆料，产生大量"三废"。由于合成革污染治理成本较高，单个企业因规模效应和技术问题而不愿意对"三废"进行无害化处理。在公众和政府的压力下，同时也是出于合成革行业长远发展的考虑，2002年由合成革商会牵头联系同济大学及有关科研单位，研发DMF废气净化回收装置。不久即成功研制了废气回收塔，通过集中处理废气，形成可用于合成革企业生产用的溶剂。这是一种典型的循环经济。企业仅用三个月便可收回该设备的投资成本，并从中获取可观的经济效益。合成革商会2004年起在整个行业内推广该回收装置。目前，温州市合成革行业所有企业都已安装DMF废气净化回收装置，废气回收率在98%以上。此外，合成革商会还投资1100万元，于2007年建成合成革固废（残液）无害化处理中心，这是全国合成革行业首例行业性固废（残液）无害化处理机构。

合成革商会参与环境治理取得了良好的环境和社会效益，同时推进了整个行业的技术升级。行业内的企业也获得了可观的经济效益，仅"三废"治理每年可降低生产成本约2亿元。国家环保局对温州市

[①] 根据江华、张建民的《行业协会实施自愿性环境治理的温州经验》（《中国社会组织》2010年第10期，第57—58页）及协会调研报告整理。

合成革行业的环境治理方式予以高度评价,认为通过行业协会推动行业治污可能是未来环境治理工作的重要方向。

做法二:推动行业整合和园区化建设,实行集中生产、集中治污,提升规模经济。一些行业具有"低、小、散"的特征,如电镀、模具等行业。行业协会通过制订行业发展规划,牵头协调行业整合,在政府相关部门的支持下推进园区化建设,实行集中治污,提升规模效应。温州电镀行业协会是个较为突出的例子。

电镀行业服务于轻工制造业。由于电镀过程伴随着有毒有害物质的产生,行业发展的同时带来了严重的环境污染问题。据统计,2005年废水排放总量在900万吨左右。温州市电镀协会主要通过制订行业发展规划,推动行业整合和创建园区化生产基地来治理污染问题。2006年生产企业由原来的744家降到564家,1万升以下电镀企业淘汰整合率在90%以上。同时,电镀协会争取到浙江省政府破例特批2000亩土地用于电镀基地建设,在园区建立电镀污水处理工程,以实现集中治污。通过这些措施,温州电镀行业摘掉了"环境污染重点严管区"的帽子,并从"低、小、散"逐步转向集中成片生产和集聚规模化方向发展。环保部门对电镀污染水域的检测表明,氰化物及六价铬含量减少了80%,重金属含量减少了近70%。

在该例中,行业协会通过制订园区化发展规划,推动了行业内企业的整合,实现了集中治污,取得了良好的环境治理效果。整合也推进了整个行业的良性发展,减少了无视环境成本的无序竞争。集中治污也大大降低了企业的污染治理成本。

做法三:利用信息优势和沟通优势,在会员企业中推广既有的环保技术或产品。温州市鞋革行业协会推广无毒水性胶在皮鞋制作中的运用便是一个很好的例子。

2008年之前,皮鞋生产企业普遍使用溶剂聚氨酯胶作为胶水。该胶水含苯,排入水体后,会对环境造成严重污染,而且储存和运输都存在一定风险。在生产过程中,由于易挥发的特点,生产工人需要戴防毒口罩。温州市鞋革行业协会会员企业红蜻蜓集团于2008年率先在全国皮鞋制造企业中使用环保水性胶制鞋。虽然水性胶的价格比溶剂胶高出4—5倍,但红蜻蜓的实践证明,运用无毒水性胶水首期一次性只需投入 30 万元左右，但每年至少为企业节约材料成本 200 多万元，此外，还节约了大量的电费、人力成本以及污染源处理等费用。经国家有关检测部门认定，使用水性胶后皮鞋生产车间空气中的有害气体基本消失。

在了解了红蜻蜓集团的创新之后，温州市鞋革行业协会多次推广无毒水性胶水在皮鞋制造企业中的运用，在协会的年度会员大会上宣传该产品，并将支持与推广红蜻蜓水性胶水列为温州市鞋革产业转型升级的重要项目之一。在协会的推介努力下，众多温州制鞋企业采用了环保水性胶。这既保护了环境，又使企业节省生产成本，同时又使数以万计的工人免于有毒气体的伤害。

行业协会参与环境治理取得了十分显著的效果，其成功的关键因素是行业协会凭借其优势，在环境保护、产业发展和企业效益三者间找到了共赢的结合点。无论是通过行业共性技术平台研制清洁生产技术，还是企业整合、集中治污，或是推介环保产品，它们的共性是既有利于环境保护，采用新技术或新产品的企业又能从中获取经济效益，有助于行业转型升级。成功的另一重要原因是行业协会自身的治理能力和凝聚力。这些行业协会具有良好的内部治理结构，致力于为企业和行业发展服务，在会员企业中享有较高的可信度和公信力。最后，政府相关部门的大力扶持也是行业协会成功参与环境治理的重要因素，园区建设和集中治污需要政府相关部门在土地审批等多方面的支持。

三　商会承接政府职能转移以促进温州人经济发展

20 世纪 80 年代，随着我国行政机构改革、政府职能转变的开展，大批行业协会（商会）出现，各级政府开始将原来由政府承担的行业管理和服务职能逐步向行业协会（商会）转移，行业协会（商会）作为现代市场经济中有别于市场和政府的"第三部门"也开始在推进行业健康发展方面发挥重要作用。在民营经济发达的温州地区，作为行业利益代表的行业协会（商会）无疑是政府职能转移的首选主体。改革开放以来，行业协会（商会）在沟通企业和政府、加强行业自律、开拓国内外市场、打造区域品牌等方面发挥了不可或缺的作用。

政府职能向行业协会转移，符合服务型政府建设和行业协会管理体制改革的总体趋势。通过职能转移和公共服务购买，政府专注于行业全局性、战略性的决策、规划和审批工作，可增强行业主管部门的宏观调控和指导能力。同时，政府购买行业协会服务还可以有效缓解经费、人员等资源匮乏这一制约行业协会发展的主要问题，有利于行业协会的培育与发展。行业协会虽然民间化程度较高，但对政府依然存在一定程度的依附性，在参与公共服务中处于被动地位，政府部分职能向行业协会转移，无疑是理顺政会关系的有效途径，可以改善行业协会与政府间的协作关系，同时增强行业协会服务企业的能力，提高行业协会在行业管理中的地位，与政府和企业形成合力，共同构成完善的行业管理体制。

自20世纪80年代后期以来，行业协会在参与行业管理和职能履行方面积累了广泛的经验，行业协会承接转移部分职能的平台条件已经基本成熟。行业协会的整体实力不断增强，实际履行的职能不断拓展。部分行业协会已具备较强的服务意识，在向会员企业提供服务方面积累了不少经验，在行业中也有一定的地位和影响力。为政府向行业协会转移服务提供了良好的起始条件。行业协会与政府合作的积极性较高。政会分开工作基本完成后，一方面，行业协会的自主性和自主意识有了较大的提高，对行业公共事务的参与意识进一步增强；另一方面，财力、人力和物力紧张等制约协会发展的"瓶颈"因素也日益凸显，促使协会努力实现收入渠道的多元化，提高自身的资源汲取能力。在双方平等的前提下，大部分行业协会都愿意加强与政府的合作。

四 进一步加强内外温州商会建设的思路举措

（一）创新异地商会管理体制的可能思路

在强政府、弱社会的大环境下，民间商会的发展很大程度上依赖于政府的制度供给。异地温州商会的"超前"发展挑战了相关法规和政策的权威与合法性，制度滞后导致异地温州商会在发展中出现代表性不足、寡头化和政治依附性较强等问题。针对异地温州商会的蓬勃发展，当务之急是完善异地温州商会的管理体制，推进和规范异地温州商会的发展。

首先，积极推进《商会法》立法，重新定义异地温州商会。1998年的《社会团体登记管理条例》仅是一部程序性法规，未对包括商会、行业组织在内的各种社会团体、非营利互益性组织的性质、职能、权利、义务、治理结构等做出明确具体的法理规定，这种简单笼统的立法条文远远不能满足社会组织发展的现实需要。当前，应积极制定专门的《商会法》，对商会的法律性质、法律地位、基本职能、法律责任等做出相关规定。同时，在与法律不相抵触的情况下，允许地方政府根据当地实际情况，因地制宜地制定地方性法规、规章，以增强法律法规的可操作性。

其次，废除登记在省原则，积极鼓励地市级商会的建设。在异地商会的概念中，"异地"一词的内涵在民政部的定义中仅用来指外省。从异地商会发展的态势和需要来看，异地商会应该被定义为一行政区域内的工商业者在另一行政区域内所成立的经济社团。这包括两层含义：异地商会的会员不是仅限于单位，也包括工商业者。这样可以扩大会员的覆盖面，使中小工商业者有入会的机会。异地商会会员来源地与旅居地之间没有隶属关系。如所有浙江之外的地区都可以成立浙江商会，所有温州之外的地区都可以成立温州商会，所有温州所属县（市、区）之外的地区都可以成立以县（市、区）命名的商会；既可以按来源地行政区域成立异地商会，也可以按旅居地行政区域成立异地商会。因此，必须废除登记在省原则和单位会员的规定，异地商会可以在各级民政部门登记成立。

再次，推动异地商会的归口管理。建议全国工商联联合民政部制定《异地商会管理办法》，统一规范全国不同层次异地商会管理行为，确立异地商会创业地管理和原籍地管理相结合，以创业地管理为主、原籍地管理为辅的原则。以科学管理、重在培育、有利于发挥异地商会作用为出发点，对异地商会的生成条件、内部治理、组织结构、财务管理、税收优惠、劳动合同、捐赠公益、财产保护、公平竞争、解体合并、监督评估、法律责任等方面予以统一的明确规定，各省可根据《异地商会管理办法》出台相应的《异地商会管理实施细则》，鼓励和引导各地异地商会在法制轨道上有序发展。建议将各地异地商会纳入全国工商联的组织体系，作为各级工商联的团体会员单位，形成全国统一、归口工商联分级管理异地商会的管理体系。工商联是人民政协的成员单位，可以通过履行政治协商、参政议政、民主监督的职能反映和表达异地商会的诉求和主张，为异地商会会员企业代表等非公有经济人士提供合理的政治安排和利益表达渠道，从而为异地商会等非公经济参与政策制定和政府治理争取了话语权；同时，作为特殊的商会组织形式，异地商会具有强烈的"地缘"特色。这种"地缘"使异地商会具有与创业地以及籍贯地之间保持紧密、便捷联络的独特优势，这种优势的发挥需要一个统一的组织系统去协调、沟通两地之间的政府、商业及民间往来。工商联系统组织机构齐全，管理统一，截至2012年年底，全国工商联共建立有地方组织3345个，基层组织26359个，已形成覆盖全国的组织网络。工商联完备的组织体系和专门的人才队伍恰好契合了这种需求。据了解，截至2011年7月，全国32个省级工商联中已有28个已被授权为社团业务主管单位。基于此，在全国范围内，进一步建立和完善异地商会归口工商联分级管理制度有着极大的可行性和现实可操作性。

最后，建立结构合理的异地温州商会组织体系。一是理顺异地温州商会中省域、地市域和县市区域的相互关系。在省级区域范围的温州总商会和市级区域范围的温州商会并存的区域，应在省级区域范围总商会的工作指导下发展更多的地市级区域范围的温州商会，省级总商会应该在市级商会成立工作的指导、区域之间的协调等方面起到牵头和指导作用，地市级商会应以常务副会长名义集体加入省级总商会。由于省级总商会的基本活动和影响力也主要在省城范围，其会员范围也不易扩展。而对于县级或更低层级地域的情况，不建议成立县级或更低层级地域的温州分会。二是鼓励有条件的异地温州商会进行行业细分。根据工作的需要，可设立办事机构或分支（代表）机构。分支机构可按经营地县级行政区划名义或专业、行业的不同设立，原则上不得按原籍地的行政区划设立。在强政府、弱社会的大环境下，民间商会的发展很大程度上依赖于政府的制度供给。异地商会的超前发展挑战了相关法规和政策的权威与合法性，制度滞后导致异地商会发展中出现代表性不足、寡头化现象和政治依附性等问题。针对异地商会的蓬勃发展，当务之急是完善异地商会的管理体制，推进和规范异地商会的发展。三是限制异地温州商会的区域划分，以避免商会的碎片化。经济发达地区的一些商会，还按照温商来源地，继续细分成立县（市、区）的商会，出现同一个商会会员加入多个商会的现实情况，造成的结果是会费的重复收缴，导致商会组织的碎片化和商会领导之间的不正当竞争，这些都不利于商会治理和影响力的发挥。四是探索试行商会区域化协调机制。以2013年福建省域温州商会会长论坛为例，区域商会之间除了目前的交流形式，还在商会建设、温商发展、区域合作等方面进行合作协调。闽商会如何处理与政府、媒体、其他社会组织的公共关系，如何通过抱团实现商会和温商的可持续发展，新形势下商会会长如何提高服务意识和奉献精神等问题引起与会人员的强烈共鸣。此次论坛对于激发福建省内各地温州商会参与海西经济区建设和温商回归工程的热情，对于探索全国各地温州商会区域化协调机制，起到重要的推动作用。

（二）厘清政府和商会的职能边界，以政府购买服务等形式推进政府职能转变并加强绩效评估

（1）为了推进异地温州商会治理结构的完善，需要规范商会的职能边界，加强对商会治理的绩效评估。从异地温州商会的运行可见，一些商会没有真正履行服务会员的职能，有的商会领导者甚至将商会变成小团体牟利的工具，有的为了商会利益而侵犯公共利益，这是作为利益集团的商会所难以避免的。导致这一现象的根本原因是，当前无论是国家还是地方都没有出台关于异地商会管理的具体细则或具有可操作性的管理办法，因而无法确定异地商会的职能边界，也无法有效规范异地商会的运行。为解决异地商会的"虚位"和"越位"问题，首先，需要政府重新定位，明确政府与商会的职能边界；其次，要由政府制定一套管理办法，明确异地温州商会所应该履行的职能；最后，应由政府委托第三方机构对商会进行治理绩效评估，监督商会按章程运行，认真履行商会服务会员的职能，增强商会运行的透明度、诚信度和公信力。对于那些职能偏离、权力越位和制度不完善的商会，政府应该督促其立即纠正；对于瘫痪或偏离非营利组织目标的商会，政府应依法予以取缔。

（2）建立协调机制，转变政府职能。在温州市内商会管理体制

上，温州市经合办（招商局）是联络、协调、服务、指导、评价异地温州商会的职能部门，因此，温州市经合办要认真履行职责，加强与各异地温州商会的沟通协调，指导其按照社团组织登记管理条例和商会章程，依法组建，规范运作。同时，要加强对商会会长和秘书长的培训，提高其工作能力和水平，健全联系商会工作制度。赋予区位优势突出的异地温州商会承担市政府驻外办事机构和招商引资联络处的职能，充分发挥商会（联络处）的招商引资作用，大力推进"温商回归工程"的实施。对促进温商回归做出积极贡献并取得显著成效的异地温州商会（联络处），采取以奖代补的形式给予工作经费奖励。

（3）以购买服务推进政府职能转变，充分调动异地商会的功能和作用。以商会为平台，积极拓展工作途径，协调所在地行业协会、外来人口管理及工商部门的支持和帮助；发动会员及会员企业协助工作，在进一步完善已入会温商信息的同时，不断吸纳游离在商会之外的实力温商、知名温商入会，扩大信息覆盖面。调查了解所在地温州人基本情况，并以商会为单位建立以温商为重点的在外温州人信息库。通过以政府专款下拨的方式购买商会服务，专款专用，保证信息库建设的顺利落实。

（三）加强和引导商会（侨团）完善内部治理结构，强化商会（侨团）自身建设

1. 改善内部治理结构

按照科学的法人治理结构规范异地温州商会，推动异地温州商会实行民主选举、监督的运作机制。明确会员代表大会、理事会、会长、秘书长的权利与职责，理事会成员严格按照民主程序选举产生，会长、秘书长不得从同一企业产生。设立相应的监事会或监事，监事由会员大会或会员代表大会选举产生，理事会成员不得兼任监事。民主选举产生异地温州商会领导班子成员，会长任期一般不得超过两届，届满应及时选举产生新的领导班子。设立监事或监事会，向会员（会员代表）大会负责，理事不得兼任监事。不断提高商会领导和专职人员的自身素质，建设一支懂专业、高素质的职业管理队伍。工作人员实行全员聘任制，面向社会公开招聘，并订立劳动合同。优化人员年龄、专业结构，加强专业培训，提高服务水平，实现工作人员的

职业化。

2. 完善内部治理机制

严格按照商会章程，加强制度化建设，建立健全选举、会员代表大会、理事会、监事会、财务管理以及分支机构、代表机构管理、重大活动报告和信息披露等内部治理制度，形成民主选举、民主决策、民主管理、民主监督、独立自主、规范有序的运作机制，激发商会的活力。商会应独立建账立户，严格依法遵章理财，不得在会员中分配其财产，也不得将其财产挪作他用；每年应制作财务预决算报告，提交理事会和会员代表大会审议；应接受会员、监事、捐赠人、资助人对财务状况的查询，并确保相关资料的真实、完整；在换届、变更法定代表人、注销清算时应进行财务审计。

3. 提升商会影响力和公信力

以优质服务不断吸纳新会员，扩充新力量，扩大覆盖面，全面提升影响力和代表性，努力打造商会知名品牌。积极开展诚信自律活动，建立信用服务机制，增强会员约束力，提高商会公信力。依法对会员企业的各种不良行为采取警告、业内批评、同业制裁、取消会员资格等惩戒措施，并建议有关部门依法查处。依法开展行业发牌认证、评优评奖等活动，增强各类市场主体的诚信和守法意识，强化商会品牌意识。

4. 商会运作的专业化和商会提升的精英化

建立健全内部组织机构和日常工作机构，应配备两名以上的专职工作人员，秘书长应为专职，负责日常工作。商会发展的广泛化，提高入会率。异地温州商会应以单位会员为主，广泛吸收温籍企业和个体工商户等经营性单位入会。异地温州商会应设置会员名册并及时更新。建立健全会员管理、财务管理等规章制度并认真执行，确保各项事务处理有章可循。商会内部事务和信息应及时予以公开，自觉接受全体会员和社会的监督。商会的灵魂人物应该具有五大特质：第一，熟知国家方针政策，能够把握未来的发展趋势。第二，要有决策能力，用好人。第三，有前瞻性思维，有战略性眼光，有领袖式胸襟。第四，在个人素质方面，要有包容的心态，要大气，具有高尚的人格。企业是靠规章制度管人，而商会是靠核心领导层的人格魅力。第五，这个灵魂人物不仅是成功的企业家，更应是慈善家、社会活动家，具有政治家的胸怀和方略。

（四）创新温州商会党组织建设，提升商会的凝聚力

在温州市成立市委温州商会党工委，在温州商会相对集中的异地建立在外温州商会党工委，在温州商会建立党组织。截至2012年年底，市委已成立5个在外温州商会党工委，78家异地温州商会党组织。注重规范在外温州商会党工委"职责任务、班子选配和制度建设"三项工作。规范职责任务，明确在外温州商会党工委肩负指导所属商会党组织工作，加强流动党员教育管理，主动配合当地党委、政府工作等七方面职责任务；规范班子选配，明确在外温州商会党工委班子人选的具体标准和选配程序；规范工作制度，明确党工委议事规则、工作例会等各项制度。由温州商会党工委牵头组织在外温州商会党工委和商会党组织共同搭建了"信息发布、内外互动、人才培养和交流沟通"四个平台。信息发布平台，由温州商会党工委收集市经信委、发改委、商务局、招商局以及部分县区和功能区的招商引资政策信息，及时发送给在外商会党工委、党组织，做到信息互通共享；内外互动平台，由温州商会党工委组织，一般每半年召开一次商会党建工作会议，部署指导工作，推动经验交流，加强家乡与他乡党建工作互动；人才培养平台，与市委党校和部分高等院校合作，举办党务工作者培训班，加强对商会党务人员的教育培训；沟通交流平台，依托温州党建网和温州市党务工作者之家网，设立在外温州商会党建工作栏目，搭建交流平台。

（五）以温州会馆等有形载体为抓手，推动在外温州人家园建设

围绕"塑造温商精神、传承温州文化、扩大温州影响"的要求，紧紧依托全国各地温州商会平台，以温州会馆等创新性载体为抓手，推进在外温州人家园建设，培养在外温州人的认同感和归属感。

1. 坚持"政府倡导、商会主体、温商参与、协作共建"的原则

温州市政府应根据温州区域经济发展的需要和异地温州商会建设的实际，倡导建设温州会馆，编制会馆建设发展规划，明确目标任务和基本要求，指定职能部门指导实施。协助商会加强与当地政府的联系，争取给予政策支持。各商会在温州市政府及当地政府（以下简称

两地政府）及相关部门的指导下，要抓住机遇，利用自身的资源优势，发挥主体作用，引导鼓励商会会员（企业）积极支持、参与会馆建设。

2. 重点落实、分批推进

力争通过5年努力，打造一批以"温州会馆"为标志且影响力较大的优质异地温州商会，完善以省会和副省级城市商会为骨干，覆盖全国80%以上地（市）级城市、面向全球的异地温州商会组织网络。

3. 发挥榜样作用和示范效应，规范和提升商会建设

建设温州会馆既是在外温州人的新创举，也是异地温州商会规范提升建设的新型载体，要发动广大在外温州人以不同形式积极参与，聚集更多力量支持会馆建设。

4. 出台和完善温州会馆建设的评价机制

推动在外200多家异地温州商会（地市级以上）建立温州会馆的工作是一项长期工程，应该出台一项包括指导方、建设主体和第三方在内的评价机制，以保障其公平和示范效应。

（六）完善商会（侨团）规范化建设的激励机制和监督机制

从实际调研可以看出，虽然近年各地温州商会发展迅速，但商会发展过程中，也存在一定的问题和不规范之处，商会服务会员企业的职能未能得到有效发挥，少数商会领导者甚至把持商会谋一己私利。有必要加强商会治理的激励机制和监督机制建设，促进商会治理的规范化。一是促进商会治理的法治化。目前，温州市已经具备社会治理领域的立法权，为有效推进商会建设，有必要研究制定商会治理监督激励机制建设相关法律法规，尤其是可以制定地方性商会法，促进商会治理的法治化。二是加强商会治理制度化建设。商会服务职能未能有效发挥，与商会内部治理结构的不完善有很大关系，为此，应加强商会内部治理的制度化建设，可以促进商会内部选举制度、监督制度、决策制度、财务制度建设，建立会员参与、公开透明的商会内部治理制度，促进商会内部治理制度的规范化。三是加强商会治理的激励机制建设。将商会内部治理结构的完善程度与政府对商会的职能转移及政策、财政支持相结合，鼓励商会不断完善自身管理制度和治理结构。

本章小结

本章主要论述温州商会在促进温州人经济发展中的作用。温州商会既是温州模式一大特色,也是我国整个商社团体中最具代表性的组织之一。随着"温州模式"概念在全国范围内的拓展,越来越多的人看到了温州商会在温州经济发展中的作用。现在,温州商会已俨然成为行业组织中的一个知名"品牌"。温州商会的发展之所以领先全国,经济因素是民营经济的快速发展及其在全国的扩展,政治上是温州市政府的重视,为行业协会(商会)创造了难得的发展环境。

温商网络具有强联系性、同质性、自组织性等特征,是处于政府和市场之间的一种组织形式,在促进产业发展、服务生产方面具有比较优势。温州商会近些年来,在构建品牌质量、市场调节、共性技术、资源配置等方面取得了显著成效。

温州异地商会蓬勃发展,自 1995 年第一家异地温州商会在昆明成立以来,全国各地经商办厂的温州人纷纷在各个省、市和自治区的大中城市组建异地商会,海外温州人也在全球建立了 270 多个侨团商会,这些商会成为凝结和形成温州人经济的重要纽带,在温州人经济的形成和发展中扮演着重要角色,是温州人经济得以形成的关键性生成要素。

在外温州人的经济发展是驱动力,共同的利益诉求和地缘乡情是基础,而政府政策是制度空间。目前,异地温州商会(侨团)在商会立法、组织体系、归口管理和内部治理等方面还存在亟待解决的诸多问题。温州本土、国内和海外温商商会加强协同、共同促进温州人经济发展。政府方面要积极理顺商会管理体制、创新管理方法,厘清政府和商会的职能边界,加快政府职能向行业协会转移,鼓励商会与政府在利益契合下的公共政策参与性。商会自身要加强和完善内部治理结构,强化商会(侨团)的自身建设,完善商会之间、商会与政府间的交流合作机制,做好吸引温商回归、搭建对接平台、加强信息沟通、培育温商跨国公司、拓展营销网络、吸引资本集聚等工作。

参考文献

一 中文文献

（一）中文专著

[1] 常修泽：《现代企业创新论：中国企业制度创新研究》，天津人民出版社2000年版。

[2] 陈建军：《中国高速增长地域的经济发展：关于江浙模式的研究》，上海人民出版社2000年版。

[3] 洪振宁等主编：《温州改革开放30年》，浙江人民出版社2008年版。

[4] 胡念望：《楠溪江村落文化》，文化艺术出版社1999年版。

[5] 刘国光：《中小企业国际化经营——面对新经济的挑战》，民主与建设出版社2001年版。

[6] 鲁桐：《中国企业跨国经营战略》，经济管理出版社2003年版。

[7] 吕福新等：《浙商的崛起与挑战：改革开放30年》，中国发展出版社2009年版。

[8] 孟韬：《网络视角下产业集群组织研究》，中国社会科学出版社2009年版。

[9] 全国政协文史和学习委员会等：《民营经济的兴起与发展》，中国文史出版社2008年版。

[10] 任映红、孙金波、谢志远：《创新——温州文化演进逻辑》，人民日报出版社2009年版。

[11] 阮吉元、韩俊主编：《中国农村工业化道路》，中国社会科学出版社1993年版。

[12] 史晋川：《制度变迁与经济发展：温州模式研究》，浙江大学出版社2002年版。

[13] 孙雷红：《温州民营企业：国际市场营销对策研究》，黑龙江出版社 2008 年版。

[14] 王柏民、谢建芬、吴玉宗：《治道——温州政治建设路径》，人民日报出版社 2009 年版。

[15] 王尚银：《和谐——温州社会变迁历程》，人民日报出版社 2009 年版。

[16] 温州市统计局：《温州统计年鉴》，中国统计出版社 2014 年版。

[17] 吴敏：《世界温商风云录》，新华出版社 2009 年版。

[18] 奚从清：《温州的发展与发展的温州：我在温州八年的见证与探索》，浙江大学出版社 2013 年版。

[19] 谢浩：《如果没有温州》，新华出版社 2010 年版。

[20] 谢健：《民营中小企业制度创新研究》，新华出版社 2002 年版。

[21] 郁建兴、江华、周俊：《在参与中成长的中国公民社会：基于浙江温州商会的研究》，浙江大学出版社 2008 年版。

[22] 郁建兴等：《行业协会管理》，浙江人民出版社 2010 年版。

[23] 张捷等：《商会治理与市场经济》，经济科学出版社 2010 年版。

[24] 张捷：《全球分工格局与产业结构的新变化——兼论中国沿海发达地区的产业转型升级》，经济科学出版社 2014 年版。

[25] 张仁寿、李红：《温州模式研究》，中国社会科学出版社 1990 年版。

[26] 章志诚主编：《温州市志》（中册），中华书局 1998 年版。

[27] 赵肖为译编：《近代温州社会经济发展概况：瓯海关贸易报告与十年报告译编》，上海三联书店 2014 年版。

[28] 周晓虹：《传统与变迁——江浙农民的社会心理及其近代以来的嬗变》，生活·读书·新知三联书店 1998 年版。

[29] 朱华晟：《浙江产业群——产业网络、成长轨迹与发展动力》，浙江大学出版社 2003 年版。

（二）译著

[1] [美] 藤田昌久、保罗·克鲁格曼、安东尼·J. 维纳布尔斯：《空间经济学——城市、区域与国际贸易》，梁琦主译，中国人民大学出版社 2005 年版。

［2］［美］罗纳德·伯特：《结构洞——竞争的社会结构》，任敏等译，格致出版社 2008 年版。

［3］［美］约瑟夫·熊彼特：《经济发展理论——对于利润、资本、信贷、利息和经济周期的考察》，何畏等译，商务印书馆 1990 年版。

［4］［美］彼得·F. 德鲁克：《创新与创业精神》，张炜译，上海人民出版社 2002 年版。

［5］［美］迈克尔·波特：《国家竞争优势》，李明轩、邱如美译，华夏出版社 2002 年版。

［6］［美］道格拉斯·C. 诺思：《制度、制度变迁与经济绩效》，杭行译，格致出版社、上海三联书店、上海人民出版社 2008 年版。

［7］［美］保罗·克鲁格曼、罗宾·韦尔斯、玛莎·奥尔尼：《克鲁格曼经济学原理》，黄卫平等译，中国人民大学出版社 2011 年版。

（三）期刊

［1］白小虎：《产业分工网络与专业市场演化——以温州苍南再生晴纶市场为例》，《浙江学刊》2010 年第 6 期。

［2］包松、陈湘舸：《由"温州模式"到"温州人模式"探析》，《中国工业经济》2004 年第 5 期。

［3］边燕杰、丘海雄：《企业的社会资本及其功效》，《中国社会科学》2000 年第 2 期。

［4］陈安金、徐明君：《近代温州商会兴起探析》，《浙江社会科学》2010 年第 4 期。

［5］陈安金、王宇：《贯通内圣外王的努力——评永嘉学派的思想历程》，《哲学研究》2002 年第 8 期。

［6］陈宝胜、任宗强：《温州人经济：历史演进、理论逻辑与研究意义》，《技术经济》2015 年第 8 期。

［7］陈国权、曹伟：《人情悖论：人情社会对经济转型的推动与钳制——基于温州模式的历史考察》，《国家行政学院学报》2013 年第 1 期。

［8］陈强：《温州块状经济模式向产业集群转型》，《中国工业报》

2008 年第 5 期。

[9] 陈翊：《社会资本、社会网络与企业家集群——基于宁波和温州的比较研究》，《商业经济与管理》2013 年第 10 期。

[10] 崔力群、刘小京：《温州模式浅谈》，《农业经济丛刊》1986 年第 6 期。

[11] 董辅礽、赵人伟等：《温州农村商品经济考察与中国农村现代化道路探索》，《经济研究》1986 年第 6 期。

[12] 方立明、奚从清：《温州模式：内涵、特征与价值》，《浙江大学学报》（人文社会科学版）2005 年第 3 期。

[13] 费孝通：《温州行》，《瞭望周刊》1986 年第 20—22 期。

[14] 高顺岳：《温州人——走出去放大温州经济》，《当代经济》2003 年第 6 期。

[15] 顾慧君、王文平：《产业集群与社会网络的协同演化——以温州产业集群为例》，《经济问题探索》2007 年第 4 期。

[16] 何守超：《温州模式的国际化战略探讨》，《生产力研究》2008 年第 3 期。

[17] 何英：《金融危机下温州模式的困境与转型路径》，《现代管理科学》2011 年第 8 期。

[18] 洪银兴、陈宝敏：《"苏南模式"的新发展——兼与"温州模式"比较》，《宏观经济研究》2001 年第 7 期。

[19] 洪莹：《论在外温州人经济回归对当地经济发展的作用》，《经济师》2011 年第 3 期。

[20] 胡飞航：《"温州模式"的演化与"新温州模式"的构建》，《生产力研究》2007 年第 1 期。

[21] 胡兆量：《温州模式的特征与地理背景》，《经济地理》1987 年第 1 期。

[22] 黄朝忠、马岳勇：《温州模式的理论来源与构成》，《唯实》2011 年第 7 期。

[23] 黄群慧、李海舰、王延中：《温州模式的转型与发展》，《中国社会科学院院报》2006 年第 3 期。

[24] 黄祖辉、朱允卫、张晓波：《温州鞋业集群的形成：进入壁垒

是如何突破的》,《中国经济史研究》2007 年第 4 期。

[25] 江华、张建民、周莹:《利益契合:转型期中国国家与社会关系的一个分析框架》,《社会学研究》2011 年第 3 期。

[26] 江华:《民间商会的失灵及其矫正:基于温州行业协会的实证研究》,《经济体制改革》2008 年第 1 期。

[27] 江华:《温州商会的例外与不例外:中国公民社会的发展与挑战》,《浙江大学学报》2007 年第 6 期。

[28] 江颖:《当代中国社会的精英生成机制及趋势讨论》,《中国市场》2011 年第 27 期。

[29] 金声:《试论"温州模式"的支柱——十万购销员》,《温州师专学报》(社会科学版) 1986 年第 4 期。

[30] 金祥荣:《"温州模式"变迁与创新——兼对若干转型理论假说的检验》,《经济理论与经济管理》2001 年第 8 期。

[31] 拉林:《俄罗斯的华人移民——社会问卷调查研究》,阎国栋译,《华侨华人历史研究》2009 年第 9 期。

[32] 李步鸣:《"三大转型"打造"新温州模式"》,《中国财政》2011 年第 18 期。

[33] 李朝明、鲁桐:《温州民营企业跨国经营调查》,《经济理论与经济管理》2003 年第 1 期。

[34] 李海蓉:《新西兰中国大陆新移民初探》,《华侨华人历史研究》2011 年第 3 期。

[35] 李兴山:《"温州模式"的再认识》,《理论前沿》2002 年第 14 期。

[36] 李修科:《"温州模式"和"后温州模式"——温州经济中的温州人意识》,《中国证券期货》2011 年第 9 期。

[37] 林俐:《温州民营企业的出口经营方式》,《经济论坛》2001 年第 23 期。

[38] 林俐:《温州市民营企业进入国际市场战略及其演进》,《国际贸易问题》2005 年第 2 期。

[39] 林琼慧:《温州经济发展与"百万经商大军"》,《温州师范学院学报》1999 年第 1 期。

[40] 林嵩：《创业网络的概念发展——一个系统的三维模型》，《经济管理》2009 年第 1 期。

[41] 林沂：《论乡镇企业的温州模式及其发展战略》，《浙江经济》1985 年第 12 期。

[42] 刘藏岩：《温州出口企业遭遇到的贸易壁垒及应对措施》，《华东经济管理》2003 年第 8 期。

[43] 刘学良、孙斌栋、刘伟、潘鑫：《制度变迁视角下的区域经济发展——苏南模式与温州模式的比较与启示》，《现代城市研究》2008 年第 3 期。

[44] 鲁桐、李朝明：《温州民营企业国际化》，《世界经济》2003 年第 5 期。

[45] 马津龙：《温州发展的复归与超越》，《浙江社会科学》2004 年第 2 期。

[46] 马津龙：《温州民营企业的组织创新和股份合作制企业的发展》，《浙江经济》1998 年第 1 期。

[47] 马津龙：《温州模式的来龙去脉》，《决策咨询》2001 年第 8 期。

[48] 缪来顺：《温州专业市场发展报告》，《上海商学院学报》2008 年第 2 期。

[49] 彭广荣：《"苏南模式"与"温州模式"的对比分析》，《企业活力》1997 年第 2 期。

[50] 钱水土、翁磊：《社会资本、非正规金融与产业集群发展》，《金融研究》2009 年第 11 期。

[51] 曲国明：《温州模式蕴涵的永嘉哲学思想探讨》，《边疆经济与文化》2009 年第 4 期。

[52] 邵小芬：《温州经济与温州人经济》，《浙江经济》2006 年第 7 期。

[53] 施瑞宁：《温州模式：转型时期的制度创新》，《社会科学战线》2003 年第 2 期。

[54] 史晋川：《人格化交易与民间金融风险》，《浙江社会科学》2011 年第 12 期。

［55］陶友之、周一烽、顾存伟、真理:《苏南模式与温州模式的比较研究》,《上海社会科学院学术（季刊）》1987年第3期。

［56］王诚、李鑫:《中国特色社会主义经济理论的产生和发展:市场取向改革以来学术界相关理论探索》,《经济研究》2014年第6期。

［57］王春光:《流动中的社会网络:温州人在巴黎和北京的行动方式》,《社会学研究》2000年第3期。

［58］王春光:《温州人在巴黎:一种独特的社会融入模式》,《中国社会科学》1999年第6期。

［59］王钢:《温州产业:从集群走向全球价值链》,《浙江经济》2009年第12期。

［60］王华兵:《温州模式:现状、成因、前景及其启示研究——一个文献的综述》,《生产力研究》2005年第11期。

［61］王华兵:《温州模式演化与发展问题研究综述》,《经济纵横》2005年第2期。

［62］王侃、董保宝:《国外创业网络研究评述》,《学习与探索》2010年第1期。

［63］王利超、程万鹏:《温州模式的发展过程及温州经济"困局"》,《商场现代化》2008年第12期。

［64］王世雄:《现阶段温州模式的问题及其特殊原因》,《城市研究》1998年第6期。

［65］温州市统计局课题组:《增强区位优势为企业营造良好的区域环境——在外温州人经济活动情况调查报告》,《浙江统计》2002年第11期。

［66］温州市政府国内经济合作办公室课题组:《努力促进温州人经济与温州经济融合》,《政策瞭望》2009年第5期。

［67］吴宝、李正卫、池仁勇:《社会资本、融资结网与企业间风险传染:浙江案例研究》,《社会学研究》2011年第3期。

［68］吴国联:《对当前温州民间借贷市场的调查》,《浙江金融》2011年第8期。

［69］吴国洋:《温州个体工商户角逐京都市场》,《经济通讯》1999

年第 1 期。

[70] 吴慧：《信义：商业文化历史考察之一——以明清晋徽两大商帮为例》，《商业经济研究》1994 年第 6 期。

[71] 吴前进：《1990 年以来中国—新加坡民间关系的发展——以中国新移民与当地华人社会的互动为例》，《社会科学》2006 年第 10 期。

[72] 徐华炳：《意大利普拉托的中国移民社会调查》，《八桂侨刊》2009 年第 2 期。

[73] 颜弘、龙玉祥：《温州区域文化与温州精神的塑造》，《浙江工商大学学报》2007 年第 6 期。

[74] 杨建文、周一烽、真理：《"温州模式"与中国农村经济的腾飞》，《社会科学》1986 年第 5 期。

[75] 叶建亮：《阶段转型与模式转换——温州经济社会发展的困境与对策》，《浙江社会科学》2008 年第 1 期。

[76] 殷佩章：《"温州模式"散论》，《中国农村观察》1986 年第 5 期。

[77] 郁建兴、沈永东、吴逊：《行业协会促进产业升级的作用类型及其实现机制》，《浙江大学学报》（人文社会科学版）2011 年第 11 期。

[78] 郁建兴：《温州商会的兴起——温州模式研究的政治社会学范式转型》，《学术月刊》2004 年第 5 期。

[79] 张柏兴：《让"流动"反哺"温州人经济"——访温州市市长钱兴中》，《观察与思考》2000 年第 12 期。

[80] 张杰等：《企业网络形成与演变路径的社会性质视角分析》，《南大商学评论》2007 年第 6 期。

[81] 张捷：《中小企业的关系型借贷与银行组织结构》，《经济研究》2002 年第 6 期。

[82] 张仁寿、杨轶清：《浙商：成长背景、群体特征及其未来走向》，《商业经济与管理》2006 年第 6 期。

[83] 张仁寿：《"温州模式"研究述评》，《浙江学刊》1986 年第 4 期。

[84] 张仁寿:《温州劳动力转移方式研究》,《中国农村观察》1996 年第 1 期。

[85] 张仁寿:《温州模式:盛名之下,其实难副?》,《浙江社会科学》2004 年第 2 期。

[86] 张仁寿:《温州模式需要再创新》,《决策咨询》2002 年第 1 期。

[87] 张仁寿:《温州模式与市场经济》,《农业经济问题》1993 年第 10 期。

[88] 张曙光:《对温州模式的几点理论思考——评史晋川教授的〈温州模式的历史制度分析〉》,《浙江社会科学》2004 年第 2 期。

[89] 张雪春、徐忠、秦朵:《民间借贷利率与民间资本的出路:温州案例》,《金融研究》2013 年第 3 期。

[90] 张一力、陈翊:《网络与集群:温州企业家群体形成的机制分析》,《浙江社会科学》2012 年第 1 期。

[91] 张一力、张敏:《海外移民创业如何持续——来自意大利温州移民的案例研究》,《社会学研究》2015 年第 4 期。

[92] 张一力:《海外温州商人创业模式研究——基于 32 个样本的观察》,《华侨华人历史研究》2010 年第 3 期。

[93] 张应强:《苏南模式、温州模式发展现状比较》,《甘肃社会科学》2002 年第 6 期。

[94] 赵伟:《温州模式:作为区域工业化范式的一种理解》,《社会科学战线》2002 年第 1 期。

[95] 赵卫明、陈修颖:《温州经济增速趋缓原因及对策探析》,《金华职业技术学院学报》2008 年第 2 期。

[96] 赵卫明、陈修颖:《经济快速增长地域城市化与服务业互动关系研究:浙江省案例》,《城市发展研究》2008 年第 4 期。

[97] 赵小建:《美国华人社会的阶级研究——以个人访谈为主的分析》,《华侨华人历史研究》2009 年第 3 期。

[98] 郑海青、戴静:《温州中小企业开拓国际市场面临的障碍及对策选择》,《温州大学学报》2001 年第 3 期。

[99] 郑慧：《企业的需求与商会的俱乐部产品供给分析》，《温州大学学报》2006年第6期。

[100] 中国社会科学院课题组：《"温州模式"的转型与发展："以民引外，民外合璧"战略研究》，《中国工业经济》2006年第6期。

[101] 周欢怀、朱沛：《为何非精英群体能在海外成功创业——基于对佛罗伦萨温商的实证研究》，《管理世界》2014年第2期。

[102] 周欢怀：《海外华人产业集群形成机理分析》，《华侨华人历史研究》2012年第4期。

[103] 周建华、郑慧：《行业协会与产业共性技术的组织匹配——以温州为例》，《温州职业技术学院学报》2011年第4期。

[104] 周建华、张建民、江华：《清洁生产技术、政府责任与行业协会职能——以温州合成革行业为例》，《华东经济管理》2011年第7期。

[105] 周文骞、张健、王小皓、周虹：《温州农村商品经济模式的社会学思考》，《探索》1987年第1期。

[106] 朱华晟等：《基于多重动力机制的集群企业迁移及区域影响——以温州灯具企业迁移中山古镇为例》，《地理科学进展》2009年第3期。

[107] 朱金鉴、王从章、汪耀辉：《关于温州模式中的精神文明建设情况的调查报告》，《探索》1986年第5期。

[108] 朱康对：《海外温州人经济崛起的融资机制——纽约温州人标会现象研究》，《上海经济研究》2013年第1期。

[109] 朱允卫：《社会资本与产业集群成长：一个文献综述》，《中大管理研究》2007年第2期。

（四）学位论文

[1] 王周杨：《超越"温州模式"：乐清低压电器产业区演化研究》，博士学位论文，华东师范大学，2013年。

[2] 曹伟：《经济转型中的政企耦合：基于温州模式的历史考察与困境研究》，博士学位论文，浙江大学，2013年。

[3] 李增元：《分离与融合：转变社会中的农民流动与社区融合——

基于温州的实证调查》，博士学位论文，华中师范大学，2013年。

［4］Laura De Pretto:《意大利温州移民的社会认同：亚洲价值观的坚持和双文化的可能性》，博士学位论文，华东师范大学，2013年。

［5］杨琦玮:《中国发达地区制造业区域创新模式的比较研究——以苏州、温州、东莞为例》，博士学位论文，兰州大学，2011年。

［6］曾国:《转型期我国民间商会的法律规制研究——以温州民间商会为例》，硕士学位论文，中国政法大学，2006年。

［7］胡启才:《新温州模式探析》，硕士学位论文，厦门大学，2007年。

二 英文文献

（一）英文专著

［1］Francesco Cossentino, Frank Pyke and Werner Sengenberger, *Local and Regional Response to Global Pressure: The Case of Italy and Its Industrial Districts*, Geneva: ILO Publications, 1996.

［2］Giacomo Becattini, Marco Bellandi, Gabi Dei Ottati and Fabio Sforzi, *From Industrial Districts to Local Development: An Itinerary of Research*, Cheltenham: Edward Elgar Publishing Limited, 2003.

［3］Hoover, E. M., *An Introduction to Regional Economics*, NY: Alfred A. Knopf, Inc., 1971.

［4］Scott, J., *Social Network Analysis: A Handbook*, London: Sage Publications, 2000.

［5］Krugman, P., *Development, Geography and Economic Theory*, Cambridge: MIT Press, 1995.

（二）期刊文章

［1］Antonio Rafael, Ramos Rodríguez, José Aurelio et al., "What You Know or Who You Know? The Role of Intellectual and Social Capital in Opportunity Recognition", *International Small Business Journal*, Vol. 28, No. 6, 2010.

［2］Baum, J. R., Locke, E. A., Smith, K. G., "A Multidimensional

Model of Venture Growth", *Academy of Management Journal*, Vol. 44, No. 2, 2001, pp. 292 – 303.

[3] Chandler, G. N., Hanks S. H., "Market Attractiveness Resource – Based Capabilities, Venture Strategies and Venture Performance", *Journal of Business Venturing*, Vol. 9, No. 4, 1994, pp. 331 – 349.

[4] Chandler, G. N., "Business Similarity as a Moderator of the Relationship Between Pre – Ownership Experience and Venture Performance", *Entrepreneurship Theory and Practice*, Vol. 20, No. 3, 1996, pp. 51 – 65.

[5] Smith, Delmonize A. and Lohrke, Franz T., "Entrepreneurial Network Development: Trusting in the Process", *Journal of Business Research*, No. 61, 2008, pp. 315 – 322.

[6] Hu, H. B. and Wang, X. F., "Evolution of a Large Online Social Network", *Physics Letters A*, Vol. 373, 2009.

[7] Hamalai, L., Moore, M., "Economic Liberlization, Political Pluralism and Business Associations in Developing Countries", *World Development*, Vol. 21, No. 12, 1993, pp. 32 – 46.

[8] Isserman, A. M., "The History, Status, and Future of Regional Science: An American Perspective", *International Regional Science Review*, No. 3, 1995, pp. 249 – 296.

[9] Masud Chand and Majid Ghorbani, "National Culture, Networks and Ethnic Entrepreneurship: A Comparison of the Indian and Chinese Immigrants in the US", *International Business Review*, Vol. 20, 2011.

[10] Mohrman, S. A., Tenkasi R. V., Mohrmanjr A. M., "The Role of Networks in Fundamental Organizational Change: A Grounded Analysis", *The Journal of Applied Behavioral Science*, Vol. 39, No. 3, 2003, pp. 301 – 323.

[11] Edwards, P., Sengupta, S. and Tsai, C. J., "The Context – Dependent Nature of Small Firms' Relations with Support Agencies: A Three – Sector Study in the UK", *International Small Business Journal*, Vol. 28, No. 6, 2010, pp. 543 – 565.

[12] Pekhooi S. , "The Role of Networking Alliances in Information Acquisition and Its Implications for New Product Performance", *Journal of Business Venturing*, Vol. 18, 2003.

[13] Baron, R. A. and Markman, G. D. , "Beyond Social Capital: The Role of Entrepreneurs' Social Competence in Their Financial Success", *Journal of Business Venturing*, Vol. 18, 2003.

[14] Serrie, H. , "Immigrant Entrepreneurs, Ethnic Networks and Family Dynamics", *Reviews in Anthropology*, Vol. 27, 1998.

[15] Shane, S. A. , "Prior Knowledge and the Discovery of Entrepreneurial Opportunities", *Organization Science*, No. 11, 2000, pp. 448 – 469.

[16] Swedberg, R. , "New Economic Sociology: What Has Been Accomplished, What is Ahead?", *Acta Sociologica*, Vol. 40, No. 2, 1997, pp. 161 – 182.

[17] Vinogradov, E. and Kolvereid, L. , "Cultural Background, Human Capital and Self – employment Rates among Immigrants in Norway", *Entrepreneurship & Regional Development*, No. 4, 2007, pp. 359 – 376.

[18] Akerlof, G. A. and R. E. Kranton, "Identity and Schooling: Some Lessons for the Economics of Education", *Journal of Economic Literature*, Vol. 40, No. 4, 2002.

[19] Akerlof, G. A. and R. E. Kranton, "Economics and Identity", *Quarterly Journal of Economics*, Vol. 115, No. 3, 2000.

[20] Krugman, P. , "Increasing Returns and Economic Geography", *Journal of Political Economy*, Vol. 99, No. 3, 1991.

后　记

改革开放以来，温州成为中国民营经济发源地之一，但温州又与其他地区（苏南、珠江三角洲）民营经济发展不同。首先，温州是在封闭贫乏地区，也是国内唯一一个既不靠外资也不靠政府特殊政策发展起来的区域经济体。其次，温州经济是真正的草根自主创业，这些"生在里弄里，长在民宅中"的个体小企业具有顽强的生命力，生产了数量惊人的各种小商品，这并将其销往世界各地，形成了被费孝通先生称为"小商品、大市场"的温州模式，一度成为全国各地学习的样板。亲身见证民营经济的勃然与兴盛，以马津龙、洪振宁和朱康对等为代表的一批温州本土学者从实践方面对温州模式做出了深入解读；董辅礽、张仁寿、史晋川和赵伟等一批国内知名学者对温州模式开展了系统化、理论化的研究与阐释，史晋川等人出版的《制度变迁和经济发展：温州模式研究》被看作是研究温州模式的权威经济学著作。在国内外诸多学者的共同努力下，关于温州模式的理论研究初步形成了一个较为完整的理论体系。

近年来，随着国际国内经济形势的深刻变化，温州区域经济也进入了转型升级的"瓶颈"期，似乎在一定程度上"验证"了温州模式在兴起之初就面对的各种质疑。然而，马克思主义认为，事物是不断发展变化的，同样地，温州模式也必然是在实践中不断发展的模式，它会随着中国改革开放的持续深入而不断创新和发展。

温州模式从发展之初就具有典型的外向性特征，这种外向性不仅体现在温州产品的外销上，更体现在温州人外出谋生创业上。任何关于温州民营经济率先崛起、专业市场率先发育、民间力量率先勃发的解读，都不应忽略温州人这一特定经济主体。温州人外出投资，在外温州人所创造的财富急剧增长，即使在全球经济低迷时期，温州商人依然活跃，他们频频抄底世界名牌、进行互联网创业、上演"蛇吞大象"式的跨国收购等，升级版的"温州模式"已经在全国乃至全球范围内初步形成："温州一家人"既包括区域温州人，也包括国内温州人，还包括海外温州人。考察升级版的温州模式可以发现，除了温州人，自主性、外向型、市场化这些核心要件没有发生改变，其表现形式和外部特征已经逐步摆脱早期温州模式的低端化个性和区域性特征，逐步向成熟、高端和开放的现代经济形式演进；换言之，温州模式正在由传统"小商品、大市场"的低级阶段，向更高层次、更高版本、更为开放的"温州人经济"转型。在此背景下，作为具有强烈区域色彩的"温州模式"的概念实际上已经不能涵盖和表达全部温州人经济的现实内容。

2009年，本书作者陈福生主编的《温州改革发展研究》丛书从民本、创新、和谐与治道四个方面阐述了温州模式的创新发展与演进逻辑，提出应该超越地域来研究温州模式的创新思路。秉持这一理念，作者所在单位温州大学于2010年成立了"温州人经济研究中心"并获批为浙江省哲学社会科学重点研究基地。2012年，陈福生主持的以"温州人经济的兴起"为题的科研项目获浙江省哲学社会科学规划课题立项（课题编号：12JDWZ02YB）。本书正是这一课题的主要研究成果，也是从理论上初步阐发"温州人经济"这一独特经济现象的拓新和抛砖引玉之作。在本书中，作者进一步认为应该顺应经济全球化、世界一体化的发展趋势，打破区域经济学研究过于注重区域范围研究的传统，按照经济发展的内在规律而非表象特征来分析经济结构及其运行规则，从关注特定区域向特定群体转变，具体到温州模式研究而言，即从强调温州区域范围的温州模式研究转向以温州人为主体的温州人经济研究，我们希望通过这一研究范式转变来达到三个目标：一是促进更为全面客观地研究和评价"温州模式"；二是促进在研究范式上转向关注温州人经济研究；三是促进学界加强对"区域人"经济现象的关注和研究。

自开始策划到最终成稿，本书历时三年。课题研究期间，恰逢温州区域经济结构转型升级、步入经济发展新常态的"瓶颈"期，温州区域经济增速放缓、民间金融风波、中小企业倒闭、产业转型升级缓慢等问题逐步显现，这些都使"温州模式"面临着传承、批判与创新的种种争议，既增加了本书的研究难度，也为本书提供了新的经验观察资料。本书从温州模式的历史沿革入手，在系统梳理温州模式的历史文化渊源、当前的实践经验及理论研究成果的基础上，初步阐明"温州人经济"的内涵及其研究意义，并对温州人经济这一独特经济现象及其形成机理做出考察与分析。全书共分六章。第一章在考察温州模式的内涵、价值、历史轨迹和兴衰成败原因的基础上，分析了温州人经济兴起的历史和现实图景，并阐明从温州模式到温州人经济研究范式转换的意义以及温州人经济的内涵和值得关注的研究主题。第二章至第四章分三章通过对温州人经济的三个主要组成部分，即区域温州人经济、国内温州人经济、海外温州人经济的历史脉络和发展现状做出实证考察以阐明温州人经济发展的现实图景。第五章在分析内外温州人经济互动理论基础和实践模式的基础上，阐明影响内外温州人经济互动和温商回归的影响因素，并提出温商回归的新理念和深化内外温州人经济互动的"1 + N 模式"，以此论证作为一种独特经济现象的"温州人经济"的整体性和现实性。第六章分析了温州商会在促进温州人经济发展中的机理，说明温州商会这一独特因子对凝结和形成温州人经济这一独特经济现象的重要作用。本书由陈福生负责整体研究设计、过程协调和最终统稿审定工作，作者包括陈福生、陈宝胜、周建华、周欢怀和郑慧等。感谢江华、洪振宁、任宗强、何旭艳、方益权和刘玉侠等对本书的大力支持和帮助。衷心感谢浙江大学社会科学学部主任、文科资深教授姚先国先生在百忙之中审读本书并为本书作序。

  本书是对温州人经济这一独特经济现象的初步探究之作，受课题组知识结构、能力水平、研究资源和研究时间所限，尤其是对国内温州人经济、海外温州人经济发展现状的研究还缺乏系统性的整体统计数据，研究的理论阐释、研究框架和研究结论等必然存在诸多不足，敬请专家学者和广大读者批评指正，切望学界同人能够共同关注和推进温州人经济研究。衷心感谢本书所引注的相关统计材料整理单位和论著作者，感谢可能疏漏了的引文作者的默默贡献。

课题组
2016 年春